Friedemann Bartu

Umbruch

Friedemann Bartu

Umbruch

Die Neue Zürcher Zeitung. Ein kritisches Porträt

orell füssli Verlag

Orell Füssli Verlag, www.ofv.ch
© 2020 Orell Füssli Sicherheitsdruck AG, Zürich
Alle Rechte vorbehalten

Dieses Werk ist urheberrechtlich geschützt. Dadurch begründete Rechte, insbesondere der Übersetzung, des Nachdrucks, des Vortrags, der Entnahme von Abbildungen und Tabellen, der Funksendung, der Mikroverfilmung oder der Vervielfältigung auf andern Wegen und der Speicherung in Datenverarbeitungsanlagen, bleiben, auch bei nur auszugsweiser Verwertung, vorbehalten. Vervielfältigungen des Werkes oder von Teilen des Werkes sind auch im Einzelfall nur in den Grenzen der gesetzlichen Bestimmungen des Urheberrechtsgesetzes in der jeweils geltenden Fassung zulässig. Sie sind grundsätzlich vergütungspflichtig.

Umschlaggestaltung: Hauptmann & Kompanie Werbeagentur, Zürich
Inhaltgestaltung: Martin Janz, Freiburg i.Br.
Druck und Bindung: CPI books GmbH, Leck

ISBN 978-3-280-05716-2

Die Deutsche Nationalbibliothek verzeichnet diese Publikation in der Deutschen Nationalbibliografie; detaillierte bibliografische Daten sind im Internet unter www.dnb.de abrufbar.

Inhalt

Vorwort 7

Kapitel 1: Zeitenwende 11

1.1 Hochmut kommt vor dem Fall 11
1.2 Das Schicksalsjahr 2001 16
1.3 »Befreiung« vom Freisinn 23
1.4 Bleierne Jahre – verpasste Chancen 36
1.5 Ein Chief Executive Officer muss her! 45
1.6 Flaggschiff ohne Flottenverband 51

Kapitel 2: Eine starke Marke 57

2.1 Falken an der Falkenstrasse 57
2.2 Herren unter sich 66
2.3 Markenzeichen: Langeweile 84
2.4 Korrespondenten als heilige Kühe 102
2.5 Ein Fels in der Brandung 119
2.6 Gestern Freund, heute Feind 129

Kapitel 3: Sparen als Strategie 143

3.1 Jammern ohne zu leiden 143
3.2 Adieu 265 Jahre Berufserfahrung 151

3.3	Das kurze Leben der neuen Kantine	155
3.4	Liaison dangereuse	164

Kapitel 4: Einzigartige Besitzverhältnisse 173

4.1	Ein elitäres Aktionariat	173
4.2	Die NZZ-Aktie: eine Ertragsperle?	179
4.3	Die »Freunde der NZZ«	183
4.4	Rotierende Rotarier	190

Kapitel 5: Eintauchen in die digitale Welt 207

5.1	»NZZ Online«: erste Gehversuche	207
5.2	Print contra Online	212
5.3	Wissen, was Leser lesen	223

Kapitel 6: Wechseljahre 233

6.1	Die Revolution frisst ihre Kinder	233
6.2	Die NZZ ist tot! – Es lebe die NZZ!	240
6.3	Vom Leuchtturm zur Laterne	252
6.4	Zurück auf Feld eins	265

Literaturverzeichnis 271

Quellenverzeichnis 275

Personenregister 281

Vorwort

*Wir sehen die Dinge nicht, wie sie sind,
wir sehen sie, wie wir sind.*

Anais Nin,
US-Schriftstellerin (1903–1977)

»Die Vergangenheit ist ein Ausland, zu dem wir keinen Zutritt haben.« So schrieb Hans Magnus Enzensberger im Feuilleton der »Neuen Zürcher Zeitung«. Und fuhr fort: »Wir müssen uns grosse Mühe geben, um uns ein Bild davon zu machen, und im besten Fall bringen wir ein Mosaik zustande.«[1] Das vorliegende Buch ist ein solches Mosaik. Es ist das Werk eines Zeitzeugen, der, wie könnte es anders sein, aus subjektiver Wahrnehmung berichtet oder sich auf andere subjektive Quellen abstützt. Es handelt sich somit nicht um eine Geschichte der »Neuen Zürcher Zeitung«, sondern um Geschichten aus der NZZ – von damals wie von heute. Dass zwischen dem »damals« und dem »heute« Welten liegen, ist nicht nur der Evolution geschuldet, sondern auch tiefgehenden Erschütterungen. Seit der Jahrtausendwende wird die globale Medienwelt von einem digitalen Tsunami heimgesucht, der von einer Schwindsucht bei den Anzeigen und einem gewandelten Leserverhalten begleitet ist. Die NZZ-Gruppe bekam diesen Orkan ebenfalls heftig zu spüren. Wer, wie ich 37 Jahre lang als Korrespondent und Redaktor bei ihr tätig war, weiss, wie gewaltig die Veränderungen sind. »Umbruch« versteht sich deshalb als ein Stück »Institutional Memory« in einer kurzlebigen Zeit, in der sich das Personalkarussell an der Falkenstrasse mit grosser Geschwindigkeit dreht. Viel von dem,

Vorwort

was hier festgehalten ist, drohte für immer in Vergessenheit zu geraten. Denn das Gedächtnis der NZZ befindet sich vor allem in den Köpfen derjenigen, die Jahrzehnte dabei waren, inzwischen aber die Zeitung verlassen haben.

In ihrer langen Geschichte setzte die NZZ stets mehr auf Evolution denn Revolution. Doch der nach der Jahrtausendwende aufgekommene, epochale Wandlungsprozess war geradezu revolutionär, ein Umbruch von seltener Brutalität. Das Wort Umbruch gewinnt somit doppelte Bedeutung. Generell steht es für eine grundlegende Veränderung, wie sie die NZZ in den letzten Jahren durchlief. In der Sprache der Typographen bedeutet es das Anpassen der Textzeilen an das Seitenlayout.

»Umbruch« ist weder Abrechnung noch Gefälligkeitswerk. Es ist ein Versuch, einiges von dem niederzuschreiben, was man als NZZ-Mitarbeiter nie schreiben konnte und durfte. Denn es gehört zu den schlimmsten Widersprüchen des Journalismus, dass man über fast alles berichten und kritisch schreiben darf, nur nicht über den eigenen Arbeitgeber. Die Schere im Kopf war beim Verfassen vorliegender Zeilen also nicht notwendig. Wenn sie später dennoch hie und da zum Einsatz kam, so vor allem aus juristischen Überlegungen und gelegentlich auch aus der Erfahrung heraus, dass Journalisten-Kollegen sehr dünnhäutig sein können. Dabei war es nie meine Absicht, einzelne Protagonisten und deren Handeln oder Nichthandeln post festum zu zensieren – im Nachhinein ist man bekanntlich immer gescheiter. Doch Geschichten aus der NZZ sind primär Geschichten von Menschen, vor allem von solchen mit Führungsverantwortung. Folglich spielen individuelle Wahrnehmungen, beziehungsweise Unterschiede in denselben, eine grosse Rolle. »Perception is reality« heisst es in der Fachsprache, und mehr als einmal im vorliegenden Text. Dieser erhebt keinerlei Anspruch auf Vollständigkeit. Im Gegenteil: Er lebt von der Unvollständigkeit und möchte

Vorwort

Lesern und Leserinnen einen informativen und zugleich unterhaltsamen Blick hinter die Kulissen der NZZ-Gruppe gewähren. Darüber hinaus will er aufzeigen, vor welch enormen Herausforderungen dieses Medienhaus im Speziellen und die Verlagsbranche im Allgemeinen stehen. Und das nun schon seit bald zwei Jahrzehnten.

»Umbruch« hätte ohne die Unterstützung unzähliger Mitarbeiter der NZZ, ehemaliger wie aktiver, niemals das Licht der Welt erblickt. Die Liste der Geburtshelfer ist aber zu lang, um hier wiedergegeben zu werden. Deshalb sei ihnen allen kollektiv mein aufrichtigster Dank ausgesprochen, verbunden mit der Hoffnung, dass sie mit dem Resultat zufrieden sind. Die Verantwortung dafür liegt natürlich ausschliesslich bei mir. Ein Dank geht auch an den Orell Füssli Verlag, der das Projekt mit Wohlwollen begleitete. Die Zusammenarbeit war naheliegend, schliesslich war es die Verlagsbuchhandlung Orell, Gessner, Füssli & Co, welche schon 1780 die erste »Zürcher Zeitung« herausbrachte, die dann 1821 in »Neue Zürcher Zeitung« (NZZ) umbenannt wurde.

Friedemann (Fred) Bartu,
Meilen, im Frühling 2020

Kapitel 1: Zeitenwende

1.1 Hochmut kommt vor dem Fall

> *Um die NZZ braucht man sich wohl keine*
> *Sorgen zu machen: Too big to fail.*[2]
>
> Kurt Imhof,
> Ehemaliger Medienspezialist

Silvester 1999, die Nacht der Nächte: Fast der ganze Globus fiebert dem neuen Millennium entgegen. Seit Monaten hat sich die Welt für dieses Datum gerüstet und für mögliche Krisen, wie das gefürchtete 2K-Computerproblem. Doch 2000 startet ohne Pannen. Es fallen keine Züge aus, es bleiben keine Flugzeuge am Boden kleben und auch die Geldautomaten funktionieren nach der Jahreswende reibungslos. Die Menschen, von Tokio bis Rio, sind erleichtert und lassen die Gläser klingen, obgleich das dritte Millennium eigentlich erst mit dem 1. Januar 2001 einsetzt. In diesem Trubel verstreicht am 12. Januar 2000 der 220. Geburtstag der Neuen Zürcher Zeitung recht sang- und klanglos. Chefredaktor und Ressortleiter stossen zwar diskret mit »Veuve Clicquot« – und separat dazu Mitglieder der Auslandredaktion mit Wein –, auf die Jubilarin an. Eigentlich hätte man Grund zum ausgelassenen Feiern gehabt. Die Weltwirtschaft florierte und die Börsen eilten von Rekord zu Rekord, beflügelt von Titeln der »New Economy«. Diese aus internetbasierten Startups bestehende junge Branche hatte eine Goldgräberstimmung ausgelöst. Aktien unzähliger Neugründungen kletterten auf immer neue Höchststände. Illusion, Spekulation und Manipulation waren der

Motor. Die Dotcom-Blase war perfekt. Früher oder später würde sie platzen.

Die NZZ profitierte ebenfalls von diesem Boom. Am 20. September 1999 war das bislang umfangreichste Blatt aller Zeiten gedruckt und versandt worden: 76 Seiten Normalteil plus 64 Seiten einer Sonderbeilage anlässlich der »Orbit«-IT-Messe in Basel, sowie eine 28-seitige »Orbit-Stellen-Beilage«: stolze 168 Seiten. Diesen Ausstoss verglich der damalige Druckereichef mit dem Durchsatz eines Zementwerkes: 95,7 Tonnen Zeitung! Eine technische Meisterleistung, welche zudem einen satten Beitrag an den Unternehmensgewinn lieferte. Ergo hoffte man 2000 Ähnliches zustande zu bringen. Allein, dazu sollte es nicht mehr kommen. Im Frühjahr 2000 platze die Blase. Die Kurse der Stars der New Economy stürzten mit derselben Rasanz ab, mit der sie zuvor in die Höhe geschnellt waren. Es war ein Albtraum für viele Anleger, die nach anfänglichen Gewinnen die Zeche bezahlten. »Zocker, Zirkus, Dreistigkeit« titelte »Spiegel online« Jahre später ein Post-mortem-Stück zu diesem Boom.

Die »Alte Tante« tanzte damals ihren bislang letzten Tango. Mit rund 2000 Mitarbeitern erzielte die NZZ-Gruppe 2001 einen Rekordumsatz von über einer halben Milliarde Franken. Dank guter Konjunktur und sprudelnden Finanzerträgen hatte sie ihren Gewinn innert fünf Jahren auf 50 Millionen Franken anheben und damit mehr als verdoppeln können. Die Eigenmittel-Rendite erreichte 11,4 Prozent und die Eigenkapitalquote 69 Prozent. Ein Bonmot machte die Runde: Die NZZ sei die einzige Bank der Schweiz, welche sich eine Tageszeitung leiste. Entgegen dem Branchentrend gelang es auch, die Auflage auf einen Höchststand von knapp 170 000 Exemplaren zu steigern. Man lebte im medialen Schlaraffenland. Ein Redaktor soll es damals sogar geschafft haben, bloss ein bis zwei Artikel pro Jahr zu verfassen – und das bei vollem Lohn. Dank prallgefüllter Kasse liess man ihn gewähren. Alles schien rund zu laufen, so dass kaum Handlungsbedarf geortet wurde, oder wie der Amerikaner sagen würde:»If it ain't broke, don't fix it«. Dabei waren am Horizont neue Herausforderungen bereits sichtbar, vor denen man auch an der Falkenstrasse die Augen nicht verschloss. So stand im Jahresbericht 2000 warnend zu lesen, der Wettbewerb im Raum Zürich werde sich mit der geplanten Lancierung zweier Gratiszeitungen verschärfen. Trotzdem glaubte man selbstsicher, die NZZ mit ihrer hohen publizistischen Qualität und ihrer anspruchsvollen Leserschaft werde höchstens am Rande von diesen Entwicklungen tangiert sein. Schliesslich offeriere man ein schweizweit einzigartiges Produkt, das noch lange Bestand haben werde. Nach dem Motto »content is king«.

Doch da war der Wunsch der Vater des Gedankens. Bald schon setzte ein bedrohlicher Abwärtstrend bei den Werbekunden ein. Ausserdem wanderten lukrative Rubriken-Inserate in neue und günstigere Onlineportale für Immobilien, Jobs und Autos ab. Als Reaktion auf diese Umwälzungen beteiligte sich die NZZ an Press-Web, einem Joint-Venture, mit dem Schweizer Verleger dieses Geschäft zurückerobern wollten. Das Unterfangen begann vielversprechend. Doch als Tamedia wieder aus dem Projekt ausstieg und eigene Wege ging, war absehbar, dass Press-Web scheitern würde. Die Idee, Rubrikeninserate in einen gemeinsamen Online-Topf zu werfen und so eine starke neue Marke zu kreieren, war wohl richtig, doch die dazu nötigen hohen Investitionen erwiesen sich als Stolperstein. Zwar gründeten die verbliebenen Verlage später die Plattform Swissclick, doch stand auch diese unter keinem glücklichen Stern, weil im Online-Business gilt:»The winner takes it all« – also bloss der Marktführer erfolgreich ist. Fast alle Spitzenpositionen waren aber schon besetzt. Zudem fehlte die letzte Bereitschaft der Verleger, mit Swissclick ihre eigenen Rubriken zu konkurrenzieren. Es ging allen noch zu gut – oder noch nicht schlecht genug.

Zeitenwende

Anfangs 2001 lief auch bei der NZZ noch vieles wie geschmiert. Man sass auf einem Matterhorn von Cash und Finanzanlagen und auf entsprechend hohem Ross. Das galt selbst für die Redaktion, deren hochmütige Devise lautete: Wir schreiben etwas, wovon wir glauben, dass es Leser und Leserinnen interessiert. Sollte dies nicht der Fall sein, so ist das nicht unser, sondern deren Problem. Auch hinsichtlich Enthüllungsjournalismus gab man sich blasiert: Die NZZ sei so wichtig, dass, wenn es etwas Wichtiges zu berichten gäbe, sie das sowieso als Erste erfahre. Auslandredaktor Christoph Mühlemann meinte einmal mit gelassener Überheblichkeit: »Der Leser weiss: Wenn es nicht in der NZZ steht, dann ist es auch nicht wichtig.«

Ähnlich verhielt sich der Verlag. Die Werbegelder sprudelten so munter, dass die Anzeigenabteilung es sich leisten konnte, Aufträge abzuweisen und werbewillige Kunden auf ein späteres Erscheinungsdatum zu vertrösten. Ergo brauchte man auf Anliegen der Inserenten keine grosse Rücksicht zu nehmen. Persönlich wurde mir das anlässlich einer Uhrenbeilage vom Frühjahr 2002 bewusst. Als Korrespondent für die Romandie sollte ich dazu einige Beiträge liefern. Bald schon kontaktierte mich der für die Westschweiz zuständige Annoncenverkäufer. Er bat mich, nicht nur über »obskure« Uhrenlabels zu schreiben, wie dies in der Vergangenheit oft der Fall gewesen sei, sondern auch einmal grosse Marken, durchaus auch kritisch, zu porträtieren. Diese würden für Millionen von Franken im Jahr Werbung in der Tagesausgabe schalten, ohne bisher Resonanz in den Beilagen gefunden zu haben. Das war typisch für die NZZ, darin wurzelte ihre hohe Glaubwürdigkeit.

In meiner 25-jährigen Korrespondententätigkeit war dies der einzige Kontakt mit einem Anzeigenverkäufer. Am Ende konnte ich dessem Wunsch ein Stück entgegenkommen. Widerspenstig gab sich mitunter die Redaktion, wenn es darum ging, ein Inserat auf einer rechtsliegenden Zeitungsseite zu platzieren. Diese waren ausschliesslich für redaktionelle Beiträge reserviert. In Ausnahmefällen konnte der Verlag eine Sonderbewilligung beantragen, doch wurde eine solche längst nicht immer gewährt. Und wenn ja, dann oft nur »schweren Herzens«. So wenig kundenfreundlich war der erfolgsverwöhnte Betrieb.

»Leichten Herzens« liess man dagegen die grossen Räume in Keller und Parterre des NZZ-Gebäudes über ein Jahrzehnt lang leer stehen. Dort, wo bis Ende der 1980er Jahre Druckerei und Spedition angesiedelt waren, klaffte gähnende Leere. Später wurde ein Teil dieser Flächen für das Redaktionsarchiv genutzt und der Rest für gelegentliche gesellige Anlässe, wie etwa ein Redaktionsfest, bei dem sogar die Walliser Pop-Ikone Sina auftrat. Diverse Vorschläge zur wirtschaftlichen Nutzung dieser Räumlichkeiten waren auf dem Tisch des Chefredaktors gelandet, inklusive der Idee einer zweistöckigen Einkaufsarkade nach Pariser Vorbild. Doch nichts geschah. Man wolle keine »Dessous-Läden« im Haus, hiess es von zuständiger Seite. Auf Ablehnung stiess auch ein Plan des damaligen Chefbuchhalters Edgar Hirt, der das NZZ-Gebäude anfangs der 1990er Jahre zu einem stolzen Preis an eine japanische Bank vermieten und die Redaktion an einen anderen Ort auslagern wollte. Hirt dürfte sich an der Fleet Street, der einstigen Londoner Zeitungsmeile, orientiert haben. Dort gibt es auch keine Verlage mehr, sie sind längst auf billigere Pflaster ausgewichen. Nicht so die NZZ. Diese verteidigt ihren Logenplatz seit über 100 Jahren.

Damals wie heute verbindet der bauliche Umgang mit einer der prestigeträchtigsten Lagen Zürichs den Willen des Traditionsunternehmens NZZ, sich dem breiten Publikum zu öffnen, die eigene Identität epochengerecht mit gesundem, aber nicht überheblichem Selbstbewusstsein architektonisch zu untermauern –

und gleichzeitig die an dieser Lage besonders kostbare Ressource Boden möglichst wirtschaftlich zu nutzen.[3]

So geschwollen kommentierte 2008 Chefredaktor Spillmann die bislang letzte Totalrenovation des Gebäudes. In deren Rahmen wurden die ungenutzten Flächen in Shops und Restaurant samt Bar gewandelt und langfristig verpachtet. Die »Sonntagszeitung« schätzte 2014 den Wert des NZZ-Hauses auf mindestens 170 Millionen Franken. Seither dürften es wohl einige Millionen mehr geworden sein.

1.2 Das Schicksalsjahr 2001

Mit der Swissair verabschiedete sich der freisinnig-militärische Machtblock, der das Land regiert, gefördert und erstickt hatte.[4]

Constantin Seibt,
Redaktor Tages-Anzeiger

Am 2. Oktober 2001 brach in der Schweiz eine Welt zusammen: »Aus finanziellen Gründen ist die Swissair nicht mehr in der Lage, ihre Flüge durchzuführen«, erklang es am Flughafen Zürich, dem damaligen Zeitgeist zuliebe und mit einem Aufwand von 800 000 Franken in »Unique Zurich Airport« umbenannt. Die Hiobsbotschaft löste eine Schockwelle aus, schliesslich war die Swissair nicht irgendeine Fluggesellschaft. Sie war die fliegende Botschafterin der Schweiz. Die Heckflosse mit dem Schweizerkreuz stand für Sicherheit, Solidität und Service – für Schweizer Qualität eben. Dass diese Ikone untergehen würde, war bis anhin unvorstellbar. Den Todesstoss versetzte ihr der islamistische Anschlag vom 11. September auf die Twin Towers des World Trade Center in New York. Dieses »Pearl Harbor des 21. Jahrhunderts« stürzte die Welt in eine tiefe

Rezession. Über Nacht breitete sich Angst vor dem Fliegen aus, was der bereits angezählten Swissair den K.-o.-Schlag verpasste. Zudem trug eine sich als wenig kompetent erweisende Schweizer Wirtschafts- und Politelite mit zum Debakel bei. Die beiden Grossbanken UBS und Credit Suisse standen am Pranger, da sie es verpassten, der ums Überleben kämpfenden Airline dringend benötigten Sauerstoff in Form von Liquiditätsspritzen zu verabreichen. Und so wurde 2001 das Vokabular der Schweizer um ein gewichtiges Wort reicher: Grounding.

Die Art und Weise, wie die »Sanierung« umgesetzt wurde und wie ein unsägliches Chaos angerichtet worden ist, spottet jeder Beschreibung. Sie wird gewiss kein Lob und sicher nicht einmal Verständnis ernten, sondern wohl nur begreifliche Empörung und Wut. Diese Emotionsausbrüche werden sich zunächst gegen die beiden Finanzinstitute richten, aber dann auch gegen die Banken insgesamt, gegen die Unternehmenswelt und gegen die Marktwirtschaft.[5]

So wetterte die NZZ. Für das Blatt waren Konjunktureinbruch und Swissair-Grounding eine schwere Bürde. Es kam zu einem dramatischen Werberückgang, besonders bei den Stelleninseraten. Dazu gesellte sich eine miserable Börsenverfassung, so dass die NZZ-Gruppe 2001 nur noch eine schwarze Null erzielte, gegenüber einem Plus von 50 Millionen Franken zuvor. Es war ein radikaler Absturz, der auch im Folgejahr anhielt. Bis dann waren gegenüber dem Jahr 2000 Inserate und Annoncen im Umfang von 40 Millionen Franken weggebrochen. 2002 schloss deshalb mit einem rekordhohen Verlust von 50 Millionen Franken. Die Party hatte ein jähes Ende genommen. Hals über Kopf wurden mehr als 80 Stellen abgebaut – über natürliche Fluktuationen, ordentliche und vorzeitige Pensionierungen sowie über die Reduktion von Arbeitspensen. Dennoch: 27 Mitarbeitern wurde gekündigt.

Zeitenwende

Es war die wohl schwärzeste Stunde für Hugo Bütler, der den NZZ-Dampfer bis dahin durch vorwiegend ruhige Gewässer hatte (mit)steuern können. Die Swissair-Krise brachte auch die NZZ-Redaktion in die Bredouille. Eric Honegger, der VR-Präsident der SAir Group, präsidierte nämlich seit 1999 ebenfalls den NZZ-Verwaltungsrat. In dieser Doppelrolle hatte er sich in einem Interview mit der Zeitung vom März 2001 zuversichtlich zur Zukunft der Swissair geäussert. Damit setzte sich die NZZ aber dem Vorwurf aus, ihrem Präsidenten ein Gefälligkeitsinterview gewährt zu haben, zumal sie es unterliess, auf Honeggers Position an der NZZ-Spitze hinzuweisen. Diese Sicht teilte auch Christoph Blocher:

> Eigentümlich waren die milden, schonungsvollen Analysen des Wirtschaftsblattes »Neue Zürcher Zeitung«. Der gegenwärtige Verwaltungsratspräsident der NZZ heisst Eric Honegger und ist dank seinem Vorgänger Ueli Bremi (FDP) dorthin gelangt. Selbstverständlich werden die NZZ Redaktoren umgehend beteuern, der Verwaltungsrat habe noch nie Einfluss auf die journalistische Arbeit genommen. Dies dürfte stimmen. Wirksamer als Befehle wirken in solchen Fällen der vorauseilende Gehorsam und die politische Korrektheit, die mehr mit Politik als mit Korrektheit zu tun hat.[6]

In der Folge ging die NZZ-Redaktion auf Distanz zu ihrem zuvor durchaus geschätzten Präsidenten und legte ihm nahe, das imageschädigende Seilziehen um seine Abgangsentschädigung rasch zu beenden. Worum ging es? Als Sohn des FDP-Bundesrates Fritz Honegger war Eric bereits in jungen Jahren vieles zugefallen. Mit 41 Jahren sass er in der Zürcher Regierung. Er war bemüht, die ihm anvertrauten und unvertrauten Dossiers möglichst gut zu verwalten. Denn er wusste, dass politische Gegner ihm Fallgruben bauten. Als er nach drei er-

Das Schicksalsjahr 2001

folgreichen Perioden keine weiteren Aufstiegschancen sah, trat er aus der Politik zurück. Obwohl der promovierte Historiker »einen Beruf im engeren Sinne nie gelernt hatte«, wurde er von der Wirtschaft mit Mandaten überhäuft; was ihm schmeichelte. So zog er in den Verwaltungsrat von UBS und Plakatgesellschaft ein, übernahm das Präsidium von Möbel Pfister und NZZ – und schliesslich auch das der SAir Group, der Muttergesellschaft der Swissair. In deren 32-köpfigen Verwaltungsrat hatte er als Vertreter des Kantons Zürich bereits seit 1993 Einsitz. Wer es in diesen exklusiven Klub schaffte, sei im »Olymp der Schweizer Wirtschaft« angelangt, soll der langjährige Swissair-Präsident Armin Baltensweiler gesagt haben. Er drückte aus, wie sich diese handverlesene Runde anfühlte: Die Götter des helvetischen Olymps waren scheinbar unfehlbar und widersprachen sich selten. Sie bildeten eine eingeschworene Seilschaft, zumindest solange alles gut ging. Eric Honegger fühlte sich wohl an deren Seilen. Der damalige »Tages-Anzeiger«-Redaktor Constantin Seibt nahm diese Seilschaften aber kritisch ins Visier:

> Karrieren verliefen langsam; Neuankömmlinge wurden in Klubs, Unternehmen, Militär, FDP-Sektionen beschnüffelt. Am Ende rochen alle gleich. Doch wer einmal im Kreis aufgenommen war, hatte nichts zu befürchten. Das Denken übernahm im Zweifelsfall die NZZ. Es war eine stille Welt von sehr erfolgreichen, sehr respektierten Leuten: die Schweiz der Hochkonjunktur. Sie schien auf Ewigkeit gebaut.[7]

Für Honegger endete diese »Ewigkeit« abrupt. Er, der an der Harvard Business School eine Schnellbleiche in Management absolviert hatte, konnte sich zwei Jahre als Wirtschaftskapitän halten. Dann kam der Fall. Sein Karrieregrab schaufelte er, als er 2001 das Amt des CEO der Swissair zusätzlich übernahm. Dieses Doppelmandat erwies sich als Himmelfahrtskommando. Die Airline befand sich arg in Schieflage und Honegger gelang es nicht, das Ruder herumzureissen; genauso wenig wie es seinem Vorgänger gelungen war, und wie es auch sein Nachfolger nicht schaffen würde. Ergo wurde der FDP-Mann nach nur sechs Wochen im März 2001 wieder abgesetzt, notabene von denselben Leuten, die ihm zuvor die Steigbügel gehalten hatten. Aus unverständlichen Gründen bestand er auf der Erfüllung seines mehrjährigen Arbeitsvertrages und einer Lohnfortzahlung von 2,2 Millionen Franken. Damit wurde er bei Volk und Medien zum Buhmann. Es war Wirtschaftsredaktor Beat Brenner und nicht etwa der Chef des Wirtschaftsressorts, Gerhard Schwarz, der in dieser Angelegenheit Stellung bezog und Honegger in einem ausgewogenen Artikel zum Einlenken aufrief:

> Ob vertraglich so festgeschrieben oder nicht, für eine breitere Öffentlichkeit bleibt schwer nachvollziehbar, dass nach knapp einjähriger Präsidialzeit Lohnzahlungen bis Vertragsende 2005 fällig werden sollen. In dieser ausserordentlichen Lage wäre Honegger zweifellos wohl beraten, wenn er rasch, am besten noch vor der Generalversammlung der SAir Group vom 25. April, eine Kompromisslösung finden könnte.[8]

Kurz vor der SAir-Generalversammlung bot Honegger Hand für einen Kompromiss. Anderthalb Monate später trat er auch vom Verwaltungsrat der NZZ zurück; nicht zuletzt auch auf Drängen der Redaktion, für die er schlicht nicht mehr haltbar war. Sein Kollege Hannes Goetz, der FDP-Mann, der lange zusammen mit Honegger im Swissair-Verwaltungsrat sass, konnte dagegen seinen Platz im NZZ-VR retten; zumindest für ein weiteres Jahr. Neuer Präsident wurde der bisherige Vize, Conrad Meyer, Ordinarius für Rechnungswesen an der Universität Zürich. Dieser übernahm das Ruder in einem denkbar schwierigen Moment. Er ahnte nicht, in welchem

Das Schicksalsjahr 2001

Umfang ihn das Amt belasten, fordern und letztlich auch überfordern würde. Kaum hatte er auf dem Präsidentenstuhl Platz genommen, ging die Krise los. Plötzlich blies Meyer ein steifer Wind ins Gesicht. Er stehe an der Spitze der »besten Zeitung mit den schlechtesten Strukturen«, spotteten Kritiker. Sechs Jahre verstrichen, bis der Fall Swissair juristisch aufgearbeitet wurde. Der Prozess von 2007 zeigte, wie hochkomplex die Zustände bei der Airline waren. Wirklich Belastendes kam nicht zu Tage, so dass alle Angeklagten freigesprochen wurden. So gerechtfertigt dieses Urteil aus juristischer Sicht gewesen sein mag, so sehr hinterliess es einen bitteren Nachgeschmack; besonders der Umstand, dass das Gericht den Angeklagten Prozessentschädigungen in Millionenhöhe zusprach. Dies führte zu tiefen Kratzern am Lack der Wirtschaftselite und der mit ihr verbandelten Freisinnigen Partei.

Der abgesetzte Honegger setzte sich mittlerweile ins österreichische Burgenland ab. Dort baute er sich eine neue Existenz als Gastgeber mit eigener Pension auf. Seine Erfahrungen brachte er in Buchform heraus. Dessen Schlüsselkapitel heisse »Gutgläubig bis zum Schluss«, schrieb der damalige NZZ-Inlandchef Matthias Saxer in seiner Rezension. Es offenbare einen von den Werten der Konsenspolitik und der Milizarmee geprägten Menschen, der in einer ihm wesensfremden Managerwelt vergeblich ein Mindestmass an Loyalität, Vertrauen und Kollegialität suchte. Mit NZZ-typischer Zurückhaltung fügte Saxer Kritik an: Der unbefangene Leser frage sich, warum sich die Managerkaste Mandate in den grossen Verwaltungsräten ohne Einspruch von Aktionären so lange nach eigenem Gusto übers Kreuz zuhalten konnte. Wesentlich härter ging Constantin Seibt mit Honegger ins Gericht:

> Der Rauswurf bei der SAir Group, der als Abgangsentschädigung mit einem Jahreslohn und 480 000 Franken verbunden war, (...) ist Honeggers Trauma. Es schmerzt ihn (...) dass sein

Hinauswurf von keiner menschlichen Regung seiner ehemaligen Verwaltungsratskollegen begleitet war, schreibt Honegger, der zuvor – wohl ebenso ohne menschliche Regung – Philippe Bruggisser entlassen hatte. Honeggers Perspektive ist die eines egozentrischen Popanzes, der alles richtig gemacht hat, dem jegliche Selbstkritik abgeht und der in seinem Buch vor allem seine Gefühle schildern und Mitleid heischen will. Dass neben ihm unzählige Swissair-Angestellte ihren Job verloren, Leute, die nicht wie er auf das Netzwerk des Rotary Club und des Militärs sowie auf die finanzielle Absicherung durch Verwaltungsratsmandate zählen konnten – dazu fällt Honegger kein Wort ein.[9]

Nicht minder kritisch klang es von rechts: Die Swissair-Krise gab Christoph Blocher Gelegenheit für eine Attacke auf den Freisinn. In einem Artikel im »Tages-Anzeiger« – eingefädelt, wie es hiess, vom damaligen Inlandredaktor Markus Somm – stellte der SVP-Nationalrat die für ihn rhetorische Frage »Gesundet der Freisinn mit der Swissair?« und lieferte die Antwort gleich mit:

> Die bestürzenden Ereignisse der letzten Wochen zeigen drastisch die Folgen einer unheilvollen Verfilzung. Das Problem Swissair ist zugleich – und vielleicht noch mehr – ein Problem Freisinn. Die verheerenden Auswirkungen einer unernsten Auffassung von Wirtschaft wie von Politik lassen sich heute nicht mehr beschönigen und bedürfen der schonungslosen Kritik (...) Man wird nicht darum herumkommen, Namen von Schweizer Firmen, Managern und Politikern zu nennen, deren kläglicher Leistungsausweis allzu lange bengalisch beleuchtet wurde, heute aber als gewaltiger Scherbenhaufen für jedermann sichtbar zu Tage tritt. (...) Die Swissair wird seit Jahren praktisch ausnahmslos von Freisinnigen geleitet. Schon der freisinnige Hannes Goetz stand für die verfehlte und vom Verwaltungsrat mitgetragene »Hunter-Strategie«.[10]

Schweres Geschütz fuhr Blocher auch gegen den SAir-Präsidenten auf, wobei er gewissentlich verschwieg, dass die von ihm und der SVP mit Verve geforderte und an der Urne erfolgte Ablehnung des EWR-Vertrages ein zentraler Auslöser der Krise bei der Swissair war:

> Eric Honegger – von Beruf Historiker, später Verbands- und Parteisekretär und schliesslich vollamtlicher Politiker – sass sieben Jahre im Ausschuss des Verwaltungsrats. Er verfügte noch in seinem 54. Lebensjahr über keinerlei Erfahrung, geschweige denn einen Leistungsausweis im freien Markt, und hatte in seinem Leben noch nie einen Bleistift verkaufen müssen. Dennoch machten ihn seine freisinnigen Freunde zum Verwaltungsratspräsidenten der SAir Group, wo er die katastrophalen Fehlentscheide des Managements seit Jahren mitträgt.[11]

Eric Honegger ist an der Falkenstrasse bis heute präsent. Sein Konterfei hängt mit dem anderer ehemaliger Präsidenten im ehrwürdigen Komiteezimmer im zweiten Stock des NZZ-Gebäudes – ein holzgetäfelter, historischer Raum, der wie kein zweiter Tradition und Geschichte dieses Hauses atmet.

1.3 »Befreiung« vom Freisinn

> *Die Zeitung hat sich vom Freisinn distanziert,*
> *weil man den Freisinn plötzlich als*
> *zu wenig freisinnig empfand.*[12]
> Max Frenkel,
> Inlandredaktor NZZ (1987–2003)

Heute steht die liberale Schweiz im Gegenwind. Die FDP spürt das mehr als alle anderen Kräfte, die in irgendeiner Form dem liberalen Gedankengut anhängen. Seit drei Jahrzehnten schleppt sich die Regierungspartei (...) auf nationaler Ebene von einer Wahlschlappe zur nächsten (...) Das Verliererimage drückt schwer.[13]

Diese Untergangsprosa findet sich nicht etwa in der linken »Wochenzeitung« (WOZ), sondern in der dem Freisinn traditionell nahestehenden NZZ. Die FDP befinde sich im Gegenwind, weil sie eine wirtschaftsnahe Partei ist. Sie habe in den letzten Jahren die Zeche bezahlt für Verwerfungen, die 2007 in Amerika mit der Immobilienkrise ihren Anfang nahmen und die 2008 zur globalen Finanzkrise eskalierten.

Stolze Bankinstitute mussten mit Staatskrücken gestützt werden. So auch die UBS. In Europa wurden Rettungsschirme aufgespannt. Griechenland hing am seidenen Faden. Der damit einhergehende Reputationsschaden für die freie Marktwirtschaft schlug in der Schweizer Parteienlandschaft am heftigsten auf die FDP durch. Topverdiener haben im Wettstreit um überschwere Lohntüten und exzessive Boni das Vertrauen der Bevölkerung in die liberale Wirtschaftsordnung torpediert. Die Konkurrenz spielt dem Freisinn nur zu gern die Mitverantwortung zu: Mitgegangen, mitgehangen![14]

Das waren radikale Worte aus der Feder des damaligen NZZ-Inlandchefs René Zeller. Unter dem Titel »Das liberale Feuer brennt nicht mehr« blies er 2014 dem Freisinn den Marsch. Damit trieb er die Abnabelung der Zeitung von der zunehmend als gefühlskalt wahrgenommenen Partei weiter voran. An der Falkenstrasse begann man sich gegen den Vorwurf des »mitgegangen, mitgehangen« zu wehren. Chefredaktor Bütler und dessen Vertraute erkannten die Gefahr, dass die NZZ, sollte sie an ihrer Nibelungentreue zur FDP festhalten, ebenfalls marginalisiert werden könnte. Denn der scheinbar unaufhaltsame Niedergang der FDP war seit Jahren ein Thema.

»Befreiung« vom Freisinn

Er begann mit dem Fall der Berliner Mauer und beschleunigte sich danach mit der Implosion der Sowjetunion. Beides beraubte bürgerliche Parteien teilweise ihrer raison d'être. Plötzlich wurde einem auch die Unmenschlichkeit des real existierenden Sozialismus nicht länger hautnah vorgeführt. Mehr noch: Sie geriet sogar sukzessive in Vergessenheit. Seither werden die Qualitäten eines freiheitlichen Systems nicht mehr gleich hoch gewichtet wie früher. Neue nationalistisch-konservative Parteien stellen sie sogar offen in Frage.

Im Gegensatz zur FDP verstanden es Blocher und die SVP, das verloren gegangene Feindbild Moskau und die UdSSR durch das neue Feindbild Brüssel und die EU zu ersetzen. Mit ihrem Kampf gegen die Annäherung an Europa war die SVP sehr erfolgreich und wurde zur führenden Kraft im bürgerlichen Lager – auf Kosten der FDP. Ringier-Kolumnist Frank A. Meyer brachte es im »Blick« einmal wie folgt auf den Punkt:

> Das Soziale hat der Freisinn den Sozialdemokraten überlassen, das Ökologische den Grünen – und bekämpft heftig beides, indem er Sozialdemokraten und Grüne zu seinen politischen Hauptgegnern erkoren hat. Sowas aber merkt der Wähler, gerade der sozial und ökologisch sensible freisinnige Wähler – und ist verstimmt. Dieser freisinnige Wähler, dem eine menschenfreundliche und weltoffene Schweiz am Herzen liegt, merkt ebenso, wem der Freisinn willig folgt: der SVP. Wenn Blocher ins Alphorn bläst, muht die FDP beifällig. So in der Steuerpolitik, so im Fall Swisscom, so im Fall Asylgesetz.[15]

»Mitgegangen, mitgehangen!« Dieser Vorwurf war der NZZ bereits in den 1980er Jahren gemacht worden: beim Rücktritt von Elisabeth Kopp, der ersten Frau im Bundesrat. Diese Freisinnige aus der Zürcher Vorortgemeinde Zumikon war 1984 gewählt worden – mit dem ungeteilten Segen der NZZ. Dabei musste sich die blitzgescheite, aber etwas farblos wirkende Juristin ihre Anerkennung in Partei und Parlament erst durch viel Fleiss und hohe Dossierkompetenz erarbeiten. In der Bevölkerung dagegen genoss sie von Beginn weg viel Sympathie, obgleich ein Damoklesschwert über ihrem Haupt schwebte: in der Person ihres Ehemannes Hans W. Kopp. Dieser erfolgreiche Rechtsanwalt war wegen seiner »Libanon Connection« in die Schlagzeilen geraten. Als Vizepräsident des Verwaltungsrates der in Dübendorf ansässigen Shakarchi Trading Company, deren Präsident der aus dem Libanon stammende Mohammed Shakarchi war, bot Hans W. Kopp viel Angriffsfläche. Vor allem nachdem 1988 der, wie sich später herausstellte, unbegründete Vorwurf aufkam, die Firma sei in kriminelle Geldwäscherei-Aktivitäten verwickelt. Rasch wurde es eng für Elisabeth Kopps Gemahl und für die Vorsteherin des Justiz- und Polizeidepartements. Die Gerüchteküche brodelte und es hiess, die Bundesrätin habe, als sie in ihrer Behörde von einem eingeleiteten Untersuchungsverfahren gegen die Shakarchi Trading Company erfuhr, ihren Mann umgehend telefonisch zum Rücktritt aus derselben aufgefordert. Allein, die NZZ schwieg zu den sich häufenden scheinbaren Indizien gegen das Ehepaar Kopp. Das Blatt wollte oder konnte keinen Einfluss auf das Geschehen nehmen, stellte sich aber bis zuletzt hinter die Magistratin, welche enge Kontakte zu diversen NZZ-Redaktoren pflegte. Es wäre ein klarer Kommentar von höchster Stelle nötig gewesen. Doch nichts dergleichen geschah. Chefredaktor Bütler liess den Kelch an sich vorbeigehen und Inlandchef Müller erklärte sich wegen seines FDP-Nationalratsmandates als befangen. Ergo spielten die beiden den Ball dem jungen Lokalredaktor Thomas Häberling zu, der wenig mit der Sache zu tun hatte, aber schon damals als guter Diener seines Herrn, gemeint des Chefredaktors, galt. So entstand am Freitag, den 9. Dezember 1988 ein Leitartikel für die Samstagsausgabe, in dem Häberling Frau Kopp so gut es ging den Rücken stärkte. Er würdigte »die ausgezeichnete Amtsführung und die hohe persönliche Glaubwürdigkeit der Bundesrätin«, die für die Beurteilung allein ausschlaggebend sein müssten. Kopp war tags zuvor mit klarem Mehr zur Vizepräsidentin des Bundesrates gewählt worden. Für Häberling war die Angelegenheit deshalb nicht eine »Affäre Elisabeth Kopp«, sondern eine »Affäre Hans W. Kopp«. Noch ehe der Text ins Blatt gestellt war, platzte die Botschaft herein, Frau Kopp habe zugegeben, mit ihrem Mann telefoniert zu haben. Wie die Freisinnige Partei so war auch die NZZ völlig überrumpelt. An der Falkenstrasse fühlte man sich von der Magistratin verraten. Trotzdem hielt man an Häberlings Text fest und entschied, diesem bloss einen Absatz nachzuschieben, in welchem der Autor sozusagen das Gegenteil dessen schrieb, womit der Artikel begonnen hatte. Er bedauerte, dass sich die Trennung von Kopps Amtstätigkeit von den Handlungen ihres Mannes als Fiktion erwies. Das war wahrlich kein rühmlicher Auftritt für eine Zeitung vom Format der NZZ. Offenbar hatten ihr die Umarmung durch den Freisinn und die Nähe zu Elisabeth Kopp die Sprache verschlagen.

In der Folge kam es, wie es kommen musste: Die Bundesrätin gab am folgenden Montag ihren Rücktritt auf Ende Februar 1989 bekannt. Sie betonte dabei, dass sie »weder rechtlich noch moralisch irgendeine Schuld« treffe. Die Öffentlichkeit war empört über den Fall des beliebtesten Mitglieds der Landesregierung. Ihr Zorn richtete sich auch gegen die Medien, die mit Leserbriefen überflutet wurden. Der NZZ warf man vor, sich mit der FDP solidarisiert und zusammen mit dem »Tages-Anzeiger« Kopps Rücktritt forciert zu haben. Ein klarer Fall von »mitgegangen, mitgehangen«! Am Tag nach der Rücktrittsankündigung meldete sich der NZZ-Chefredaktor zu Wort. Bütler hatte sich zuvor nicht gegenüber dem Freisinn exponieren und schon gar nicht dessen erste Bundesrätin angreifen wollen, welche Jahre danach vom Bundesgericht in allen Anklagepunkten freigesprochen wurde.

Dennoch: Die »Affäre Kopp« schlug eine Furche zwischen Zeitung und Partei; auch wenn einige Inlandredaktoren, vor allem die für die Parteipolitik zuständigen, noch dermassen stark mit der FDP verbandelt waren, dass sie die Tragweite der Ereignisse nicht wahrhaben wollten. Zu lange waren »Inland« und Freisinn eine Art Schicksalsgemeinschaft. Etliche Redaktoren hatten politische Ämter für die FDP inne. Chefredaktor Willy Bretscher sass von 1951 bis 1967 für den Zürcher Freisinn im Nationalrat. Das war im Zeitalter der »Parteizeitungen« nichts Ungewöhnliches. Damals war das »Vaterland« die Stimme der CVP, das »Volksrecht« das Meinungsblatt der SP und die NZZ, wenn auch nie ein Parteiblatt, so doch der FDP sehr nahestehend. Einmal waren gleich vier NZZ-Redaktoren mit einem FDP-Ticket in den Zürcher Kantonsrat gewählt worden: die drei »Inländer« Walter Diggelmann, Richard Reich und Kurt Müller, sowie Martin Schlappner, der für Film und Tourismus Verantwortliche. Das aber war Chefredaktor Luchsinger zu viel des Guten, und so musste Schlappner wieder von seinem politischen Amt zurücktreten. Lokalredaktor Rudolf Bolli, der Jahre später in den Kantonsrat gewählt wurde, war einmal Mitglied der »Propaganda«-Abteilung der FDP, ein heute undenkbarer Zustand. Sein Kollege Andreas Honegger sass sogar als FDP-Mann im Zürcher Kantonsrat und berichtete gleichzeitig für die NZZ über dieses Gremium. NZZ-Inlandkorrespondent Jörg Kiefer betätigte sich in Solothurn regelmässig als FDP-Wahlkampfleiter. Wegen solcher Interessenskongruenz wurde die NZZ gerne als »Alpen-Prawda« oder als helvetischer »Osservatore Romano«, als schweizerisches Äquivalent zum Sprachrohr des Vatikans abgetan. Bis der Chefredaktor eines Tages entschied, NZZ-Journalisten dürften keine neuen politischen Ämter auf Kantons- oder Bundesebene mehr annehmen und nur noch ihre Mandate zu Ende führen.

In der Inlandredaktion standen sich in den 1990er Jahren zwei Lager gegenüber. Das kleinere sah die FDP als Verbündete, bei der die liberale Haltung der Zeitung am besten aufgehoben sei. Das grössere plädierte dagegen für eine moderne, von der Partei unabhängige Redaktion. Bütler stellte sich hinter die zweite Gruppe, die längst nicht alles gut fand, was mit dem Etikett »Freisinn« versehen war. Inlandredaktor Walter Schiesser kümmerte sich schon früh um Umweltanliegen aus liberaler Sicht. Weil diese Anliegen aber in der FDP eher stiefmütterlich behandelt wurden, bildete sich später eine neue politische Kraft, die Grünliberalen, welche die Umwelt ins Zentrum ihrer Politik stellen.

Wirkliche Aufbruchstimmung kam nach dem Rücktritt von Inland-Chef Kurt Müller im Jahre 1990 auf. Und besonders unter Matthias Saxer, der 1994 als erster Parteiloser zum Leiter dieses Ressorts ernannt wurde. Weil der ideologische Fächer in den Jahren nach dem Ende des Kalten Krieges auch bei der NZZ weiter als zuvor geöffnet war, konnte sich Saxer einen Namen als vorurteilsloser Journalist machen. Unter seiner Führung distanzierte sich die Inlandredaktion weiter von der Partei, so dass alt FDP-Bundesrat Rudolf Friedrich und Ex-Inlandchef Kurt Müller eines schönen Tages in der NZZ auftauchten, um diese Entfremdung zu beklagen. Beim 225. Geburtstag der NZZ stellte VR-Präsident Meyer im Januar 2005 fest:

> Die NZZ ist älter als die Freisinnige Partei im Kanton Zürich oder die FDP auf eidgenössischer Ebene. Seit ihrer Gründung ist die NZZ eigenen Werten verpflichtet. (…) Natürlich vertreten wir zum Teil die gleichen wie die Freisinnig Demokratische Partei. Aber: Die NZZ ist ein Meinungsblatt und kein Parteiblatt. (…) Die NZZ fühlt sich nicht der FDP verpflichtet, sondern ist ein Blatt mit qualitativ und politisch hohem Anspruch, das sich an der liberalen Denkweise orientiert.[16]

Eng war die Verbindung mit dem Freisinn im Aktionariat: Bis Mitte der 1990er Jahre konnte nur Aktionär werden, wer Mitglied der FDP war. So verlangten es die Vinkulierungsbestimmungen. Als Folge davon sassen ausnahmslos Freisinnige im NZZ-Verwaltungsrat, vornehm »Komitee« genannt. Wie sehr man damals die Vinkulierung respektierte, das Wort stammt ab vom Lateinischen »vinculum« und bedeutet Fessel, musste Lokalredaktor Wilfried Spinner erfahren. Er hatte von einem Verwandten eine NZZ-Aktie geerbt, wurde aber nie als stimmberechtigter Teilhaber ins Aktienregister aufgenommen, weil er nicht FDP-Mitglied war. Dies, obgleich Spinner seine ganze berufliche Laufbahn (1958–1991) bei der NZZ verbrachte. Heutzutage wäre er anerkannter Aktionär. Seit 1996 reicht ein Bekenntnis zu einer freisinnig-demokratischen Grundhaltung. Eine Zugehörigkeit zur FDP ist nicht mehr erforderlich, eine Mitgliedschaft bei einer anderen Partei allerdings auch nicht gestattet. Die Dinge sind also in Bewegung geraten. Trotzdem benötigte die »Befreiung« vom Freisinn Zeit. Schliesslich stand von 1988 bis 1999 Ulrich Bremi, seines Zeichens FDP-Nationalrat, FDP-Fraktionspräsident und Präsident des Zürcher Freisinns, an der Spitze des NZZ-Verwaltungsrates. Der erfolgreiche Unternehmer war die personifizierte Symbiose von Zeitung und Partei. Mit ihm auf der Kommandobrücke war es für das Blatt schwierig, sich aus dem Fahrwasser der FDP herauszumanövrieren; obschon Bremi die statutarisch verbriefte Unabhängigkeit der Redaktion voll respektierte. 1988 brachte er mit dem Luzerner Unternehmer und späteren FDP-Bundesrat Kaspar Villiger ein weiteres politisches Schwergewicht als ersten Nicht-Zürcher Freisinnigen in den NZZ-Verwaltungsrat.

Letztlich waren es aber der Untergang der Swissair sowie der darauffolgende Prozess, die zu einem Umdenken an der Falkenstrasse führten. Der mit dem Ende der Airline einsetzende Macht- und Ansehensverlust der FDP war nicht mehr rückgängig zu machen. 2007 standen 19 prominente Angeklagte vor Gericht, darunter auch die Zürcher FDP-Ständerätin

»Befreiung« vom Freisinn

und NZZ-Verwaltungsrätin Vreni Spoerry, die seit 1988 auch im obersten Gremium der Swissair einsass. Die grosse Mehrheit der Angeklagten waren Manager und Verwaltungsräte ohne Parteibuch. Trotzdem lastete die öffentliche Meinung – angeheizt von Christoph Blocher – das Ende der Swissair dem Zürcher Wirtschaftsfreisinn an, der in der Folge innerparteilich viel von seiner einst dominanten Stellung verlor. Die Freisinnige Partei der Schweiz wurde ebenfalls an der Urne abgestraft, so dass der »Alten Tante« die Umarmung durch die FDP immer lästiger wurde. Die Partei sei längst nicht mehr der liberale Stosstrupp, der sie in der Vergangenheit einmal gewesen war. Sie habe viel von ihrer Skepsis gegenüber dem Staat verloren, und auch ihre einstige Zentralismusfeindlichkeit sei ihr abhanden gekommen. Wie die meisten Parteien verwässere sie ihr Programm, um für möglichst viele Bürger wählbar zu sein. Damit liessen sich zwar Wahlen gewinnen, doch freier und wettbewerbsfähiger werde die Schweiz dadurch nicht, beanstandete NZZ-Wirtschaftschef Gerhard Schwarz.

Dagegen konterte FDP Präsident Franz Steinegger: Das Elend seiner Partei habe ab den 1980er Jahren mit dem Wahlslogan »Weniger Staat – mehr Freiheit« begonnen. Ein Motto, welches aus einem NZZ-Leitartikel hätte stammen können. Zwar gewann die FDP 1983 im Nationalrat nochmals drei Sitze, doch danach ging es bergab. Liegt die Schuld für den Absturz tatsächlich in diesem programmatischen Gegensatzpaar? Ist das liberale, wenn nicht libertäre Programm unpopulär geworden? Haben die Freisinnigen damit zu ihrem eigenen Schaden der SVP den Boden bereitet? Fragen über Fragen, die NZZ-Inlandredaktor Christoph Wehrli einmal rückblickend stellte, ohne eine Antwort zu liefern. Denn: Es ist das Eine, im geschützten Redaktionsraum das Hohelied auf den Liberalismus anzustimmen. Und das Andere, sich als Partei mit liberaler Ausrichtung an der Urne zu behaupten und attraktiv zu bleiben für eine sich verändernde Gesellschaft wie die der

Schweiz: zunehmend pluralistisch und multikulturell. In den Augen der Kritiker war die FDP zu lange vom eigenen Erfolg geblendet, abgehoben und auf die »alte Schweiz« fixiert. Sie habe die Zeichen an der Wand nicht gesehen, orientierungslos gewirkt und sehr lange gebraucht, um in der »neuen Schweiz« anzukommen. Bei den Nationalratswahlen von 1991 zog die SVP erstmals rechts an der FDP vorbei und hängte diese in den Jahren danach weiter ab. Der klassische Freisinn sei dem Tode geweiht, heisst es im Buch »Der Fall FDP« aus dem Jahr 2015:

> Die grosse Zeit der FDP ist für immer vorbei. Nie mehr wird die Partei eine solche Macht in diesem Land haben wie zu ihrer Blütezeit. Nie mehr wird sie den Diskurs so prägen wie damals. Die FDP als staatstragende Partei gibt es nicht mehr.[17]

Kehren wir für einen Moment zurück ins »Damals«, in die Anfangsjahre von Elisabeth Kopps politischer Karriere. Unter ihrer Führung war in Zumikon ein neues Gemeindehaus gebaut worden, das 1.5 Meter höher war als erlaubt. Weil dieser Umstand an der Gemeindeversammlung zur Sprache gekommen war, griff der NZZ-Berichterstatter die Verfehlung im Blatt auf. Kaum hatte Kopp den Artikel gelesen, kontaktierte sie den Chefredaktor und meinte, die Zeitung habe sich eine schwere Entgleisung zu Schulden kommen lassen. Es sei doch nicht ihre Aufgabe, der eigenen Partei in den Rücken zu fallen. Doch Luchsinger liess sich nicht beirren und wollte wissen, ob die Story wahr sei. Als ihm Kopp versicherte, dass dem so war, antwortete er sinngemäss: Dann ist doch alles in Ordnung, warum regen Sie sich auf? Luchsinger deckte seine Leute, solange deren Geschichten zutrafen und keine rechtlichen Angriffsflächen boten. Er mag mitunter schroff, ja cholerisch gewesen sein, doch seine Mitarbeiter konnten sich (fast immer) auf ihn verlassen.

»Befreiung« vom Freisinn

Das galt besonders für die Wirtschaftsredaktion, deren liberales Credo sich nicht immer mit dem eher wettbewerbsfeindlichen Verhalten gewisser Freisinniger vertrug. Willy Linder, der langjährige Chef der Wirtschaft, erhielt von Luchsinger Carte blanche. Im Gegenzug trug er die volle Verantwortung für seine Mitarbeiter. So passierte es regelmässig, dass der Chefredaktor schnurstracks auf Linders Büros zusteuerte, um sich über einen Text im Wirtschaftsteil zu beklagen, beziehungsweise um Klagen von aussen weiterzuleiten. Es wäre Luchsinger nie in den Sinn gekommen, sich direkt an den Autor zu wenden. Eine regelmässige Zielscheibe solcher Kritik war Wirtschaftsredaktor Heinz Bitterli, ein überzeugter Liberaler, der sich um die Dossiers »Detailhandel« und »Wettbewerb« kümmerte. Mehr als einmal stand Linder mit der Aufforderung bei ihm an der Tür, er solle bei Luchsinger reinschauen, dieser wolle sich mit ihm unterhalten. Zwei solcher »Unterhaltungen« waren besonders pikant. Bei der ersten ging es um die Usego-Gruppe, eine Detailhandelsgesellschaft, die in Schieflage geraten war. Vorsitzender war Dr. Paul Bürgi, seines Zeichens FDP-Präsident, FDP-Nationalrat, später Ständerat und sogar einmal hoffnungsvoller Bewerber für einen Sitz im Bundesrat. An der Generalversammlung war Bürgi aber wegen seiner schwachen Leistung von den Usego-Aktionären abgekanzelt worden. Als Bitterli kurz darauf zufällig Bürgi im Zug begegnete, soll sich dieser wenig einsichtig gezeigt haben: Das sei wie Militär, wie im Panzer, da müsse man einfach die Augen und die Haube zumachen und unten durch. Dem erfahrenen NZZ-Journalisten schien dies keine Strategie, um Usego aus dem Schlamassel herauszuführen. Also schrieb er einen Kommentar, in welchem er Bürgis Rücktritt forderte. Aus Überzeugung, dass dies der beste Weg für eine Sanierung von Usego sei.

Am nächsten Morgen läutete das Telefon in Luchsingers Büro und ein aufgebrachter Bürgi war am Apparat. Die beiden Männer waren befreundet und der enervierte Anrufer wollte wissen, was er nach dem Kommentar in der NZZ tun solle, um seine politische Karriere nicht zu gefährden. All dies erfuhr Bitterli später von seinem Vorgesetzten, Willy Linder, der ihn, wie gewohnt, bat, zum Chefredaktor zu gehen. Dort wurde er mit beleidigter Stimme empfangen und aufgefordert, sein Vorgehen zu begründen, was Bitterli nicht schwerfiel. Anschliessend meinte Luchsinger lakonisch, er sei anderer Meinung und gebe Bürgi recht: Der Kapitän dürfe das sinkende Schiff nicht verlassen. Damit war die Sache für Bitterli erledigt. Für Bürgi aber läutete der NZZ-Kommentar das Ende von dessen Ambitionen ein.

Beim zweiten Fall hatte Bitterli sich mit Rudolph R. Sprüngli angelegt, dem Patron der gleichnamigen Schokoladenfabrik, der zudem Präsident bei Hürlimann-Bier war. Als überzeugter Gegner von Kartellen geriet der NZZ-Redaktor rasch in Konflikt mit dem der FDP angehörenden Sprüngli, der nicht nur vom Schokolade- und Bierkartell, sondern auch vom Mineralwasser- und Süssgetränkekartell betroffen war. Der einflussreiche Unternehmer und NZZ-Aktionär zitierte Bitterli eines Tages zu einem Mittagessen ins »Eden au Lac«. Dort eröffnete er dem streitbaren Journalisten, dass dessen Tage bei der NZZ gezählt sein könnten, wenn er auf seinen kartellkritischen Positionen verharre. Bereits zuvor hatte Sprüngli bei Luchsinger interveniert. Das war für den Chefredaktor insofern unangenehm, als er mit Sprüngli im gleichen Rotary-Club sass und sich nun für den nächsten Club-Anlass rüsten musste. Er bat deshalb den Wirtschaftschef, ihm auf einem A4-Blatt in verständlicher Sprache die ordnungspolitische Position der NZZ zu Wettbewerb und Kartellen aufzuzeichnen. Linder reichte die Strafaufgabe an Bitterli weiter, der sicherstellte, dass sein Boss das Konzentrat rechtzeitig dem Chefredaktor übergeben konnte. Als Luchsinger später am Rotarier-Tisch neben Sprüngli sass und dieser Vorwürfe gegen die NZZ vorbrachte, soll der Chefredaktor sich von seiner cholerischen Seite gezeigt haben. Er habe Sprüngli gepredigt, was auf dem A4-Blatt stand, und ihn danach aufgefordert, die Meinungsfreiheit der NZZ zu respektieren. Diese Beispiele zeigen: Die Wirtschaftsredaktion riskierte immer wieder mal einen Konflikt mit dem Freisinn, was auch ihr Verhältnis zur Inlandredaktion belastete. Leitartikel der Wirtschaft waren längst nicht immer deckungsgleich mit denen der Inlandredaktion. Ein Grund dafür war auch: In der Wirtschaft dominierte der ordnungspolitische Aspekt, wie ihn die reine Lehre vorgibt, während im Inland der politischpragmatische zählte.

Seit dem Austritt der St. Galler FDP-Ständerätin und späteren Magistratin Karin Keller-Sutter aus dem NZZ-Verwaltungsrat im Jahr 2016 ist der Freisinn dort nicht mehr vertreten. Die FDP ist nur noch mit ihrer ehemaligen Urner Nationalrätin Gabi Huber im neuen, zahnlosen Beirat zur Qualitätskontrolle präsent. Die Zeitung konnte sich also von der Partei emanzipieren. »Hat sie überhaupt noch den freisinnigen Geist verinnerlicht?«, fragte an der NZZ-GV 2019 der Generalsekretär der FDP der Stadt Zürich. Ihm war aufgestossen, dass das Blatt bei der Präsentation des FDP-Wahlprogrammes durch Abwesenheit glänzte, dagegen bei einem ähnlichen Anlass der Grünliberalen teilnahm und erst noch darüber berichtete. Was man an der Falkenstrasse vom politischen Kurs der FDP hielt, legte Inlandchef Michael Schoenenberger 2018 in einem Kommentar dar:

> In einer immer dichter besiedelten Schweiz werden die Themen Zuwanderung und Integration, Verkehr, Raumplanung und Umweltschutz mit Garantie immer wichtiger. Sollte die FDP das Thema Zuwanderung dauerhaft der SVP und die Ökologie dauerhaft den Grünliberalen überlassen, begeht sie einen schweren Fehler. Und ganz zentral sollte sich die FDP um die

sogenannten Frauenthemen, nennen wir sie hier Familienthemen, kümmern. Sie soll nicht zur Familienpartei werden, aber als Wirtschaftspartei, welche die Berufstätigkeit beider Geschlechter einfordert, muss sie Antworten für Eltern liefern. Dazu gehört ein klares Bekenntnis zu Tagesschulen, beispielsweise. Kurzum: Die FDP hat nicht nur jene Themen aufzunehmen, welche die Wirtschaft und deren Verbände beschäftigen. Sie hat sich zunehmend auch um das tägliche Leben der Menschen zu kümmern.«[18]

Ähnlich sah es die »geschasste« Bundesrätin Elisabeth Kopp:

Man kann nicht ein Wahlprogramm aufstellen, ohne Energie, Klima und Umwelt zu thematisieren. Dieses Thema brennt den Menschen unter den Nägeln.[19]

Deshalb würde sie heute, so Kopp, gar nicht mehr der Freisinnigen Partei der Schweiz beitreten, sondern den Grünliberalen.

1.4 Bleierne Jahre – verpasste Chancen

Mir ist keine andere Branche bekannt, die einen Strukturwandel dermassen verpasst hat, wie die Medienwelt.[20]

Etienne Jornod,
NZZ-Verwaltungsratspräsident seit 2013

Wer den Ausgangspunkt der Krise bei der NZZ finden will, muss in die frühen 1990er Jahre zurückgehen. In eine Epoche, in der die Zeitung an ihrer Zukunftsstrategie zu basteln begann. »Zwei Seelen wohnen, ach, in meiner Brust«, könnte man mit Goethes Faust die damalige Situation beschreiben, in der sich zwei Lager gegenüberstanden: Auf der einen Seite der

Bleierne Jahre – verpasste Chancen

Verlag, der auf Expansion drängte, auf der anderen die Redaktion mit dem Chefredaktor als Schutzpatron. Bütlers Herz schlug ausnahmslos für die NZZ. Er wollte in erster Linie an der Herausgabe einer echten Qualitätszeitung festhalten und zeigte entsprechend weniger Interesse an der Schaffung eines Medienkonzerns. Schliesslich war die AG für die Neue Zürcher Zeitung, seit ihrer Gründung im Jahre 1868, als Auffanggesellschaft für das damals in eine bedrohliche Schieflage geratene Blatt, ein Ein-Produkt-Betrieb. Dieser glich zudem einer Non-Profit-Organisation, blieb doch fast sämtliches Geld in der Firma. Viel Geld sogar. Allein im Spezialfonds, einer vom Mutterhaus losgelösten patronalen Schatulle, schlummerten mitunter über 100 Millionen Franken. Dabei fehlte der Zeitung eine klare Strategie, was mit dem Haufen Geld zu machen und wie dieses am besten zu investieren sei. Die hohen Liquiditätspolster gaben ihr zwar ein Image von Stabilität, sie dienten aber auch als Ruhekissen. Daher nahm die Suche nach einer tauglichen Zukunftsvision viel Zeit in Anspruch. Alles drehte sich um die Frage: Was wollen wir sein? Klein und fein und ein Nischenprodukt wie etwa das damals lancierte Fernsehprogramm »NZZ Format«? Oder wollen wir ein grosses Medienhaus werden? Diese Frage hatte den Verwaltungsrat bereits 1981 beschäftigt:

> Früher oder später wird sich die NZZ entscheiden müssen, ob sie ein Grossunternehmen der Informationsbranche mit Interessen in allen denkbaren Sparten der öffentlichen Information und Kommunikation werden oder sich weiterhin auf der Ausgabe dieser einen Zeitung von Qualität konzentrieren und beschränken will.[21]

Lange endeten die Diskussionen in einer Sackgasse. Alle grandiosen Wachstumsvisionen – inklusive der Idee, in den angelsächsischen Raum auszubrechen – kamen von Verlagsseite, während Hugo Bütler stets für ein behutsames Vorgehen plädierte. Am Ende einigte man sich auf Investitionen in die Regionalpresse, womit zwei Ziele erreicht wurden: Erstens die vom Verlag angestrebte Expansion und zweitens der Erhalt von freiheitlich-liberalen Zeitungen wie des »St. Galler Tagblatt« und des Berner »Bund«. Damit begann aber auch ein neuer Prozess: Die schleichende wirtschaftliche Aushöhlung der NZZ. Diese gewann nach der Jahrtausendwende zusätzlich an Fahrt mit dem über 100 Millionen Franken teuren Erwerb der »Luzerner Zeitung«, sowie dem Luxus einer ebenfalls mehr als 100 Millionen Franken verschlingenden neuen Druckerei. Danach war die einst prallvolle Kriegskasse geschrumpft und die cash cow NZZ geschwächt. Die 2002 erfolgte Lancierung der »NZZ am Sonntag« bedeutete anfangs für das Mutterblatt ein zusätzliches Trauma. Das Stammhaus musste nicht nur die 16 Millionen Franken betragende Last des Startkapitals tragen, sondern auch die anfänglichen Verluste. Darüber hinaus hatte es hinzunehmen, dass während Monaten das Gros des Marketingbudgets für die »NZZ am Sonntag« eingesetzt wurde und die Tageszeitung werbemässig relativ leer ausging. Der Grund? Die »NZZ am Sonntag« musste ein Erfolg werden, da sich eine neue, bedrohliche Entwicklung abzeichnete: Ein Rückgang der Annoncen unter der Woche und eine Konzentration der Werbung auf den Sonntag, wo ein Inserat um gut ein Drittel günstiger war als in der Tagesausgabe.

Das Anzeigenteam war aufgeteilt in NZZ und »NZZ am Sonntag«, und die beiden konkurrenzierten sich teilweise. Damit verstiess man gegen eine Regel, die besonders am Finanzplatz wichtig war: »One face to client«. Der Kunde sollte nur einen Ansprechpartner haben, der ihm in allen Belangen behilflich sein konnte. Ausserdem hatte die NZZ, die bei der Wirtschaftsberichterstattung lange Zeit einsame Spitze war, ab den 1990er Jahren Konkurrenz aus dem Hause Ringier erhalten. Dessen trendiges Wirtschaftsmagazin »Cash« erwies

Bleierne Jahre – verpasste Chancen

sich als Erfolg, so dass der frühere Platzhirsch NZZ den Anzeigenmarkt nun mit diesem Mitbewerber teilen und sich in einem schwieriger werdenden Umfeld behaupten musste. Dies gelang dem Verlag auch dank dem langjährigen Kundenberater Robert Kahnt, der in Finanzkreisen bestens eingeführt war und über erstklassige Beziehungen verfügte.

Ursprünglich war vorgesehen, dass die Korrespondenten der NZZ auch für die »NZZ am Sonntag« arbeiten würden. Dieser Plan war Teil des Geschäftsmodells des Sonntagstitels und ein schlagkräftiges Argument gegenüber der Werbebranche. Doch es kam anders. Die NZZ-Aussenposten wehrten sich dagegen, dass man sie auch samstags im Einsatz haben wollte. Dann hätten sie keinen freien Tag mehr und würden zu 120 Prozent arbeiten, klagten sie in einem Protestschreiben an den Chefredaktor, der daraufhin die Idee fallen liess. Folglich musste die »NZZ am Sonntag« eigene Korrespondenten rekrutieren.

Inzwischen ist das Mutterhaus mehr als froh um seine sonntägliche Tochter. Diese verteidigt aller strukturellen und konjunkturellen Unbill zum Trotz ihren Marktanteil erfolgreich. Zudem arbeitet sie wesentlich profitabler als die NZZ und erwirtschaftete in den letzten zehn Jahren kumulierte Gewinne von rund 100 Millionen Franken, mit denen teilweise die leidende Mutter durchgefüttert wurde. Seither hat sich auch das zu Beginn angespannte Verhältnis zwischen Mutter und Tochter entkrampft. Anfangs war an der Falkenstrasse die Sorge umgegangen, die »NZZ am Sonntag« könnte den mütterlichen, liberal-konservativen Pfad der Tugend verlassen. Inzwischen ist sie aber eine der wenigen ganz grossen Erfolgsgeschichten der NZZ-Mediengruppe.

Wirklich konsequent war man mit der Wachstumsvision nicht. So liess man die Gelegenheit ungenutzt, »20 Minuten« zu kaufen, weil man dadurch einen Schaden am Qualitätsimage der NZZ befürchtete. Der Verlagschef war zwar dafür, der Chefredaktor sowie der Finanzchef waren dagegen, weil sie die Kultur einer Gratiszeitung grundsätzlich ablehnten. Zudem war der spätere Erfolg von »20 Minuten« gar nicht absehbar. Im Gegenteil: Man gab dem Titel wenig Chancen. Niemand ahnte, dass er dereinst im Haus Tamedia mit einer Umsatzrendite von gut 30 Prozent zu einer der rentabelsten Gratiszeitungen der Welt werden würde. Andere Gelegenheiten liess man ebenfalls verstreichen, wie das Angebot der Zürcher Kantonalbank, sich an der Immobilienplattform »Homegate« zu beteiligen oder diese ganz zu erwerben. Eine, wie sich im Nachhinein zeigte, echte Unterlassungssünde. Schliesslich zählen Immobilien-Rubriken zum Kerngeschäft des Verlags. Inzwischen ist »Homegate« in der Schweiz sehr erfolgreich, höchst profitabel und ebenfalls im Besitz von Tamedia. Die kalte Schulter zeigte man auch der deutschen Wochenzeitung »Die Zeit«, die der NZZ anbot, sich an deren Projekt »Zeitreisen« zu beteiligen. Dieses blickt inzwischen auf eine rasante Entwicklung zurück, während die NZZ mit ihren erratischen touristischen Gehversuchen lange Zeit auf keinen wirklich grünen Zweig kam. Neuerdings liegt die Leitung dieses Bereiches sogar in den Händen einer ehemaligen Mitarbeiterin von »Zeitreisen«.

Man machte an der Falkenstrasse immer nur kleine Schritte. Damit liess sich Risiko begrenzen und gravierende oder gar fatale Fehler konnten so vermieden werden. Gleichzeitig verpasste man aber den Aufbruch. Es gab unendlich viele Investitionsmöglichkeiten, die analysiert und zu denen Berichte geschrieben wurden. Umgesetzt aber wurde wenig. »Der NZZ-Stil ist nicht das Vorpreschen, nicht der Einsatz der Brechstange«, sinnierte Finanzchef Hümmerich. Und Hugo Bütler meinte rückblickend:

> Man konnte doch nicht einfach aus dem Alten herausspringen und nur noch das Neue machen. Man durfte den Print nicht

Bleierne Jahre – verpasste Chancen

vorzeitig kaputt machen und nur noch digital arbeiten. Wir mussten schrittweise vorgehen, um das Bewusstsein für Qualität zu sichern.«[22]

Kritischer urteilte Medienbeobachter Kurt W. Zimmermann. Die Strategien der drei grossen Verlage vergleichend gelangte er zu dem vielleicht etwas überspitzten Schluss: Bei Ringier heisse es »Machen wir mal«, bei Tamedia »Kalkulieren wir mal« und bei der NZZ »Warten wir mal ab.«[23] Ähnlich empfand es Redaktorin Heidi Blattmann, die zu Mitte der 1980er Jahre vom »Tages-Anzeiger« zur NZZ wechselte. Ihrer Ansicht nach war Tamedia schon damals wesentlich betriebswirtschaftlicher geführt als die NZZ. Wenn alte Kollegen von der Werdstrasse sie fragten, wie es denn nun sei, antwortete sie: »Wie beim ›Tages-Anzeiger‹ vor zehn Jahren«, und erhielt als Antwort: »Oh wie schön«. Wenn man sie dagegen bei der NZZ fragte, wie sie ihre neue Stelle sehe, wurde die genau gleiche Antwort meist mit betretenem Schweigen quittiert. NZZ und Tamedia sind und bleiben zwei unterschiedliche paar Schuhe. Als die Neuinvestitionen in die NZZ-Druckerei in Schlieren anstanden, musste auch der »Tages-Anzeiger« in die seinige investieren. NZZ-Verlagsleiter und NZZ-Druckereichef lancierten deshalb die Idee eines gemeinsamen Projektes namens Zürich Print. Es hätte zur einen Hälfte von der NZZ und zur anderen von Tamedia finanziert werden sollen. Dadurch hätte man bei Einkauf und Vertrieb 13 Prozent eingespart und 50 Millionen Franken bei den Investitionen. Doch Tamedia erteilte der NZZ einen Korb. Man wollte sich nicht in Abhängigkeit begeben. Ergo wurde die Idee aufgegeben. Dass die NZZ über ein Jahrzehnt später ihre teure Anlage wieder schliessen und ihre Titel bei Tamedia drucken würde, das allerdings war damals weder absehbar noch vorstellbar.

Bis zum erfolgten Abgang von Hugo Bütler in 2006 bestanden in der NZZ zwischen Redaktion und Verlag chinesische Mauern. Erstere setzte sich vorwiegend aus Einzelkämpfern zusammen, während der Verlag als Team arbeitete. Den Journalisten fehlte häufig das Verständnis für die Arbeit des Verlags. Denn es galt das Primat der Publizistik: Erst der Geist und dann das Geld. Qualität vor Profitabilität. Das funktionierte, solange der zu verteilende Kuchen wuchs. Doch als das in Folge von 9/11, dem Platzen der New Economy Blase und dem Strukturwandel nicht mehr der Fall war, wurde diese Denkweise zur Hypothek. Bald schon kam es zwischen Chefredaktor und Verlagsleiter zu Diadochenkämpfen, was das Sparen anbelangte. Bütler stellte sich, wie immer, schützend vor die Redaktion und wollte, dass die Hauptlast der Einschnitte vom Rest des Unternehmens getragen werde. Ausserdem schlug er vor, die Abonnentenpreise anzuheben, wovor Verlagschef de Stoppani zurückschreckte. Dieser verlangte Einsparungen bei der Redaktion und empfahl zum Beispiel, die »Bedienung« aufzulösen, welche sich aus vier Frauen und Männern zusammensetzte, die auf der Redaktion Post, Telex- und Fax-Meldungen verteilten und sich um administrative Dinge kümmerten. Doch Bütler legte sich quer: Journalisten müssten denken und konzentriert arbeiten können – und nicht Post verteilen.

Am Ende war die wirtschaftliche Lage aber so düster, dass auch die Redaktion zur Kasse gebeten wurde. Von 2002 bis 2006 verringerte sich der Personalbestand der NZZ-Gruppe von 2095 auf 1714 Mitarbeiter, derjenige der NZZ von 712 auf 548 Personen. An der Falkenstrasse war man auf einen solchen Aderlass schlecht vorbereitet. Die Firma war gelähmt durch den Konflikt an der Unternehmensspitze. Sie war zu einem komplexen Gebilde herangewachsen, das sich in einem zunehmend komplexen Markt bewegte. Allein, ihr fehlte eine Führungspersönlichkeit. Chefredaktor Bütler, der Primus inter pares innerhalb der dreiköpfigen Geschäftsleitung, war kein wirklicher Steuermann. Er war im Zweifelsfall gegen Verände-

Bleierne Jahre – verpasste Chancen

rung und tat sich als (aus-)gebildeter Historiker schwer, rasch zu entscheiden. Das aber wäre nötig gewesen. Und so wurde das Primat der Publizistik zu einem Bremsklotz. Bütler sah das später wahrscheinlich ebenfalls so. Doch im Sommer 2000, als alles noch rund lief, war er vom Status quo überzeugt:

> Ich halte das Primat der Publizistik für eine gute Konstruktion, nicht weil ich das Amt habe, ich fand sie auch in den 20 Jahren gut, in welchen ich hier einfach als Journalist arbeitete. Diese Einrichtung führt dazu, dass es in unserem Haus, im Unterschied zu anderen, keine schwerwiegenden Konflikte zwischen Verleger und Redaktion gibt. Ich bin quasi die chinesische Mauer im Haus, und mein Interesse liegt von der Aufgabe her in erster Linie in der Redaktion.[24]

Weil es der NZZ-Gruppe lange blendend ging, handelte auch der Verwaltungsrat oft spät. Die »NZZ am Sonntag« wurde erst 2002 lanciert, als die Printwerbung bereits schrumpfte. Im selben Jahr gab der VR grünes Licht für die Rundumerneuerung der NZZ-Druckerei in Schlieren; ausgerechnet zu Beginn eines struktur- und nicht mehr konjunkturbedingten Rückgangs der gedruckten Auflage. Zudem wurde »Schlieren« überdimensioniert gebaut. Ein Problem dabei war: Die NZZ gab ein anspruchsvolles Pflichtenheft vor, um einen Schnitzer aus der Vergangenheit zu korrigieren. Gegen Ende der 1980er Jahre hatte man eine Anilox-Hochdruck-Maschine erworben, die im Vergleich zum Rollen-Offset weniger toxische Abfälle produziert. Weil sich die Schweiz umweltbewusst gab, glaubte man, mit diesem Gerät bei den Werbekunden punkten zu können. Doch das war nur die eine Seite der Medaille. Die andere: Die Werbebranche legte ständig mehr Wert auf schöne und mehrfarbige Annoncen. Umwelt hin oder her! Solche liessen sich aber mit der Anilox nicht verwirklichen. Darum lancierte man das Magazin »NZZ Folio« und später den Lifestyle Titel »Z«. Dank diesen konnte auch die NZZ-Gruppe farblich attraktive Inserate anbieten. Aber eben nicht in der Tageszeitung. Dort hagelte es daraufhin so viele Klagen, dass ein Reklamationsbüro eingerichtet werden musste.

Werbekunden, die die NZZ mit der Konkurrenz verglichen, die drucktechnisch bessere Annoncen zustande brachte, stellten rasch fest: Die »Alte Tante« trug eine Zwei auf dem Rücken. Das war ein schweres Handicap, das Mitbewerber ausnutzten und der Verlag durch Kulanz wettzumachen suchte. Wer genügend laut reklamierte, erhielt gratis ein zweites Inserat offeriert. Diese Entschädigungspolitik kam teuer zu stehen: Immer mehr Auftraggeber, allen voran Nicolas G. Hayek, der versierte Chef der Swatch Group, pochten auf solches Entgegenkommen, was der sogenannten Freespace-Kultur Vorschub leistete, die inzwischen in der Branche weit verbreitet ist. Das Problem sollte sich erst mit der Inbetriebnahme der neuen Anlage erledigen.

Gleichzeitig begann man in Reichweite zu investieren. Man bildete die Werbeallianz »NZZ plus« mit dem »Bund« und kreierte mit der Westschweizer Tageszeitung »Le Temps« das Werbeangebot »NZZ Grand plus«. Diese Partnerschaften brachten aber wenig ein, weil kaum Inserate aus der Romandie oder aus Bern zur NZZ flossen. Man ging mit der »Weltwoche« den Anzeigenpool »Swiss Leaders« ein, und mit der »Frankfurter Allgemeinen Zeitung« gründete man eine Allianz auf dem Stellenmarkt. All dies sollte der NZZ eine führende Position bei Entscheidungsträgern verschaffen. Doch die Zeitung blieb dennoch der Konkurrenz unterlegen, wie die Statistiken der Medienanalyse Schweiz (MACH) zeigten. Deshalb konterte der NZZ-Verlag mit einem cleveren Schachzug und empfahl MACH, eine neue Zielgruppe einzuführen, die »MA Leader«, in der die NZZ anfänglich konkurrenzlos dastand. Als später auch diese Position bedroht war, doppelte der Verlag mit »Top leader« nach. Im Bemühen, auf allen Märkten präsent zu sein, eröffnete man im Ausgehmagazin »Ticket« eine Rubrik mit erotischen Annoncen. Die Aufsicht über diese »Sex-Anzeigen« lag bei Feuilleton-Chef Martin Meyer. Er, der Sprachpapst der NZZ, hatte zu entscheiden, was im zwinglianischen Zürich noch vertretbar war und was nicht. Letztlich boten aber auch diese Schritte keinen Schutz gegen den rapiden Inseratenschwund.

Kein Wunder also, dass der Verwaltungsrat besorgt war und ab 2005 neue Führungsmodelle ausprobierte. Damit löste er ein Kommen und Gehen im Management aus. Zwar stabilisierte sich die finanzielle Lage zwischen 2004 und 2006 soweit, dass das »Komitee« keine Hüftschüsse vornehmen musste. Doch nach Ausbruch der Finanzkrise von 2007/2008 kam plötzlich akuter Handlungsbedarf auf.

1.5 Ein Chief Executive Officer muss her!

Ich kann damit leben, dass man mich als Erbsenzähler sieht.[25]
Albert P. Stäheli,
CEO NZZ-Mediengruppe (2008–2013)

4. November 2008: Ein historisches Datum. In den USA fanden Präsidentschaftswahlen statt, aus denen Barack Obama als Sieger hervorging. Die Erwartungen an den neuen Mann im Weissen Haus, den ersten farbigen Präsidenten in der über 230-jährigen Geschichte der Vereinigten Staaten, waren gewaltig. Während die ganze Welt auf Amerika blickte, richteten die Mitarbeiter der NZZ an diesem Tag ihr Augenmerk vor allem auf eine Power-Point-Präsentation von Albert P. Stäheli, dem ersten Chief Executive Officer (CEO) in der 228-jäh-

rigen Geschichte des Blattes. Dieser hatte sein Amt kurz zuvor angetreten. In einem denkbar schwierigen Moment. Die globale Finanzkrise von 2007 war auf die Realwirtschaft übergeschwappt und hatte die Konjunktur merklich abgekühlt. Weltweit herrschte an den Börsen Panik, nachdem am 15. September 2008 die renommierte Investmentbank Lehman Brothers zusammengebrochen war. 26 000 Angestellte standen plötzlich in New York auf der Strasse und Milliarden von Dollars waren verloren. Das Gespenst einer neuen Grossen Depression ging um.

Die NZZ mit ihrer hohen Abhängigkeit vom Finanzplatz bekam den Abschwung heftig zu spüren. Allein die schwer angeschlagene UBS verringerte in diesen für sie katastrophalen Zeiten ihr Werbevolumen bei der NZZ um 60 Prozent. Die Erwartungen des Verwaltungsrates an Stäheli waren deshalb hoch: Die NZZ sei ein Sanierungsfall, sie verliere Geld und lebe von der Substanz, dies müsse gestoppt werden. Und so hatte der CEO bei seinem Auftritt vor versammelter Redaktion zusammen mit Chefredaktor Markus Spillmann »ungewohnt harte Eingriffe« in Aussicht zu stellen. Es war ein widriger Einstand, wobei es Stäheli zugute kam, dass er keine Bindung zur NZZ hatte, im Spätherbst seiner Karriere stand und bereit war, sich unbeliebt zu machen. Und das tat er auch, wofür er viel Missbilligung durch die Zeitungsmacher erntete. Diese konterte Stäheli mit der Bemerkung, er sei der Spitaldirektor und nicht der Chirurg. So gesehen habe er auch kein Problem damit, wenn man ihn kritisiere.

Im schwierigen zweiten Semester 2008 unternahm er alles Erdenkliche, um die wirtschaftliche Basis der NZZ-Gruppe solide zu halten. »Wenn die Inserate zurückgehen, sinken die Kosten bloss im Verhältnis eins zu zehn«, erklärte er und fügte an, dass der Rotstift abermals angesetzt werde. Es werde nicht nur zu einem Rückbau des journalistischen Angebots kom-

Ein Chief Executive Officer muss her!

men, sondern auch zu Entlassungen. Stäheli und Spillmann liessen keinen Zweifel aufkommen, wo man sparen werde: bei der NZZ. Erstens sei der Werberückgang dort am dramatischsten und zweitens verfüge diese innerhalb der Gruppe noch immer über das grösste Budget. Das Flaggschiff werde zwei Drittel der Kostenreduktion zu schultern haben. Das restliche Drittel werde bei »NZZ am Sonntag« und bei »NZZ Online« eingespart werden. Zu den Notmassnahmen zählten das sofortige Einstellen des defizitären Ausgehmagazins »Ticket«, die Abschaffung der »Kompaktseite«, die das Wichtigste des Tages zusammenfasste, sowie die Beendigung der fachspezifischen »Dossiers«. Ausserdem werde der Blattumfang reduziert und die Doppelbesetzung auf Korrespondentenposten, wo immer möglich, aufgehoben. Davon betroffen waren Mitarbeiter in Frankreich, Grossbritannien, den Benelux-Staaten, sowie in Italien und im südlichen Afrika.

Während die Redaktion die neuen Hiobsbotschaften zu verdauen suchte, war der Chefredaktor bemüht, die Moral der Truppe zu stärken. Es bedürfe einer mentalen Umstellung, um den dringend nötigen Wandel mitzutragen. Man werde es schaffen. »Lassen Sie den Kopf nicht hängen, es gibt eine Zukunft.« – Yes we can!

Spillmann erklärte die veränderte Ausgangslage: In den 1990er Jahren habe man Geld in neue Korrespondentenposten und Beilagen investiert und die Redaktion aufgestockt. Die entstandene Struktur sei nun wegen der rückläufigen Erlöse nicht mehr finanzierbar. Man reduziere deswegen in der Breite, um die Tiefe halten zu können. Das sei eine Gratwanderung. Leser könnten das Gefühl haben, es sei ihnen etwas weggenommen worden. Rückblickend legte Stäheli dar, dass der Einbruch bei den Inseraten im September 2008 stark, im Oktober beunruhigend und im November geradezu dramatisch gewesen sei. Es herrschten extreme Umstände, die extremes Handeln erforderten. Selbst Kritiker hatten zuzugeben, dass bei derart hohem Wellengang Ballast abgeworfen werden musste. Dennoch war die Konsternation gross, als in der Folge etliche altgediente Mitarbeiter die NZZ verliessen. Vielen auf der Redaktion sass zudem noch der Schock von 2003 in den Knochen, als schon einmal eine schmerzhafte Sparrunde stattgefunden hatte und Mitarbeiter entlassen worden waren. In einem ungewöhnlichen Schritt hatten damals Redaktoren und Korrespondenten einen von Auslandredaktor Beat U. Wieser aufgesetzten Brief an Chefredaktor Bütler und an Präsident Meyer unterschrieben, in dem sie ihrer tiefen Besorgnis über den Personalabbau bei der NZZ Ausdruck verliehen:

> Noch immer betrachten wir die NZZ nicht als bloss eines von vielen Produkten in unserem Unternehmen, sondern als dessen Kern. Der Erfolg unseres Blattes hängt direkt mit der im Vergleich zu anderen Zeitungen aufwendigen Berichterstattung und Kommentierung zusammen. Nach wie vor ist die NZZ eine besondere Zeitung. Würde sie zu einem gewöhnlichen Blatt, käme dies ihrem Untergang gleich. Eine Auseinandersetzung mit dieser zentralen und entscheidenden Frage, eine Rückbesinnung auf das, was die NZZ letztlich ausmacht, ist von höchster Dringlichkeit.[26]

Verwaltungsrat, Unternehmensführung und Ressortleiter stellten sich bereits damals auf den Standpunkt, man habe den Ehrgeiz, auch in schwierigen Zeiten ein gutes Blatt zu produzieren. Ähnlich klang es nun 2008, als es hiess, man werde allen Turbulenzen zum Trotz keine Abstriche an der Qualität zulassen. Allein, mit jeder neuen Sparrunde ging ein Stückchen Qualität flöten. Dieser Prozess verlief schleichend, wurde aber in Leserkreisen durchaus wahrgenommen. Zumal die Printausgabe kontinuierlich schrumpfte, während ihr Preis stieg. Es war eine verzwickte Situation, welche stets neue Einschnitte erforderte. Dabei fiel auf, wie sehr CEO Stäheli und

Ein Chief Executive Officer muss her!

VR-Präsident Meyer – zwei Zahlenmenschen, die sich schon aus der Schulzeit in Oerlikon kannten – am selben Strick zogen. Dank der Unterstützung durch den Präsidenten konnte der CEO ziemlich frei schalten und walten. Mit jedem neuen Tag spürte man auch, wie sehr er sich von seiner Ernennung zum ersten CEO der NZZ geschmeichelt fühlte. Gleichzeitig erweckte er mitunter den Eindruck, darunter zu leiden, kein Akademiker zu sein und aus einfachen Verhältnissen abzustammen. Das aber kreidete man ihm nicht an. Der langjährige Verlagsdirektor der NZZ, Fritz Huber (1973–1994) hatte seine berufliche Karriere als Setzerlehrling beim »Toggenburger« begonnen, nachdem ihm der Zugang zum erhofften Ingenieurstudium verwehrt geblieben war. Huber war ein Mann mit Ecken und Kanten. Noch als Direktor trug er ab und zu das blaue Übergewand des Druckers; voller Stolz auf das Erreichte und als Ausdruck des Understatements, das bis in die 1990er Jahre in der NZZ tonangebend war. Diesem war es auch zuzuschreiben, dass gute Leistungen selten gelobt wurden. Lob galt als ebenso verwerflich wie Kommerz. Man ist gut und man weiss es. Wäre man nicht gut, würde man nicht bei der NZZ arbeiten! Wozu also Lob? Immerhin pflegte Bütler mit einer persönlichen Weihnachtskarte Redaktionsmitarbeitern und Korrespondenten für ihre Arbeit und ihren Einsatz zu danken. Soviel Lob durfte es sein!

Als Chefredaktor führte er den Vorsitz in der Unternehmensleitung und der Verwaltungsrat regierte primär über ihn. Doch das Doppelmandat Chefredaktor und Primus inter Pares der Geschäftsleitung wurde dem ehemaligen Inlandredaktor zunehmend zur Belastung und wirkte schlicht eine Nummer zu gross für ihn. Vor allem nach der Jahrtausendwende. Deshalb begann sich der Verwaltungsrats-Präsident um Bütlers Ablösung zu bemühen und einen externen Nachfolger zu suchen. Diesen fand er in Polo Stäheli. Mit ihm an der Spitze war es um das Primat der Publizistik geschehen. Von nun an war der CEO der Herr im Haus. Oder wie es der spätere Verwaltungsratspräsident Etienne Jornod einmal so zutreffend auf Französisch ausdrückte: »Il n'y a qu'un soleil!« Es gibt nur eine Sonne – und die war der CEO. Dieser schaffte den Turnaround innert zweier Jahre, so dass die NZZ-Gruppe 2010 einen respektablen Gewinn von 35,5 Millionen Franken vorlegen und VR-Präsident Meyer ohne Gesichtsverlust, aber noch vor Ablauf seines Mandats, abtreten konnte. Stäheli veränderte viel. Unter seiner Ägide fanden zweimal jährlich Informations-Veranstaltungen zum Geschäftsgang und zu den neusten Projekten statt, bei denen Mitarbeitern ziemlich reiner Wein eingeschenkt und Gelegenheit zu kritischen Fragen geboten wurde. So etwas hatte es zuvor bei der NZZ gar nie gegeben, oder nur bei gravierenden Massnahmen, wie dem Stellenabbau von 2002 / 2003.

Trotzdem: Die Kluft zwischen Teppichetage – der Begriff hielt erst mit Stäheli Einzug – und Redaktion wuchs. Der CEO goss Öl ins Feuer, als er die Einführung von Boni ankündigte, just zu einer Zeit, als in der Schweiz eine Abzockerinitiative lanciert war. Sehr zum Ärger der Journalisten gab er zudem bekannt, dass nur die Kader der NZZ in den Genuss von Boni gelangen würden. Es sei primär diesen, zu denen ab sofort auch die Ressortleiter zählten, zu verdanken, wenn es der Firma gut ginge. Für die übrige Redaktion, die leer ausging, kam diese Rechtfertigung einer Ohrfeige gleich. Allerdings gab es in der NZZ schon immer eine Trennung zwischen Häuptlingen und Indianern. So hatte Hugo Bütler nach einem guten Geschäftsjahr in den 1990er Jahren die Pensionskassen der Ressortleiter mit einmaligen Zuschüssen alimentiert. Auch er nahm in Kauf, dass die übrigen Redaktoren und die Korrespondenten das Nachsehen hatten. Noch viel früher zeigte sich die Kluft zwischen »denen da oben« und »denen da unten« vor allem an Status und Habitus. Als Roger Bernheim, der langjährige Auslandkorrespondent als junger Redaktor in den 1950er Jahren dem damaligen Auslandchef Albert Müller etwas mit den Worten »Hier ist mein Artikel« vorlegte, soll dieser geantwortet haben: »Herr Bernheim, Artikel schreibe ich. Sie schreiben Berichte!«[27]

1.6 Flaggschiff ohne Flottenverband

> *Eine NZZ als »stand alone product« hätte eine schwierige Zukunft.*[28]
>
> Conrad Meyer,
> NZZ-Verwaltungsratspräsident (2001–2010)

Dem 2008 über der NZZ aufgezogenen Orkan stellte der Verwaltungsrat ein zweistufiges Verteidigungsdispositiv entgegen. In einem ersten Schritt galt es, die Ausgaben dem geschrumpften Ertragskleid anzupassen. In einem zweiten waren die einzelnen Teile der NZZ-Gruppe aneinander zu führen, woraus Synergien resultierten sollten. Die NZZ hatte durch Akquisitionen eine ansehnliche Medienpräsenz im Raume Zürich, in der Ostschweiz, in Bern sowie in der Zentralschweiz aufgebaut. Eine zentrale Führungsstruktur erschien ihr aber nicht opportun. Zumindest solange nicht, als alle Titel anständige Erträge abwarfen. Und das taten sie mit Ausnahme des vom Ausbluten bedrohten Berner »Bund«, dessen Erwerb vor allem VR-Präsident Bremi am Herzen gelegen haben soll. Dieses Traditionsblatt mit künstlicher Beatmung – sprich Geldströmen aus Zürich – am Leben zu bewahren, sah er als Beitrag zur Erhaltung einer liberalen Presse in der Schweiz, also als ein Stück Artenschutz. Ergo besass die NZZ-Gruppe zwar ein Flaggschiff, aber keinen Flottenverband. Die Regionalzeitungen, die man in der »Freie Presse Holding« (FPH) zusammenfasste, waren zu bedeutsam, als dass man sie einfach neben der NZZ her hätte mitbearbeiten können.

Doch danach geschah nicht viel. Einmal hatte man ein Konzept ausgearbeitet, um den »Bund« durch eine Spätausgabe der NZZ zu ersetzen. Die Zeitung sollte »Neuer Berner Bund« heissen und die »Berner Zeitung« konkurrenzieren. Der Mantel wäre von der NZZ gekommen, der Lokalteil vom »Bund«. Letztlich war in Zürich aber niemand bereit, diese Idee umzusetzen. Der Preis für die Unterlassung war hoch. Über die Jahre hinweg schlug der »Bund« mit einem kumulierten Defizit von gut 50 Millionen Franken zu Buch. Das ärgerte Zürich zwar, aber man nahm es hin. Selbst der 2002 erfolgte Zukauf der »Luzerner Zeitung« änderte wenig. Für die Akquisition dieses damals vielleicht profitabelsten Blattes der Schweiz hatte man einen stolzen Preis von über 100 Millionen Franken bezahlt; etwas das man später beim Versuch der Übernahme der »Basler Zeitung« unterliess. Enttäuscht gab Präsident Meyer im Juni 2010 bekannt, die NZZ sei im Rennen um die »BaZ« auf der Strecke geblieben. Man habe nicht über das vom VR festgelegte Preislimit hinausgehen wollen, zumal das Blatt seiner Ansicht nach keine tiefe Verankerung am Rheinknie besass. So waren im Jahre 2004 rund 2500 mit der »Basler Zeitung« unzufriedene Leser an die NZZ gelangt, diese möge in ihrer Tagesausgabe einen Baselbund schaffen – als Alternative zur BaZ.

Für Stäheli war die Zusammenführung der NZZ-Gruppe eine herausfordernde Aufgabe. Er pendelte zwischen Zürich, Bern, Luzern und St. Gallen hin und her. »Diese Gruppe ist ein Konglomerat von Einzelteilen«, erklärte er. Noch sei an keinem dieser Standorte das Bewusstsein für die Gruppe gegeben. Auf mehrere Millionen Franken bezifferte er das Sparpotenzial, das er durch Synergien in Bereichen wie Personal, IT, Finanzen und Einkauf ausschöpfen wollte. Bislang unterhielt noch jede Region ihre eigene Buchhaltung, ihr Personalbüro und ihre IT. Zum Abbau solcher Doppelspurigkeiten musste Stäheli hart durchgreifen. Bei den Regionalblättern herrschten

Lokalfürsten, die nicht auf den CEO aus Zürich gewartet hatten, und die ihre Pfründe teils sehr erfolgreich verteidigten. Der in Muri bei Bern wohnhafte Stäheli packte die Zentralisierung mit Elan an. Es war nicht »Tempo Bärn«, sondern »avanti«, wie der Codename für das Projekt hiess. Und so war das neue Konstrukt bald fertig: Die NZZ-Mediengruppe mit aufgefrischtem Logo, neuem Organigramm und einer völlig veränderten Firmenkultur.

Zur Bewältigung der erweiterten Aufgaben hievte der CEO neue Kräfte in die Unternehmensleitung. Zum Entsetzen der Falkenstrasse kamen diese vorwiegend aus Luzern, St. Gallen und Bern, also von den regionalen Töchtern. So stammte der neue Finanzchef Jörg Schnyder – noch auf Empfehlung von Hugo Bütler befördert – aus der Luzerner Zeitungsgruppe. Urs Schweizer, ein enger Weggefährte Stähelis aus der Zeit der Berner Espace Media, war neu für den Druckereibereich verantwortlich. Der promovierte Finanzwirtschafter war zudem so etwas wie Stähelis »intellektuelles Gehirn«. Er dürfte in dieser Funktion viel strategische Vorarbeit für die spätere Schliessung der NZZ-Druckerei geleistet haben. Hanspeter Klauser von der Geschäftsleitung des St. Galler »Tagblatt« übernahm den Bereich »Medien Ostschweiz« und Jürg Weber, ehemaliger Leiter der »Luzerner Zeitung«, war neu für »Medien Zentralschweiz« zuständig. Mit dem Juristen Hanspeter Kellermüller, den Stäheli dem Verlegerverband ausspannte, wurde zudem die neue Stelle des Generalsekretärs besetzt. Als dann noch eine Position für Unternehmenskommunikation geschaffen und einer unbekannten, ehemaligen Luzerner Journalistin zugeschanzt wurde, machte umgehend das Wort »Reverse Takeover« die Runde. Es herrschte der Eindruck vor, das Mutterhaus werde nun von seinen Töchtern dominiert, von Töchtern, die in einer völlig anderen Kultur sozialisiert worden waren. Umgekehrt hatten diese das Gefühl von »NZZ über alles«, und dass sie mit ihren

Gewinnen den schwerfälligen Luxusdampfer von der Falkenstrasse subventionierten. Nachdem es Stäheli durch Sparen und Reorganisieren gelungen war, das wirtschaftliche Steuer herumzureissen, gab er sich selbstsicherer: »Die ›Alte Tante‹ hat das Tanzen nicht verlernt, man muss nur die richtige Musik spielen!« Allein, der Grundtenor dieser »richtigen Musik« bildete eine gefühlte Geringschätzung der Redaktion sowie ein Aufbau von Strukturen, die von den Journalisten als lähmend empfunden wurden. Man sei eine Zeitung und keine Schraubenfabrik, lästerten diese. Der CEO führte neue Stabsfunktionen ein, wie etwa das Facility Management, womit die bisherige Hauswartung im Organigramm aufgewertet wurde – mit bürokratischen Folgen, wie sich im Keller der NZZ zeigte. Dort stand sportlichen Mitarbeitern und Mitarbeiterinnen eine Garderobe samt Dusche zur freien Verfügung. Kaum war das Facility Management gebildet, gab es Vorschriften, Sitzungen und Formulare zur Nutzung dieser Anlagen. Ein »schlechter Witz« meinten die Betroffenen.

Für Polo Stäheli, so schien es, war die Redaktion vor allem ein Kostenfaktor; und überdies noch ein aufmüpfiger, oft rückwärtsgewandter und deshalb lästiger. Sukzessive wurden die an viel Freiheit gewohnten Journalisten an eine kürzere Leine genommen. Ihr Handlungsspielraum schränkte sich nicht nur durch wirtschaftliche Zwänge und durch die fortschreitende Digitalisierung ein, sondern auch durch die von Chefredaktor Spillmann initiierte Modernisierung der Zeitung mit der Devise »Layout first«. Plötzlich gab es verbindliche Längenvorgaben, in Millimetern für alle Texte, und für die Bebilderung waren drei frisch eingestellte Art Directors (AD) – davon zwei junge Damen – mit ungewohnt hoher Entscheidungsbefugnis verantwortlich. Sie mussten die ganze NZZ bebildern, obgleich sie keine Zeit hatten, die zu bebildernden Texte vorab zu lesen. Das war Aufgabe der alten Bildredaktion. Für die ADs zählte bloss das attraktivste Foto. Zwar wurde damit die Bebilderung der Zeitung insgesamt attraktiver, doch nur zum Preis hoher Konflikte mit der schreibenden Zunft. So erzürnten die ADs gleich zu Beginn das Ressort Zürich. Dieses hatte einen politisch-relevanten Artikel als Aufmacher vorgesehen. Doch die Damen pochten darauf, dass ein harmloser Beitrag zum monatlichen Pressecocktail im Zürcher Zoo an die Spitze komme, weil dieser sich eben gut bebildern liess. Das empfand die Redaktion als Affront. Von nun an hatte sie sich täglich mit den Bildverantwortlichen, bildlich gesprochen, zu duellieren. Letztere konnten diese Zweikämpfe nur gewinnen, indem sie die Unterstützung des Chefredaktors suchten und häufig auch fanden. Spillmann konnte sich erstaunlich lange mit den ADs unterhalten, wobei nie klar war, ob sein Interesse einzig der Sache oder nicht auch den Damen geschuldet war.

Inzwischen haben diese die NZZ längst wieder verlassen und das betriebliche Organigramm wurde um zusätzliche Hierarchiestufen erweitert. Anlässlich der Ernennung der langjährigen NZZ-Redaktorin Christina Neuhaus zur neuen Chefredaktorin von »NZZ Folio« im Mai 2019 zum Beispiel war im offiziellen Communiqué zu lesen, Neuhaus sei nicht nur Nicole Althaus unterstellt, welche die Gesamtleitung für die Strategie aller NZZ-Magazine innehat, sondern auch Daniel Wechlin, dem Stellvertretenden NZZ-Chefredaktor.[29] Offensichtlich finden sich auch bei der Redaktion immer mehr Häuptlinge. Diese sonnen sich ebenso im Glanz der Marke NZZ wie dies die Teppichetage tut. Denn noch immer gilt: Wer mit der NZZ punkten kann, dem ist eine gewisse Ehrfurcht sicher. Deshalb stand auf Hugo Bütlers Visitenkarte noch 2019 – mehr als ein Jahrzehnt nach seinem Abschied von der Falkenstrasse: »Ehem. Chefredaktor der Neuen Zürcher Zeitung«.

Kapitel 2: Eine starke Marke

2.1 Falken an der Falkenstrasse

> Die »Neue Zürcher Zeitung« ist
> die glaubwürdigste Medienmarke
> der deutschen Schweiz.[30]
> MediaBrands 2016

Auch wenn sie nicht auf der Rangliste der 50 wertvollsten Brands der Schweiz figuriert, ist »Neue Zürcher Zeitung« eine starke Marke, überdies eine mit internationaler Ausstrahlung. Noch im März 2003 wurde sie bei einer Umfrage in 50 Ländern als drittbeste Zeitung der Welt angesehen, hinter »New York Times« und »Financial Times«. Als einmal Jahre zuvor ein Mitarbeiter der »Washington Post« die Falkenstrasse besuchte, soll er unermüdlich die Frage gestellt haben: »Why are you so famous? So damned famous?« Woher kommt dieser Glanz? Begriffe wie Seriosität, Fachkompetenz und der Wille, wissen zu wollen, wie es wirklich ist, treffen zweifellos zu. Sie reichen aber nicht aus, um die Aura des einzigen »Weltblatts« der Schweiz zu erklären. Diese hat mehrere Gründe. Ein erster geht auf die Zeit des Zweiten Weltkriegs zurück. Damals hatte die NZZ als eines der wenigen im deutschen Sprachraum gelesenen Blätter die Prüfungen des Tausendjährigen Reiches intakt bestanden.

Begonnen hatten diese in den 1930er Jahren, als die politischen Weichen für das bürgerlich-liberale Blatt zu stellen waren. Sollte die NZZ ebenfalls jene Option nach rechts treffen, die man im faschistischen Italien und im nationalsozialistischen Deutschland getroffen hatte, und die in einigen bürgerlichen Kreisen in der Schweiz durchaus Sympathie fand? Die Antwort war ein klares Nein. Mit Chefredaktor Willy Bretscher stand ein Mann an der Spitze des Blattes, der diese Option zu tiefst verabscheute. Er, der ab 1925 als NZZ-Korrespondent mit Sitz in Berlin über die auf marodem Fundament stehende Weimarer Republik berichtet hatte, sah die totalitären Gefahren, die links und rechts lauerten. 1933, im Jahr von Hitlers Machtergreifung, war der erst 36-jährige Autodidakt zum Chefredaktor der NZZ ernannt worden. Es war eine überraschende Wahl, die sich für die Zeitung auszahlte. Bretscher erwies sich als Kämpfer gegen den »Ungeist der Zeit«, wie es NZZ-Redaktor Marc Tribelhorn in einer Würdigung zu Bretschers 25. Todestags im Januar 2017 formulierte. Unverzüglich habe dieser die frontistischen »Erneuerer«, die mit den Freisinnigen paktierten, als unschweizerische Nachäffer der Nazis gebrandmarkt. Auch die Linksextremen, die in Zeiten wirtschaftlicher Not und politischer Unsicherheit Zulauf erhielten, nahm er ins Visier. Untergang im bolschewistischen Chaos oder Knechtschaft und Kulturbarbarei im Faschismus? Das war für Bretscher eine »unhaltbare Alternative«:

> Wer den Staat als Rechtsstaat, wer die Freiheit als Bestimmung des Menschen und den Humanismus als Ziel will, kann nicht für eines der beiden totalen Staatssysteme optieren, ja kann schon den Zwang zu einer solchen Option nicht anerkennen. (…) Aus dieser innersten Überzeugung heraus setzen wir dem Entweder-oder! der Anbeter der Diktaturen getrost ein festes eidgenössisches Weder-noch! entgegen.[31]

An der Falkenstrasse hatte man die Wolfsnatur des Totalitarismus rechtzeitig erkannt. Ergo wurde die NZZ zu einem der führenden Mahner des Landes gegen das, was sich vom Dritten Reich her ausbreitete. Weil die Zeitung Hitlers kriegstreiberische Politik durchschaute und die Appeasement-Politik des Jahres 1938 nicht unterstützte, erklärte Berlin sie zur einzigen »Kriegspartei Europas mit Ausnahme der Kommunisten«. Das war ein Fehdehandschuh vor die Füsse Willy Bretschers, welchen dieser sehr wohl wahrnahm. Ab sofort versteckte er eine geladene Pistole in seinem Pult für den Fall, dass Hitlers Schergen ihn aufsuchen sollten. Sicher hätte Bretscher abgedrückt. Ob auf die Eindringlinge oder auf sich selbst, bleibe dahingestellt. Er führte die Zeitung mit liberalem Kompass durch die dunkelsten Zeiten des letzten Jahrhunderts. Als die Schweiz nach der Niederlage Frankreichs im Juni 1940 vom Faschismus sogar umzingelt war und der Bundesrat Marcel Pilet-Golaz sibyllinisch von einer »Anpassung an die neuen Verhältnisse« sprach, blieb der NZZ-Chef unbeugsam, trotz Pressezensur und aller Mahnungen seitens der Regierung, den Diktator im Norden nicht zu verärgern.

> Die Bereitschaft des Schweizervolkes zu jedem Opfer für die Erhaltung der Unabhängigkeit des Landes ist heute gleichbedeutend mit dem Willen, die Substanz der Eidgenossenschaft durch alle Stürme der Zeit hindurch zu retten und zu bewahren.[32]

So lautete Bretschers tiefste Überzeugung. Seinen Mut und seine Standfestigkeit würdigte später die britische Publizistin Elizabeth Wiskeman:

> The great tempest which was audibly blowing up Germany in 1932 heralded not only the Nazi revolution there but the transformation of the NZZ into – would it be too much to say? – Hitler's chief antagonist. The NZZ had often observed that to show fear of Hitler rendered him the more aggressive: the editor believed, on the other hand, that the survival of Switzerland de-

pended upon the profound distrust of Nazi Germany, which he had tried for years to instill into his people and which was more acutely necessary then ever before.³³

Die NZZ als Hitlers ideologischer Erzfeind. Kein Wunder hätten die Nazis Willy Bretscher zusammen mit anderen unliebsamen Chefredaktoren wie Albert Oeri (»Basler Nachrichten«) und Ernst Schürch (Berner »Bund«) gern in eines ihrer KZs gesteckt oder gleich ins Jenseits befördert. Einheimische »Freunde« der NZZ waren ebenfalls bemüht, an der Falkenstrasse einen »verständnisvolleren« Chef zu installieren – ohne Erfolg. So wurde die NZZ durch ihre kritischunabhängige Berichterstattung zu einer international anerkannten Stimme der Freiheit und zu einem besonders in der deutschsprachigen jüdischen Diaspora hoch geschätzten Titel. Einen kleinen, aber wichtigen Beitrag dazu leistete auch Inlandredaktor Nicolo Biert, ein Bündner. Er verfasste nicht nur Artikel, die stilistische Kunstwerke waren, sondern stand auch in engem Kontakt mit NZZ-Berlin-Korrespondenten Reto Caratsch, der ebenfalls Bündner war. Zum Austricksen der deutschen Zensur übersandte dieser heikle Berichte auf Rätoromanisch und Biert übersetzte sie danach ins Deutsche. Zumindest so lange, bis Caratsch von den Nazis des Landes verwiesen wurde. Da kann man noch nachträglich sagen: Chapeau!

Soweit der erste Grund. Ein zweiter mag, wie Fred Luchsinger darlegte, darin liegen, dass ein schweizerisches Urteil, sofern es auf der Höhe der Situation steht, auch in internationalen Belangen Vertrauen geniesst. Schliesslich hat die neutrale Schweiz, die nie eigene Kolonien besass, in der Regel keine eigenen Eisen im Feuer. Demzufolge wurde vom neutralen Standort aus eine im Vergleich bessere Übersicht erwartet. Wobei das Urteil der NZZ nie neutral war. Die Zeitung machte aus ihren moralischen, ideologischen und politischen

Bindungen nie ein Hehl, was das Vertrauen der Leser in sie aber nicht minderte.

Ein dritter Grund ist wohl die Qualität der Berichterstattung, die bewusst auf die Erfassung und Ergründung tieferer Dimensionen und nicht nur der Faktenoberfläche angelegt ist. In der Nachkriegszeit wurde diese zudem auf alle Kontinente ausgeweitet, um dem Leser, der wissen will, woran er mit der Gegenwart ist, ein möglichst umfassendes Informationsangebot zu bieten. Dabei glänzte vor allem das Dreigestirn von Ausland, Wirtschaft und Feuilleton, welches noch immer viel zum guten Ruf der NZZ beiträgt. Als ich 1978 zur Auslandredaktion stiess, war Bretschers Erbe immer noch greifbar: Etwa in dem auf ihn zurückgehenden Ukas, sich in sprachlicher Hinsicht keine »Teutonismen« zu leisten. Begriffe wie Krankenhaus, Hubschrauber oder Rundfunk waren verpönt. Es musste Spital, Helikopter, Radio und TV heissen. Auch herrschte die Überzeugung vor, dass man als Schweizer Zeitung keine Deutschen anstellen könne. Der Leser erwarte eine Schweizer Sicht. Daher war der deutsche Andreas Uhlig, der über 30 Jahre als Wirtschaftsredaktor und Korrespondent für die NZZ arbeitete, lange Zeit die Ausnahme, welche diese Regel bestätigte. Er war bei der NZZ willkommen, weil er in Zürich studiert hatte, fachlich überzeugte und mit einer Schweizerin verheiratet ist. Uhlig selbst legte stets Wert auf die Feststellung: Er sei gar kein Deutscher, er sei Bayer.

Als nach dem heissen der Kalte Krieg aufzog, blieb Bretscher ein Mahner. Er sah die friedliche Koexistenz von Kapitalismus und Kommunismus als gefährliches Trugbild und riet, die Gefahr der Ausbreitung des Kommunismus durch eine Politik zu bekämpfen, welche die Überlegenheit der real gelebten freiheitlichen Ordnung gegenüber dem real existierenden Sozialismus beweise. Bis zu seinem Rücktritt im Jahr 1967 blieb der totalitäre Feind aus dem Osten publizistisch seine Hauptsorge. Bretscher belegte noch Jahre nach seiner Pensionierung ein Büro an der Falkenstrasse, bis ihm der Chefredaktor diese Ehrerbietung 1983 aufkündigte. Luchsinger wollte nämlich seinem Nachfolger diese »Last« ersparen, herrschte doch lange Zeit der Eindruck vor, Luchsinger gelinge es nicht, aus Bretschers Schatten zu treten. Zudem lasse er sich von seinen Jagdfreunden beeinflussen. So sah es auch der linke Niklaus Meienberg, der einmal unter dem Titel »Jagdgespräche unter Tieren« folgende Polemik verfasste:

> Wir befinden uns im Unterholz des schönen Jagdreviers von Rafz, hart an der deutschen Grenze. (…) Durch die Unbill der Witterung gedrängt, kuscheln sich (…) völlig unvereinbare Tierarten aneinander, das Wildschwein Fridolin und das Reh Mirza, und verwickeln sich in einen Disput.
> Fridolin: Ob er heut wohl kommt und wir uns einen Schranz lachen können, wenn er wieder danebenbumst trotz Zielfernrohr?
> Mirza: Heut ist Freitag, da schreibt er den Leitartikel, heut jagt er mit der Schreibmaschine, es ist Ruhetag für uns.
> F: Wir Tiere im Rafzer Revier sind stolz, dass wir für *F. L.* sterben und ihm ein bisschen Volksgemeinschaft ermöglichen dürfen und einen Spaziergang von Schicht zu Schicht, denn er führt ein hartes Leben im Dienste der NZZ und muss sich ungesund hierarchisch gebärden (…)
> M: (…) bis alle Konkurrenten ausgeschaltet waren welche auch Chefredaktor werden wollten, da war mancher Blattschuss nötig.
> F: Eine erkleckliche Jagdstrecke fürwahr – schon allein der Kampf um die Macht im eigenen Betrieb war eine aufopfernde Sache. Immer die Manuskripte zum vormaligen Chefredaktor Bretscher bringen und dann ganz zusammengestaucht wieder hinter seinem Pültchen sitzen, bis der Bretscher unsern Luxi als Nachfolger ins Auge fasst; das gibt einige Prellungen und Quet-

schungen am Charakter. Vom unablässigen Krieg gegen die Linken ganz zu schweigen.[34]

Was die Weltpolitik anbelangte, deckten sich Luchsingers Ansichten mit denjenigen Bretschers. Auch er warnte vor den machtpolitischen Ambitionen der UdSSR. Die Falken an der Falkenstrasse nahmen es in Kauf, dass die NZZ mit ihrer Kalte-Krieger-Prosa zeitweise einsam in der Landschaft stand. Das, so schien es, spornte sie sogar zu noch grösserem Misstrauen gegenüber Moskau an. Luchsinger, der von 1955 bis 1963 NZZ-Korrespondent in Bonn war, hatte dort den Kalten Krieg hautnah miterlebt und sich zudem einen grossen Namen erschrieben. Denn was damals der Deutschland-Korrespondent der NZZ berichtete, war von Gewicht. Nicht zuletzt auch wegen dessen Nähe zu Konrad Adenauer, dem ersten Kanzler der Bundesrepublik Deutschland, die damals moralisch noch am Boden lag. Adenauer hatte eine grosse Bewunderung für die Schweiz und deren politische Traditionen. Deshalb suchte er das Gespräch mit Luchsinger; mitunter aber auch in der Absicht, seine Ideen und Pläne via NZZ ins Ausland zu exportieren. F. L. durchschaute das jedoch und weigerte sich, die Rolle eines Transformationsriemens zu spielen. Er hielt immer eine gewisse Distanz zum »Alten«, dessen autoritärer Regierungsstil ihm sowieso suspekt war. Zweifellos ist es auch Luchsingers Verdienst, dass die NZZ noch heute ennet des Rheins hohes Ansehen geniesst. Er war allerdings stark vom Kalten Krieg geprägt. Anlässlich der Jugendunruhen von 1968, als es im Zentrum von Zürich vor einem leerstehenden, vom Warenhaus Globus gemieteten Gebäude zu Ausschreitungen randalierender Jugendlicher kam, die ein autonomes Jugendhaus forderten und zudem mit der Besetzung des leeren Baus drohten, war F. L. aufgebracht.. Er verurteilte das gewaltsame Vorgehen »ausserhalb der demokratischen Prozedur« aufs Schärfste:

Das Gaudi ist nicht mehr harmlos. Es ist völlig durchsichtig geworden, dass es einer von A bis Z bewussten und offen funktionierenden klassenkämpferischen Regie nur als ein Mittel zum Zweck diente – zum Zweck der Provokation der Gesellschaft und ihrer demokratischen Ordnung als Mittel und Modell einer Kulturrevolution, wie einer der kommunistischen Haupteinpauker im Globus in das Mikrofon rief.[35]

Luchsinger überschrieb seinen Leitartikel mit »Wehret den Anfängen!«, einer Formulierung von Willy Bretscher aus dem Jahr 1933. Damals drohte der jenseits der Schweizergrenzen ablaufende Kampf zwischen Sozialisten und Kommunisten auf der einen und Faschisten auf der anderen Seite auf die Eidgenossenschaft überzuschwappen. Offenbar ortete Luchsinger im Jugendaufstand ähnliche Gefahren. Der Chef der Wirtschaftsredaktion Willy Linder dagegen meinte: »Wäre ich zur Zeit der Jugendunruhen Student gewesen, ich hätte wohl auch Steine aufs NZZ-Gebäude geworfen«. 1980, anlässlich des 200. Geburtstags der Zeitung fühlte sich Inlandredaktor Hugo Bütler berufen, Luchsingers Worte von 1968 rückblickend zu rechtfertigen.

> Es ist möglich, dass die Jugend- und Studentenrevolte von 1968 unter anderem ein Aufstand von ideenhungrigen Söhnen gegen Väter war, die ganz aufgingen in der Schaffung und Mehrung materiellen Wohlstands, den sie selber in den Kriegs- und Krisenjahren haben entbehren müssen, der aber den Nachgeborenen bereits zur Selbstverständlichkeit geworden war. Wenn aber die NZZ, ihrem Versuch, das System »im Nu« und mit »ein bisschen Gewalt« zu stürmen, mit der Parole »Wehret den Anfängen!« entschlossen entgegentrat, so konnte sie sich dazu historisch politisch legitimiert sehen durch die Tatsache, dass sie 1933 als bürgerlich liberales Sprachrohr die frontistischen Bilderstürmer von rechts genau mit der gleichen Parole abge-

wiesen hatte und die Gefährlichkeit einer Strategie kannte, deren Zweck die schlechten Mittel heiligte.[36]

Zweifellos hat sich Bütler mit diesem Statement als der naheliegende Nachfolger von Luchsinger empfohlen. Denn er befasste sich schon als junger Redaktor intensiv mit linken Bewegungen und verfolgte diese hautnah.

1980 war das Jahr der Olympischen Sommerspiele in Moskau. Luchsinger reagierte reflexartig mit Boykott und verfasste einen Leitartikel: »Friedensspiele für den Kriegsgott«. Damit war klar, dass niemand vom »Sport« nach Moskau reisen würde – auch wenn dadurch die NZZ als einzige grosse Schweizer Zeitung dort durch Abwesenheit glänzte. Einmal mehr verhielt sich das Blatt amerikatreu. Es wollte die Sowjetunion, deren Truppen kurz zuvor in Afghanistan einmarschiert waren, ächten. Der damalige Moskau-Korrespondent, Hansrudolf Kamer, war angehalten, über die Olympiade aus politischer Sicht zu schreiben. Ansonsten beschränkte man sich im Sportteil darauf, die wichtigsten Resultate zu präsentieren. Dazu griff man auf den Service der Agentur »Sport Information« mit dem Kürzel *si.* zurück. Als die Sportredaktion später zu einem Essen mit dem Verwaltungsrat eingeladen war, kam die Rede auf die Korrespondenten und deren Kürzel. Einer der Verwaltungsräte zeigte sich sehr beeindruckt vom Autor *si*. Dieser sei wahrhaftig sehr fleissig und schreibe ausgesprochen viel. Worauf Sportredaktor Claudio Klages stoisch erklärte: »Ja, ja der Silvio Ineichen ist ein tüchtiger Mann«. So kam es, dass der real nicht existierende Silvio Ineichen umgehend zum »running gag« der Sportredaktion wurde.

2.2 Herren unter sich

> *In den 1970er Jahren hatte das Ressort ›Lokales‹ einen derart tiefen Stellenwert in der NZZ, dass es sich sogar leisten konnte Frauen anzustellen.*[37]
>
> Margot Hugelshofer,
> Redaktorin Lokales / Zürich (1979–1995)

1. August 1978: Mein erster Arbeitstag auf der Auslandredaktion. Während die Schweiz sich anschickte, den Nationalfeiertag zu zelebrieren, wurde im zweiten Stock der Falkenstrasse 11 an der Zeitung vom nächsten Tag gearbeitet. Ich betrat die Redaktionsetage mit Ehrfurcht und ahnte nicht, dass ich während der nächsten 37 Jahre für dieses Haus tätig sein würde. Dagegen bemerkte ich: Hier waren fast nur Herren am Werk, darunter etliche ergraute Eminenzen. Damen fanden sich einzig bei der sogenannten Bedienung und im Sekretariat. Die Sekretärinnen genossen hohes Ansehen. Sie hatten die telefonisch durchgegebenen Texte der Korrespondenten aus dem In-und Ausland aufzuzeichnen und danach abzutippen. Ein anspruchsvoller Job. Jeder Abhörfehler konnte zu grotesken Aussagen im Blatt führen. Deshalb war eine Sekretärin einem Redaktor gleichgestellt. Eine dieser Damen, Lilly Binzegger, wechselte später in die Redaktion, wo sie mitverantwortlich für die Gestaltung des zu lancierenden »NZZ Folio« war, ehe sie dessen Leitung übernahm. Solch Quereinstieg war nicht unbedingt nach dem Gusto aller Herren. Feuilletonchef Hanno Helbling etwa meinte gehässig: Einbildung sei auch eine Bildung. Die wenigen Damen in der NZZ mussten sich zudem sexistische Bemerkungen gefallen lassen. Margot Hugelshofer, eine der ersten Redaktorinnen im »Lokalen«, bekam von Dienstredaktor Hans Schnider einmal zu hören, als sie ihm ihren Text unterbreitete: »Von Ihnen nehme ich das Stück gerne, sie sind immer so adrett angezogen.« Als erste

Frau auf der Nachkriegs-Redaktion galt Marion de Szepessi, die 1966 zur Lokalredaktion gestossen und für Mode zuständig war. Derweil stand seit den 1960er Jahren Christa Guyer am Redaktionsempfang, der »Bedienung« hiess. Sie war eine Art Visitenkarte, weshalb Bretscher ihr verbot, Hosen zu tragen. Doyenne der Damen war Mary-May Behr, die Sekretärin des Chefredaktors. Gelegentlich wurde auch sie zur Aufnahme von Korrespondentenberichten verknurrt, was sie griesgrämig tat, wie der junge Auslandredaktor Rudolf Stamm erfahren musste:

> 1969 hatte ich aus Paris über einen Sozialistenkongress zu berichten. Es war Freitagnachmittag und ich hatte keine Chance, ins Blatt zu kommen. Ich packte deshalb meine Dokumente und reiste der Dame meines Herzens in die Bretagne nach, wo diese für ein paar Tage weilte. Am Sonntag meldete ich mich von dort zum Diktat. Mit mürrischem Wohlwollen fragte mich Frau Behr: »Wo stecken Sie, wir haben sie vermisst?« In Cap Pléhérel, gab ich zur Antwort und Frau Behr nahm danach meinen Bericht entgegen. Allein, der Artikel erschien mit der Datumszeile Pléhérel und war wohl der erste und letzte aus dem kühlen Badeort, wo Telefonanrufe damals noch von Hand vermittelt wurden.[38]

Das war 1969. Seither hatte sich technisch bei der NZZ viel getan. Hinter der altwürdigen Fassade wehte bereits 1978 ein moderner Wind. Der Computer hatte Einzug gehalten und drohte mit liebgewonnen Abläufen aufzuräumen. Das redaktionelle Zentralnervensystem bildete ein Grossraum mit wabenförmig angesiedelten Dienstpulten der einzelnen Ressorts. Diese waren mit einem voluminösen Bildschirm ausgestattet, der oft noch unbenutzt blieb. Jeder Arbeitsplatz gewährte freie Sicht auf die anderen, so dass sich der Diensthabende mit einer Drehung auf dem Bürostuhl mit den Kollegen der anderen Ressorts absprechen konnte, wo ein Artikel zu erscheinen habe: im Ausland, im Inland, in der Wirtschaft oder im Vermischten (ehemals »Unfälle und Verbrechen«). Die Kommunikationswege waren kurz und die Hierarchien flach. Chefredaktor, Ressortleiter, zeichnende Redaktoren, übrige Mitglieder der Redaktion und Volontäre sassen im zweiten Stock. Im Grossraum herrschte aufgeräumte Stimmung. Es wurde gelacht, geblödelt und auch tiefschürfend debattiert. Fast wie in einem vornehmen Gentlemen Club. Alle hatten scheinbar Spass an ihrem Job. Einige Redaktoren waren akademisch tätig: Willy Linder von der Wirtschaftsredaktion, Ernst Kux, der Ostblock-Spezialist der Auslandredaktion, Werner Weber, der ehemalige Feuilletonchef, der die NZZ sogar in Richtung Academia verliess, sowie dessen Nachfolger Hanno Helbling, der habilitierte. Es gab auf der Redaktion grosse Freiheiten und mit ihnen eklatante Unterschiede in den Neigungen. Es herrschte keinerlei unité de doctrine, obgleich die NZZ von aussen als homogener Block wahrgenommen wurde. Dieses Bild förderte sie, indem sie lange Zeit Artikel gar nicht zeichnete, ehe sie Autorenkürzel einführte. Der geneigte Leser, hiess es, wisse schon, wer sich hinter welchem Kürzel verbirgt. Meines lautete übrigens *fb*.

Bereits am ersten Arbeitstag erhielt ich ein Einzelbüro zugeteilt. Vorhänge dagegen gab es erst nach einer Festanstellung. Lateinamerika-Redaktor Christoph Mühlemann, der mich zur NZZ gebracht hatte, organisierte eine Begrüssungstour. Als »Herr Bartu, unser neuer Volontär« wurde ich der übrigen Redaktion, der Bedienung, dem Sekretariat sowie der technischen Abteilung im 1. Stock vorgestellt. Dort arbeiten die Setzer im Blei an den Linotype-Maschinen. Auch bei diesen Mitarbeitern im blauen Übergewand spürte ich hohe Begeisterung. Man war nicht einfach Setzer, Metteur oder Redaktor. Man war »Redaktor NZZ«, »Metteur NZZ« oder »Setzer NZZ« – so im Telefonbuch von damals nachzulesen.

Die Technikleute waren wache Köpfe mit oft langjähriger Erfahrung. Sie vermochten Neulingen wie mich das Fürchten zu lehren, falls zu viel Stehsatz übrigblieb oder umgekehrt nicht genügend Stoff in Satz gegeben worden war. Die Setzer sahen ihre Aufgabe, wie es ihr autoritärer Chef Karl Kistler elegant formulierte, in der Transformation des Geistigen in Materie. Gelegentlich passierte es, dass der von ihnen angefertigte Bleisatz dem Metteur entglitt und am Boden landete. Das darauffolgende Zusammensetzen der Spiegelschrift kam einer Sisyphusarbeit gleich.

Gegen Mitte der 1970er Jahre kam es einmal zu einer bedrohlichen Panne in der Setzerei. Die Maschinen, die zum Teil bereits mit Lochstreifen arbeiteten, streikten aus unerklärlichen Gründen, so dass am nächsten Tag keine Zeitung zu erscheinen drohte. Der für die Wartung zuständige Techniker, der Einzige, der sich mit dem Inneren der Apparate auskannte, weilte in den Ferien. Genauer gesagt: Er sass, wie seine verzweifelten Kollegen in Erfahrung brachten, in einem Swissair-Flugzeug mit Kurs auf New York. Ergo suchte die NZZ bei der Airline um Hilfe an. Und siehe da: Diese zeigte sich, wohl auch wegen der »FDP Connection«, kooperativ. Umgehend erstellte sie eine telefonische Verbindung zur Maschine, machte den NZZ-Mann unter den Passagieren ausfindig und lud ihn ins Cockpit ein. In einem über halbstündigen Gespräch erteilte dieser seinen Kollegen an der Falkenstrasse Anweisungen, wie die Panne zu beheben sei, so dass das Blatt termingerecht produziert werden konnte. Im Übrigen waren Redaktion und Setzerei getrennte Welten. Gemäss einer Weisung vom Mai 1978 war es den Technikern aus dem ersten Stock untersagt, die Toiletten der Redaktion im zweiten Stock zu benutzen. Auch bei sportlichen Aktivitäten herrschte Kastendenken: Einer der wenigen Redaktoren, die damals im NZZ-Fussballteam mitspielten, bestand darauf, von seinen Mannschaftskollegen aus der Technik gesiezt zu werden.

Eine starke Marke

Es vergingen Wochen, bis ich Chefredaktor Luchsinger erstmals zu Gesicht bekam. Er würdigte mich kaum eines Blickes. Er spielte in einer Liga für sich. Ich dagegen befand mich viel tiefer in der NZZ-Hierarchie und in bester Gesellschaft mit anderen Kollegen, die im Rahmen einer notwendigen Verjüngung der Auslandredaktion schon vor mir bei der NZZ angeheuert hatten. Einige hatten sogar noch die alte Redaktorengarde vom Schlage eines Urs Schwarz, Eric Streiff, Cyrill Schwarzenbach und Rudolph P. Hafter erlebt: Alles strenge, aber freundliche Patriarchen, die den Jungen wohlwollend beim Arbeiten auf die Finger schauten, aber kaum Indoktrinierung betrieben. Das galt auch für meinen Chef Eric Mettler, einem Gentleman, der lang in Rom und London als Korrespondent tätig gewesen war.

Wir Jungen auf der Auslandredaktion – bald ein halbes Dutzend – bildeten eine eingeschworene Truppe, die sich zum Ziel setzte, die Auslandberichterstattung der NZZ auf einen politisch entkrampfteren Kurs zu bringen. Dazu nutzten wir die Gunst der Stunde: Das Ende der alten, von der NZZ ursprünglich eher wohlwollend begleiteten Diktaturen in Spanien und Portugal sowie des siebenjährigen Obristenregimes in Griechenland. Auch Amerikas Krieg in Vietnam und die Veränderungen im Nahen und Mittleren Osten führten zu einer neuen Aufteilung der Länderzuständigkeiten. So kam es zu mehr Meinungspluralität und zu mehr Debatten. Auch jüngere Mitarbeiter erhielten Dossiers oder Teildossiers zugesprochen und wurden zum Kommentieren zugelassen. Zwar war 1968 die Vietcong-Flagge, welche Unbekannte anlässlich der bedeutsamen Schlacht um die Zitadelle von Hué provokativ auf dem Türmchen des NZZ-Daches angebracht hatten, rasch eingeholt worden. Doch dank Korrespondenten wie Arnold Hottinger (Iberien und Naher Osten) und Pavlos Tzermias (Griechenland) kamen neue Töne und Bewertungen ins Blatt.

Toleranz und Liberalismus wurden auf der Auslandredaktion gelebt und gepflegt. Als der spätere Korrespondent Andreas Oplatka seinen ersten grossen Bericht, noch als Volontär, Auslandchef Mettler zur Beurteilung vorlegte, antwortete dieser: »Guter Artikel. Ich hätte es aber anders angepackt. Aber ich bin ich und Sie sind Sie.« Und so kam der Beitrag unverändert ins Blatt. Es herrschte eine motivierende Atmosphäre, die dazu führte, dass man sich rasch mit der Zeitung identifizierte und sein Bestes gab.

Noch ein Wort zum »Sport«. Dieses Ressort stand im internen Redaktionsranking ziemlich weit unten. Irgendwo hinter dem bereits arg abgeschlagenen Ressort »Zürich« und exaequo mit den Beilagen. Die Sportredaktion war geduldet, ihr wirklicher Einsatz und ihre wahre Leistung wurden aber lange nicht erkannt. Das hatte auch mit dem früheren Sportchef Heinz Gisler zu tun, welcher sich vor allem für bürgerliche Sportarten wie Reiten, Schiessen und Fechten interessierte. Fussball war in seinen Augen der Sport des Plebs. Weil der Herr Doktor am Sonntag fast nie ins Büro kam, mussten seine Mitarbeiter zu ihm nach Hause nach Thalwil fahren, wo er ihre Manuskripte las. Von dort kehrten die Redaktoren in die NZZ zurück. Das Ressort wurde erst im Rahmen des 1977 eingeweihten Grossraumbüros rehabilitiert. Plötzlich wurde ersichtlich, mit wie viel Pfiff und Know-how die Kollegen vom »Sport« arbeiteten, und wieviel (Frei-) Zeit sie an Skipisten, an Tennis Courts, in Fussballstadien und an allen anderen Sportanlässen verbrachten. Chefs wie Hans-Ulrich Landolf und dessen Nachfolger Felix Reidhaar sorgten zudem mit viel Herzblut dafür, dass auch im Sportteil NZZ-Qualität geboten und umsichtig illustriert wurde. Weil die spärliche und ausschliesslich schwarz-weisse Bebilderung der Artikel damals noch ganz der Redaktion oblag, machten wir Jungen uns für mehr Bilder in der Zeitung stark. Auf dass diese nicht einer Bleiwüste gleiche. Unser Motto lautete, die NZZ dürfe nicht

Eine starke Marke

in Schönheit sterben! Was wir nicht wussten: Dieselbe Parole hatten bereits ein Jahrzehnt zuvor die damaligen Jungtürken verwendet. Fred Luchsinger zählte zu diesen:

> In den Nachkriegsjahren hielt die Entwicklung der Auflage der NZZ bei weitem nicht Schritt mit der rasch wachsenden Stadt und Agglomeration Zürich. Das Blatt sah sich eingemauert in einige äusserliche und ein paar innere Traditionen, die es hätte loswerden müssen, die es aber nicht loswurde und die seine Entwicklung hemmten. Züge von Resignation und Frustration waren in der Redaktion erkennbar und die suggestive Parole des »Sterbens in Schönheit« machte die Runde. (...) Es hat ein halbes Dutzend Jahre gedauert, bis die Trägheit des Überkommenen überwunden war, die eingefahrene Gewohnheit blosser Verwaltungsorgane, grundsätzlich alles für nicht-machbar zu halten, was hätte gemacht werden sollen, bis all die hundert Bedenken gegen aktives Eingreifen in das eigene Schicksal überwunden waren und der Karren zu laufen anfing.[39]

1978 lief der Karren, und die Redaktion sah mit Zuversicht in die Zukunft. Sie war ein Sammelsurium origineller, schräger, ja zum Teil sogar schrulliger Figuren. Es war der »Jurassic Parc des Journalismus«, wie es der frühere Auslandredaktor Werner Vogt in einem sympathischen Rückblick nennen sollte. Mit spitzer Feder beschrieb er einige NZZ-Unikate:

> Ein Charakterkopf der besonderen Art war der Dienstredaktor der Inlandredaktion Hans Schnider. Dieser trug sommers wie winters dreiteilige Anzüge. Die Tatsache, dass er nicht nur einen Borsalino trug, sondern auch immer einen Gehstock, dazu eine goldene Taschenuhr in der Gilettasche mit Uhrkette, erinnerte auf originelle Weise an den Türler-Mann, mit dem das bekannte Uhrengeschäft jahrelang warb. Während des Redigierens von Artikeln paffte Schnider im Grossraum grosse

Mengen von Stumpen, die er selten aus dem Mundwinkel nahm. Er war mit sich genauso streng wie mit seinen Kolleginnen und Kollegen, und selbst gestandene Redaktoren im besten Mannesalter begegneten ihm mit jenem Respekt, mit dem der US Marine seinem Drillsergeant entgegentritt. Wer je versuchte, ihn zu necken, flog umgehend in die Seile, so auch Ressortleiter Kurt Müller. Dieser machte sich über Schniders Bürstenschnitt lustig: »Ja Hans, borstige Haare – borstiger Sinn.« Schnider blickte kurz auf Müllers Vollglatze und meinte: »Keine Haare – kein Sinn.«[40]

Weil er mit dem Kürzel *K. M.* signierte, erhielt Kurt Müller den Spitznamen »Kilometer«. Er war ein einflussreicher Redaktor und FDP-Nationalrat, der seine Parlamentsvoten gerne in NZZ-Leitartikel goss. Als sich im Jurakonflikt eine mögliche Lösung abzeichnete, soll Müller die beiden Kontrahenten an einen Tisch gebracht haben: Bundesrat Kurt Furgler und Separatisten-Führer Roland Béguelin – und zwar bei sich zu Haus in Meilen.

Zu den Originalen zählte auch Ulrich Schneiter, Abenddienstler der Wirtschaft, der perfekt mit seinem Kollegen vom Tagdienst Jost Willi harmonierte. Zusammen bildeten sie ein Dream Team, wie Vogt scheibt:

> Schneiter sprach ein breites schönes Berndeutsch und hatte neben seinem gewaltigen Mutterwitz einen grossen Sinn für die Feinheiten der Schriftsprache, aber genauso auch für den Dialekt seiner Heimat. Lange Jahre publizierte er unter dem »nom de plume« Sam Süffi in der NZZ-Wochenendbeilage »Bärndütschi Liedli ohni Note« – launige, lautmalerische Spielereien, Sprache als Musik. Auch Schneiters Kollege am Dienstpult, Jost Willi, war von träfem Humor. Bei Korrespondenten, die zum ausschweifenden Schreiben neigten, meinte er lakonisch, er werde deren Artikel erst einmal »entlüften«. Falls ein junger

Kollege etwas zu selbstsicher auftrat, sagte er ihm kurz und trocken, dass jeder Artikel bis auf null und weniger Zeilen kürzbar sei.⁴¹

Jost Willi leistete zudem Jahr für Jahr Fronarbeit bei der Aufbereitung von Schnitzelbänken aus der Basler Fasnacht. Diese wurden auszugsweise in der NZZ-Wochenendausgabe wiedergegeben. Zusammen mit zwei Assistentinnen aus der Rheinstadt prüfte Willi die Sprüche auf ihr klassisches »Baseldiitsch« hin, was meist zwei Arbeitstage beanspruchte. Danach erschienen diese munteren Glossen in Zürich oft sprachlich korrekter, als in ihrem Basler Original. Typisch NZZ.

Apropos munter: Im Februar 1978 war es zu einem bösen Eklat zwischen Chefredaktor und dem Chef des Lokalen, Peter Zimmermann, gekommen. Auslöser war ein kritischer Artikel von Margot Hugelshofer über die Kabarettistin Elsie Attenhofer. Diese ehemalige Grande Dame der Schweizer Bühnenwelt wagte einen Neustart mit dem jungen Kabarett Sanduhr. Sie hoffte, an ihren Höhepunkt im Cabaret Cornichon aus der Zeit des Zweiten Weltkrieges anknüpfen zu können. Das Cabaret Cornichon war 1934 gegründet worden, um Schweizer Werte vor dem faschistischen Gift im In- und Ausland zu schützen; vier Jahre bevor der Bundesrat die geistige Landesverteidigung zur Bürgerpflicht machte, welche sich auch NZZ-Chef Bretscher auf die Fahnen schrieb.

Margot Hugelshofer sollte nun also über Attenhofers mutiges Comeback berichten. Allein, in den Augen der Lokalredaktorin war dies gescheitert. Sie verfasste eine Rezension mit dem Titel »Kabarett der politischen Mitte«, womit sie wohl sagen wollte: »Kabarett der Mittelmässigkeit«. Zimmermann nahm den Text entgegen und stellte ihn telquel ins Blatt, obschon er als Freund des Chefredaktors wusste, dass Luchsinger sowohl Elsie Attenhofer als auch derem Gatten, dem Germanistik-Professor Karl Schmid, damals ETH-Rektor, nahestand. Zimmermann liess auch alle angriffigen Stellen durchgehen:

> Es gibt prägnant in Szene gesetzte Einfälle und es gibt die langweilende Nummer eines Unterhaltungsabends auf dem Dorfe. Manches wirkt an den Haaren herbeigezogen, ist in aller Öffentlichkeit schon längst zerredet. Das Kaschieren durch das Kabarett erübrigt sich jetzt, da es nicht brennt unter den Füssen. Nicht wie damals.[42]

Für den Lokalchef war das unabhängige Berichterstattung, wie man sie von der NZZ erwartete. Ausserdem zeigte sich tags darauf, dass die Rezensionen anderer Kritiker gar weit negativer waren: »Kalter Kaffee zum Kalten Krieg« oder »Der Versuch der alten Dame«. Trotzdem: Als Luchsinger den Bericht von Hugelshofer auf dem Vorabdruck las, war er verärgert und zitierte Zimmermann in sein Büro. Der Text sei einseitig, er persönlich werde eine Gegenkritik verfassen, donnerte der als Choleriker bekannte. Zimmermann war schockiert, zwei unterschiedliche Meinungen in ein und derselben Zeitung, das ging nicht. Doch F. L. meinte es ernst und verfasste den Beitrag. Danach begab er sich schnurstracks in den ersten Stock, um seinen Text erfassen und ins Blatt stellen zu lassen. Allein, Zimmermann stellte sich dem zornigen Freund in Winkelriedscher Manier in den Weg und entriss ihm das Manuskript. Was dann folgte, war ein verbaler Schlagabtausch von seltener Vulgarität, bei dem die beiden Männer jegliche Zurückhaltung ablegten und sich dermassen anschrien, dass die Abteilung zitterte. Zimmermann gab nicht klein bei, so dass Luchsinger wutschnaubend von dannen zog und androhte, er werde am übernächsten Tag eine Gegendarstellung ins Blatt bringen. Und so geschah es: Der Chefredaktor platzierte im Lokalen einen Leserbrief aus Grüningen, in dem Attenhofers Auftritt in einem positiven Licht erschien und auf

75

Eine starke Marke

das »begeistert applaudierende Publikum« an der Premiere hingewiesen wurde. Ganz nach dem Motto: Der Chefredaktor hat immer das letzte Wort. Davon konnte auch Inlandredaktor Schnider ein Lied singen. Eines Morgens beklagte sich Luchsinger unter Donnerschlag bei ihm, die Inlandredaktion habe ein wichtiges Thema ausgelassen, welches alle übrigen Zeitungen aufgegriffen hatten. Ohne seinen Stumpen aus dem Mund zu nehmen, antwortete Schnider: »Herr Luchsinger, Sie haben die Zeitung von gestern in der Hand.« Der Chefredaktor war entsetzt, schnappte sich das aktuelle Blatt und sah die Meldung, die er vermisst hatte. Dann meinte er lakonisch und wohl um seinen Wutausbruch zu rechtfertigen: »Schlechter Titel.«

Dramatisch war auch ein Konflikt zwischen Luchsinger und Wirtschaftsredaktor Jean-Pierre Blancpain. Auslöser bildete die »Chiasso-Affäre« von 1977, in welche die Schweizerische Kreditanstalt (SKA), die Hausbank der »Neuen Zürcher Zeitung«, verwickelt war. Am Abend des 14. April 1977 hatte das Finanzinstitut eine Mitteilung in die Redaktionsstuben getelext, wonach bei einem ausländischen Grosskunden der Filiale Chiasso Liquiditätsprobleme bestünden, so dass der Bank vermutlich ein Verlust von 250 Millionen Franken in Haus stehe. Das sei zwar schmerzlich, aber kein Grund zur Beunruhigung. Doch an der Bahnhofstrasse war man beunruhigt. Bald brodelte es in der Gerüchteküche und eine Hiobsbotschaft jagte die andere. Als später die Nationalbank zusammen mit der Schweizerischen Bankgesellschaft und dem Schweizerischen Bankverein der SKA sogar einen Stützungskredit von drei Milliarden Franken anboten, war klar, dass es sich bei »Chiasso« um einen waschechten Finanzskandal handelte. Der »ausländische Grosskunde« war niemand anderes als eine von den SKA-Filialdirektoren aus Chiasso gegründete Liechtensteiner Briefkastenfirma. Über diese hatten sie in Italien marode Betriebe aufgekauft, um sie nach erfolgreicher Sanierung mit Gewinn wieder abzustossen. Doch die Rechnung ging nicht auf, und die in Vaduz domizilierte Firma, deren Bücher in Chiasso geführt wurden, stürzte immer tiefer in die Verlustzone. Finanziert wurde der illegale Hochseilakt mit Fluchtgeldern italienischer Kunden. Ihnen bot Chiasso nicht nur weit über dem Markt liegende Zinsen an, sondern auch eine Garantie des Mutterhauses, von der dieses allerdings gar nichts wusste. Am Ende hatte die SKA für Verbindlichkeiten von zwei Milliarden Franken geradezustehen, von denen sie zwei Drittel abschreiben musste. Das wahre Ausmass dieses Skandals wurde bloss in homöopathischen Dosen kommuniziert. An der Generalversammlung vom 24. Juni 1977 bemühte sich die Bankspitze sogar noch, die Sache herunterzuspielen. Deshalb schleuderte NZZ-Wirtschaftsredaktor Blancpain der SKA tags darauf einen kritischen Kommentar mit dem Titel »Die ganze Wahrheit?« entgegen. Darin setzte er sich nochmals mit der Generalversammlung auseinander und bemängelte, dass zentrale Fragen einer Antwort harrten. Mit seinem Titel unterstellte Blancpain, die SKA habe einen guten Teil der Wahrheit zurückgehalten. Das irritierte nicht nur die Bank, sondern auch NZZ-Präsidenten, Luk Keller, der gleichzeitig im VR der SKA sass. Keller übte sogleich Druck auf Luchsinger aus, Blancpain wegen dessen »Entgleisung« zu entlassen. Pikanterweise war Luk Keller sogar ein Onkel von Blancpain und hatte sich viel um seinen Neffen gekümmert, nachdem dessen Vater früh verstorben war. Allein, beim Konflikt um die SKA, bei dem es um Macht und Einfluss ging, zählten für Keller die verwandtschaftlichen Bande nicht. Luchsinger stand nun zwischen den Kontrahenten. Im Versuch, die Wogen zu glätten, publizierte er einen Kommentar mit dem neutralen Titel »Ein Nachwort zur GV der Kreditanstalt«. Darin zeigte er Nachsicht gegenüber der Bank, die Jahre zuvor der Zeitung auf dem Höhepunkt des Ersten Erdölschocks einen Notkredit eingeräumt hatte. Diese Rücksichtnahme empfand Blancpain aber als Desavouierung. Daran änderte auch Luchsingers Hinweis auf das hohe journalistische Pflicht- und Selbstverständnis des erfahrenen NZZ-Redaktors nichts, welcher wiederum Luk Keller missfiel. Somit erwies sich der Versuch der Schadensbegrenzung als Flop. Einige Tage später legte die Bank die meisten Fakten zum Chiasso-Debakel auf den Tisch. Diese belegten, dass an der GV tatsächlich nicht die ganze Wahrheit aufgetischt worden war, und dass Blancpain völlig Recht hatte. Es war eine Rehabilitierung des Redaktors, der Wahrhaftigkeit stets als ein hohes und nicht verhandelbares Gut betrachtete. Der Chefredaktor dagegen stand endgültig im Regen. Viele Jahre später blickte Luchsinger mit Altersmilde auf die Turbulenzen in seiner Amtszeit zurück und entschuldigte sich dafür:

> Ich verschweige Ihnen nicht, dass ich oft und manchmal laut und mit ziemlich kräftigen Worten über Sie geflucht habe. (…) Die Flüche sind samt und sonders auf den Waldwegen hinter dem Wassberg begraben. Über niemanden und nichts habe ich aber jeweils so geflucht, wie über meine eigene Person, ihre Missgriffe und Fehlinterventionen. Für diese, auch für die Härten, die oft in meinen Forderungen und in meiner Kritik lagen, bitte ich alle, die davon betroffen waren, heute um Nachsicht und Entschuldigung.[43]

Auf der Auslandredaktion unter Eric Mettler ging es vergleichsweise patriarchalisch zu, wobei auch diese Redaktion eigenwillige Köpfe hervorbrachte. Einer davon war Mettlers Nachfolger, der todernste Christian Kind, welchen Werner Vogt wie folgt beschrieb:

> Jeden Tag um 11.30 Uhr versammelte Kind die Auslandredaktion in einem winzig kleinen fensterlosen Raum. Auch nach

Jahrzehnten als Korrespondent in Delhi, Bonn und London sprach er einen reinen Schaffhauser Dialekt. Er begann seine Blattkritik mit einem nüchternen »Kollegen, zum Blatt!«. Ob Komma- oder Fallfehler, falsche Schreibweisen von Politikernamen, nichts entging seinem gnadenlos scannenden Adlerauge. Die Atmosphäre war ernst wie in einem kirchlichen Kolleg. Selten fiel ein erheiternder Spruch. Umso verblüffter waren alle, wenn der Vorsitzende sich ein Bonmot leistete. So etwa bei einer Meldung des Inhalts, dass ein russischer Jäger aus Versehen auf einen fahrenden Schlitten geschossen habe. Kind kurz: Möglicherweise trug der Pilot eine Fuchsmütze.[44]

Von völlig gegenteiligem Naturell war der für Lateinamerika zuständige Christoph Mühlemann. In den frühen 1980er Jahren zum USA-Korrespondenten avanciert, unterlag er danach Hugo Bütler im Rennen um die Nachfolge von Chefredaktor Luchsinger. Als Trostpflaster erhielt er, der nicht nur virtuos schreiben konnte, sondern das Schreiben auch liebte, den Posten des Redaktions-Koordinators, ein vorwiegend administratives Amt, in dem er nie glücklich wurde.

Mühlemann war scharfsinnig, offenherzig und debattierfreudig und als geborener Schauspieler genauso humorvoll und listig. Gerne durchschritt er Pfeife rauchend das Dienstbüro, um sich dann am Auslandpult einen Überblick über die Lage zu verschaffen. Underperformance der von ihm betreuten Korrespondenten konnte durchaus zu theatralisch inszenierten Wutausbrüchen mit wüsten Verwünschungen führen. Wer ihn kannte, wusste aber, dass er im Grund ein Herz von einem Mann war und ohne weiteres fähig, eine halbe Stunde später mit den aus der Ferne Beschimpften ein freundliches Telefonat zu führen. Seine barocke Expressionsfreude ging so weit, dass er bei Diskussionen von besonderer Emotionalität aus Versehen in die Tabakpfeife blies statt daran zu saugen, so dass das Dienstpult von einem Aschenregen eingedeckt wurde. Ein besonders wichtiger Temperamentausbruch trug ihm den Spitznamen »Pinatubo« ein, frei nach dem philippinischen Vulkan, der 1991 nach 550-jähriger Ruhezeit wieder ausbrach.[45]

Soviel von Werner Vogt. Obschon dieser die NZZ im Jahr 2000 verliess, blieb er ihr, wie viele Ehemalige, eng verbunden. Die NZZ sei eine Lebensschule und eine Institution, der man ein ganzes Leben lang nahesteht wie seiner Alma Mater oder seinem Regiment.

Doch wie gelangte man zu dieser Zeitung? Die Frage ist berechtigt, weil das Blatt – wenigstens die meisten ihrer Ressorts – bis in die späten 1980er Jahre gar keine Stellen ausschrieb. Zur NZZ, so pflegte man an der Falkenstrasse zu räsonieren, geht man oder der NZZ wird man empfohlen. Einer, der den ersten Weg einschlug, war Peter Sidler, der spätere Auslandkorrespondent. Eines Tages klopfte er bei der Redaktion an und bat um einen Termin beim Auslandchef. Seinem Wunsche wurde entsprochen, so dass Sidler sich rasch im Büro von Eric Mettler befand. Der studierte Historiker, der sich seine ersten journalistischen Sporen bei anderen Publikationen verdient hatte, erkundigte sich nach einer Anstellungsmöglichkeit. Zu seiner grossen Überraschung bot Mettler ihm umgehend ein Volontariat an, nach der Devise: Zur NZZ kommt man. Jahre später erklärte sich Mettler gegenüber Sidler sinngemäss wie folgt: Gescheit sind wir alle in diesem Blatt, und einen Doktortitel haben wir auch. Aber ich dachte immer, wer hier arbeiten will, marschiert einfach unten rein und fragt um einen Job an. Sie waren der Erste und Einzige, der das so gehandhabt hat, deshalb habe ich Sie auf der Stelle engagiert.

Mein Weg zur NZZ war ein anderer. Bei einem Seminar an der Universität Basel lernte ich Auslandredaktor Christoph Mühlemann kennen. Am Ende der Veranstaltung fuhren wir gemeinsam im Zug nach Zürich zurück. Ich erzählte ihm von meiner Feldarbeit in den peruanischen Anden, die ich damals im Rahmen meiner Doktorarbeit tätigte. Noch ehe wir im Hauptbahnhof eintrafen, schlug er mir vor, etwas von meiner Arbeit in der NZZ zu publizieren, was ich kurz darauf tat. So hatte ich schon mal einen Fuss in der Tür. Es sollten noch weitere zwei Jahre in Peru vergehen, ehe ich den anderen nachzog: Nachdem Mühlemann mich dem Auslandchef präsentiert und dieser mir ebenfalls ein Volontariat angeboten hatte.

Eine wichtige Personalquelle für die Auslandredaktion bildet das in Genf ansässige Internationale Komitee vom Roten Kreuz (IKRK). Etliche ehemalige IKRK-Gesandte gelangten zur NZZ, wo sie dank ihrer Felderfahrung in Krisengebieten höchst willkommen waren. Beispielhaft und keineswegs umfassend seien hier – in alphabetischer Reihenfolge – erwähnt: Jürg Bischoff, Jean-Pierre Kapp, Victor Kocher, Volker Pabst, Peter Winkler und Martin Woker. Sie waren oder sind für die Auslandredaktion tätig. Nicht immer erfolgten Neuanstellungen geräuschlos. So erzürnte die Wirtschaftsredaktion den Präsidenten der »Basler Nachrichten«, Alfred A. Sarasin, weil sie in den 1970er Jahren mehr als ein halbes Dutzend von gestandenen Redaktoren dieses liberal-konservativen Blattes abwarb. Dabei hatte sie leichtes Spiel: Die Zukunft der defizitären »Basler Nachrichten« sah so düster aus, dass viele Redaktoren mit Alternativen liebäugelten. 1977 wurde das Blatt mit der »National Zeitung« zur »Basler Zeitung« zusammengelegt, eine der ersten Zeitungsfusionen der Schweiz.

Dass man es sich leisten können müsse, für die NZZ zu arbeiten, war eines der Bonmots, die noch in meiner Anfangszeit auf der Redaktion kursierten. So soll der frühere Auslandredaktor Cyrill Schwarzenbach einmal erklärt haben, erst eine kleine Erbschaft habe es ihm überhaupt erlaubt, bei der NZZ eine Stelle anzunehmen. Wirtschaftschef Willy Linder impfte seinen Mitarbeitern noch Dekaden später ein, dass, wenn sie ihre Jahreslöhne mit denjenigen von Kollegen bei anderen Firmen verglichen, sie mindestens 10 000 Franken abzuziehen hätten. Schliesslich arbeiteten sie bei der NZZ und das sei eine Ehre. Der imaginierte Wert derselben wurde beim Lohn einkalkuliert. Auslandchef Mettler bliess mir gegenüber ins selbe Horn: Meine Entlohnung setze sich aus drei Komponenten zusammen: erstens dem Salär, zweitens einer grossen Portion Freiheit bei der Arbeit und drittens einem hohen sozialen Ansehen. In der Praxis konnte man sich aber als Redaktor finanziell keine grossen Sprünge leisten, wenn man einzig auf den Lohn angewiesen war. Deshalb arbeiteten bis in die frühen 1970er Jahre mehrheitlich Redaktoren bei der NZZ, die aus gutbetuchtem Hause stammten oder eine reiche Frau geheiratet hatten. Ein Beispiel bildete Auslandredaktor Eric Streiff, in dessen Heim Gemälde von Picasso, Matisse und dergleichen hingen. Die Entlöhnung verbesserte sich erst mit dem Amtsantritt von Chefredaktor Luchsinger, der sich um eine Modernisierung der Zeitung bemühte.

Ähnlich souverän wie Luchsinger war auch der Chef der Wirtschaftsredaktion, Willy Linder. Er hatte grosses Vertrauen in seine Crew. »Burschte, machet kän Seich«, pflegte er dem Abenddienst zuzurufen, während er die Zeitung schnellen Schrittes verliess, meist mit einer glühenden Zigarette im Mund. Rauchen war noch »in« – egal ob Zigarette, Stumpen, Zigarre oder Pfeife – und der Grossraum ein veritables Fumoir. Linder sah sich als Flohzirkus-Direktor und betonte, seine Flöhe seien am produktivsten, wenn man sie ungestört walten lasse. Er selber war mit viel Herzblut bei der Sache und verfasste kantige Kommentare, die Lesegenuss boten. Ab und zu schrieb er, der auch chaotische Züge aufwies, seine Leitartikel in letzter Minute: am Freitagmorgen im Café Mandarin beim Bahnhof Stadelhofen. Eines stand zudem für Linder fest: Frauen waren auf seiner Redaktion nicht zu gebrauchen. Diesbezüglich war er unnachgiebig. Die Ausnahme war die langjährige Benelux-Korrespondentin Petra Münster, deren Arbeit er sehr schätzte – obschon sie Frau und dazu noch Deutsche war! Münster blieb der Zeitung so lange treu, dass auch Linders Nach- und Nach-Nachfolger ihre Schreiben an die Korrespondenten mit »Liebe Petra, liebe Kollegen« beginnen mussten. Damals war die NZZ noch fest in Männerhand. Daher kam es einem mittleren Erdbeben gleich, als die junge Inlandredaktorin Claudia Schoch 1985 einen Leitartikel zur Revision des Sexualstrafrechtes verfasste. Es war der erste NZZ-Leitartikel aus der Feder einer Frau. Chefredaktor Bütler soll dieses Ereignis, so wird kolportiert, im Verwaltungsrat mit den gestelzten Worten kommuniziert haben, die Integration der Frau auch als geistiges Wesen mache also innerhalb der Männergesellschaft Fortschritte!

Für die Generation Linder war ein Wort ein Wort. Mündliche Abmachungen zählten soviel wie schriftliche. Die meisten Redaktoren verzichteten auf schriftliche Arbeitsverträge, bis diese Tradition 1983 auf Anraten der Anwälte gekappt wurde. Damit ging für *F. L.* ein Stück Liberalismus verloren. Er bedauerte, den »ehrwürdigen Brauch des gegebenen und gehaltenen mündlichen Wortes dem kollektivistischen Wesen in dieser Sache« opfern zu müssen. Zugleich war ihm bewusst, dass die NZZ mit der Zeit zu gehen hatte. Wer bei diesem Blatt arbeitet, erklärte er, sei einem Erbe verpflichtet, das in Haltung, Grundüberzeugung und Qualitätsanspruch gleichermassen Ausdruck findet. Dieses Erbe dürfe nicht zu einem Bremsklotz werden. Auch eine über 200-jährige Zeitung wolle in erster Linie leben, das heisse, die Pressekonzentration überleben zu wollen. Sein Vermächtnis an die nächste Generation lautete:

> (...) ohne Preisgabe wesentlicher Substanz, Erbsubstanz, eine Zeitung zu machen, die von einem genügend breiten Publikum so gewünscht wird wie sie ist – damit sie jene öffentliche Funk-

tion umfassender, sachlicher, erhellender und ergründender Information, qualifizierte Hilfe zur Meinungsbildung und engagierter Meinungsäusserung erfüllt, deren das öffentliche Leben bedarf und die von der NZZ seit vielen Generationen wahrgenommen wurde und wird.[46]

Drei Jahrzehnte später argumentierte NZZ-Präsident Jornod ähnlich, als er erklärte: »Tradition ist bekanntlich nicht die Anbetung der Asche, sondern die Weitergabe des Feuers.«[47]

2.3 Markenzeichen: Langeweile

Bereits mein Vater hat mich davor gewarnt, die NZZ in die Hosentasche zu stecken. Das sei riskant, weil das Bein einschlafen könne.[48]

Luk Keller,
Ehemaliger Verwaltungsratspräsident der NZZ

Die »Neue Zürcher Zeitung« des vergangenen Jahrhunderts war vielleicht gar keine Zeitung im herkömmlichen Sinn. Mit ihrem altertümlichen Vierspaltendruck, mit ihrem zurückhaltenden Stil, ihrer konservativen Aufmachung, ihrer spärlichen Bebilderung und ihren teils ellenlangen Berichten stand sie schon damals quer in der medialen Landschaft. Zudem pflegte sie eine bis zur Langeweile tendierende Unaufgeregtheit. Vom Archivar für den Archivar, hiess es mit Selbstironie auf der Redaktion. Das antiquitierte Layout symbolisierte, dass bei der NZZ das geschriebene Wort Vorrang hatte. Inlandredaktor Max Frenkel brachte es auf den Punkt: »Mit Busen wirbt man auf dem Boulevard. Eine ›Alte Tante‹ hat das Recht auf ein charaktervolles Gesicht.« NZZ-Inhalte waren oft herausfordernd. Man musste sich für die Lektüre Zeit nehmen. Als man Studenten der Hochschule St. Gallen im Jahr 2009 bat,

Markenzeichen: Langeweile

die NZZ als Person zu beschreiben, griffen sie keineswegs nur zu schmeichelhaften Attributen wie »weise, gebildet, studiert, freundlich, viel erlebt, gepflegt, breiter Horizont«. Nein, es hagelte auch negative Adjektive wie »spiessig, grau, altmodisch, arrogant, humorlos, fachidiotisch und kalt«.[49] Das Image der NZZ als altbacken hält sich wacker. Kein Wunder: Es wurde ja kultiviert. Als ein promovierter Jurist einmal die Ergebnisse seiner Dissertation in einen NZZ-Artikel giessen sollte, beschlichen ihn Zweifel, ob der Text nicht doch zu schwer verständlich sei. Der zuständige Redaktor beruhigte ihn: Man wolle ja gar nicht von jedermann verstanden werden.

Das war in den 1960er Jahren. Damals war die Zeitung noch ebenso »verknorzt« wie die Schweiz selbst. Wenn die NZZ über die Generalversammlung von Nestlé berichtete, lautete der Haupttitel meist nur: Nestlé. Darunter stand Generalversammlung. Willy Bretscher fand, der Leser solle selber herausfinden, was im Artikel steht. Solche Neutralität prägte das Blatt noch Jahrzehnte. Mit seiner Ablehnung modischer Trends wurde es sogar zu einem Anachronismus, der aber seine Fans hatte und dank ökonomischem Erfolg auch seine Existenzberechtigung. Zudem war die NZZ nie bloss ein Mitteilungsblatt, das man abonnierte wie andere Zeitungen. Die NZZ war das Leibblatt, mit dem man sich identifizierte. So beschrieb es auch der ehemalige Westschweizer Korrespondent Christophe Büchi:

> Ich bin im Glauben an die NZZ aufgewachsen. Die Mutter aller Schweizer Zeitungen. Für viele Leserinnen und Leser war diese mehr als eine Zeitung, nämlich eine aktuelle Heilige Schrift, nicht gerade so weihevoll wie die Bibel, aber fast. Und damals erschien sie ja auch noch dreimal pro Tag. Der Philosoph Friedrich Hegel hat die Zeitungslektüre als »Morgengebet des Bürgers« bezeichnet. Bei uns wurde – wie in anderen NZZ-gläubigen Familien – täglich dreimal gebetet.[50]

Eine starke Marke

Die Zeitung genoss auch im Ausland, besonders im übrigen deutschsprachigen Raum, hohes Ansehen. Als die NZZ 1980 ihren 200. Geburtstag zelebrierte, trafen Glückwünsche aus diversen Himmelsrichtungen ein: Henry A. Kissinger, der US-Aussenminister gratulierte mit den Worten: »one of the world's great newspapers«. Österreichs Kanzler Bruno Kreisky teilte ihr mit, sie sei für ihn »seit vielen Jahrzehnten eine unentbehrliche Lektüre«. Der deutsche Wirtschaftsminister Otto Graf Lambsdorff nannte sie »unverzichtbar«, und der Historiker Golo Mann schwärmte: »NZZ – ich liebe Dich«. Ob die Absender wussten, dass »ihre« NZZ nicht von gelernten Journalisten gemacht wurde? Bis in die frühen 1990er Jahre hatten wahrscheinlich keine der Redaktoren und auch keine der wenigen Redaktorinnen je eine Journalismusschule besucht oder Journalismus studiert. Als Stefan Betschon, der Redaktor für Technologie, 1998 bei Chefredaktor Bütler zu einem Anstellungsgespräch antrat, warnte ihn ein befreundeter Kollege aus der Redaktion: »Sag bloss nicht, dass Du die Ringier-Journalistenschule absolviert hast, sonst fällst Du gleich durch.« Ringier war Boulevard und Boulevard war verpönt im Hause NZZ.

Die meisten Mitarbeiter gelangten journalistisch unbedarft zur Zeitung. Als Historiker, Germanisten, Slawisten, Ökonomen, Lehrer oder Juristen war ihnen eine gute Schreibe nicht in den Schoss gelegt. Sie mussten das Schreiben à la NZZ von der Pike auf erlernen. Dazu wurden sie im Biotop der Falkenstrasse geschult. Nicht mit Drill, sondern vor allem durch »Learning by doing«. Man erhielt viel Zeit, um über das Lesen der NZZ und anderer Presseprodukte sprachlichen Schliff zu erwerben. Die tägliche Blattkritik, die in jedem Ressort todernst und pingelig verlief, war Teil dieser Schulung. Dort konnte man aus eigenen Fehlern und denjenigen anderer lernen. Daneben fand alle paar Wochen ein Sprachkolloquium statt, bei dem der Chefkorrektor zusammen mit dem

Feuilleton-Chef die gröbsten sprachlichen Entgleisungen der vorangegangenen Zeit Revue passieren liess. »Schleifen an der Sprache ist Schleifen am Gedanken«, lautete ein zutreffender NZZ-Werbeslogan. Selbst die brillantesten Autoren im Hause – oder vielleicht gerade sie – rangen oft um die prägnanteste Wortwahl. Viel Zeit wurde auch für Überschriften verwendet, denn Verbaltitel waren, weil boulevardesk, verboten. Deshalb tauchten oft verkorkste Überschriften auf, denen ein Tätigkeitswort gut getan hätte: »Frau Thatchers Scheuen vor der Währungshürde« oder »Winken Saddams mit dem Ölzweig« mögen hier als Beispiele genügen. Auch durfte man nie schreiben, »Wie die NZZ aus gut informierter Quelle weiss«. Denn was in der NZZ steht, stammt selbstredend aus gut informierten Quellen! Daher war und ist höchste Faktentreue gefordert.

Trotzdem gelang es dem Fehlerteufel immer wieder, auch bei der NZZ zuzuschlagen. Abhörfehler waren zur Zeit der telefonischen Übermittlung fast alltäglich. So wurde Prinz Charles einmal in der NZZ zum Feind der »Babtisten« anstatt der »Papisten«, aus dem »Berner Bärengraben« wurde ein »Berner Ehrengraben« und die »Thrazier« in Mazedonien wurden zu »Drahtziehern«. Aus Staatsoberhäuptern wurden Regierungschefs und Millionen mit Milliarden oder umgekehrt verwechselt. Der hinterlistige Fehler-Kobold schreckte selbst vor der Bebilderung nicht zurück. Bei einem Artikel zum Verkauf der Schweizer Generalunternehmung Steiner an die schwedische Skanska waren anstelle von Peter Steiner und dessen schwedischem Counterpart Anders Karlsson plötzlich der russische Präsident Boris Jelzin und dessen Landsmann, Schauspieler Alexei Batalow abgebildet. Eine Knacknuss gaben auch asiatische Namen ab, weil bei diesen der Familienname häufig (aber eben nicht immer) vor dem Vornamen steht. Somit war es ein Fehler, den chinesischen Staats-und Regierungschef Hu Jintao, wie in der Zeitung geschehen, als Präsident Jintao zu bezeichnen. Ein ähnlicher Lapsus war am 14. April 2010 sogar der renommierten Hongkonger Zeitung »South China Morning Post« passiert: In einer Bildlegende zum offiziellen Besuch von Hu Jintao in Washington verwechselte das Blatt dessen Namen mit demjenigen des inhaftierten prominenten chinesischen Bürgerrechtlers Hu Jia. Und das ausgerechnet im Reich der Mitte! Die Zeitung entschuldigte sich tags darauf auf der Titelseite. Der Fehler sei nicht aufgefallen, weil ein englischsprachiger Redaktor, des Chinesischen nicht mächtig, Korrektur gelesen habe.

Apropos Korrektorat: Im Hause NZZ spielt dies eine prominente Rolle. Der langjährige Chefkorrektor Walter Heuer (1950–1973) gelangte sogar zu grosser Berühmtheit im deutschsprachigen Raum. Sein 1960 erstmals veröffentliches Buch »Richtiges Deutsch« wurde zu einem Referenzwerk und zum Evergreen. 2017 erschien bereits die 32. Auflage: überarbeitet von Heuers Nachfolger Max Flückiger und dem Sprachwissenschafter Peter Gallmann. Wie anspruchsvoll die Arbeit des Korrektorats ist, erklärte Heuer den NZZ-Lesern in der Zeitung vom 6. April 1968:

> Von unserm Jammer mit dem Druckfehlerteufel könnten wir alle, die wir in der Zeitung arbeiten, ein Liedlein singen. Ist doch der böse Kobold längst aus den Setzersälen ausgebrochen und hat sein Revier nach allen Seiten erweitert. Er sitzt neben dem Autor am Schreibtisch und bläst ihm ein falsches Wort oder eine falsche Schreibweise ins Ohr. (…) So wird die Kollusion zur Kollision, ein Eklektiker zum Elektriker, die kosmische Strahlung zur kosmetischen Stahlung und ein Studentenhaus zum Stundenhaus. Moralische Hemmungen kennt der Druckfehlerteufel nicht. (…) Vom Korrektor wird erwartet, dass er die Fehler anderer gutmache; ihm selbst aber sollten keine unterlaufen. Wird da nicht vergessen, dass auch hier nur Menschen, mit allen Schwächen und Mangeln behaftete Menschen, am Werke sind?

Markenzeichen: Langeweile

Welches Mass an Konzentrationsfähigkeit und geistiger Beweglichkeit in diesem Beruf notwendig ist, zeigt die unglaublich breite Palette von Themen, welche das Korrektorat abzudecken hat: Vom Börsenbericht zur Shakespeare-Inszenierung, vom Revirement im Bundesrat zum Erdbeben in Sizilien, vom Freistilringen zur Atomphysik, oder vom Sinfoniekonzert zu Fortschritten bei der Krebstherapie. Was solch geistige Rösselsprünge zudem an Vertrautheit mit Namen, Daten und den verschiedensten Terminologien erfordern, kann nur ermessen, wer täglich in dieser Arbeit drinsteckt. Zuverlässige Zählungen in der Korrekturabteilung der NZZ ergaben, dass diese im Durchschnitt täglich gegen 2000 Fehler ausmerzt; darunter viele Dutzende, für welche der Korrektor gar nicht verantwortlich gemacht werden kann, weil es sich um sachliche Irrtümer und Versehen handelt, die dem Verfasser unterlaufen und der Redaktion entgangen sind.

Ein eben solcher Fehler ist auch mir einmal passiert. Und zwar anlässlich der Generalversammlung des Genfer Inspektionskonzern Société Génerale de Surveillance (SGS) im Mai 2000. Aus zwingenden Termingründen musste ich die GV abends vor Bekanntgabe des definitiven Abstimmungsresultates über die Neubesetzung des Verwaltungsrates verlassen. Auf Grund der Handvoten hatte ich aber den Eindruck erhalten, alle vorgeschlagenen Kandidaten seien gewählt worden. Dabei war mir entgangen, dass zwei gewichtige Aktionäre ihre Hand nicht erhoben und somit den Antrag bachab geschickt hatten. Also stand tags darauf mein fehlerhafter Artikel im Blatt, was mir hochnotpeinlich war und etliche Leserkritik einbrachte. Redaktion und der Chefredaktor zeigten sich dagegen verständnisvoll, wohl auch, weil dies mein erster – und Gottseidank auch letzter – gravierender Lapsus war.

NZZ-Redaktorinnen und Redaktoren waren selten Spürhunde. Vielmehr sahen sie sich als seriöse Informationsverwalter: Lieber einen Tag später, dafür aber ohne Fehler, lautete ihre Devise. Die einzelnen Ressorts, die sich durch Fachkompetenz und Kontinuität auszeichneten, waren so etwas wie Zeitungen innerhalb der Zeitung. Zwischen 1980 und 2005 kam es beispielsweise auf der Auslandredaktion (abgesehen von Todesfällen und Pensionierungen) zu keiner ausserordentlichen personellen Fluktuation. Wer sich während Jahren mit der gleichen Materie beschäftigt, wird zu einer Autorität. In Militärangelegenheiten war dies Inlandredaktor Erich Kägi, der nach seiner Pensionierung von Bruno Lezzi, seines Zeichens Oberst im Generalstab, abgelöst wurde. Ging es um Uhren, war Lucien Trueb, der Leiter von »Forschung und Technik«, einsame Spitze. Und in Sachen Eisenbahn konnten nur wenige im Lande dem Inland-Redaktor Hans Bosshard das Wasser reichen. Dieser hatte seine berufliche Laufbahn sogar bei den SBB begonnen. Auslandredaktor Ferdinand Hurni war bis 1987 der Fachmann für die unruhige Region Arabiens, des Mittleren Ostens und Persiens. Lateinamerika-Redaktor Christoph Mühlemann leistete sich ein besonderes Hobby: das Studium des sozialistischen Experimentes Kuba. Dazu hatte er sogar »Granma«, die Postille des Zentralkomitees der kommunistischen Partei in Havanna, abonniert. Wirtschaftsredaktor Heinz Bitterli galt als Papst des Detailhandels, und sein Kollege Jean-Pierre Blancpain war als Guru der Finanzwelt respektiert. Ihre Kommentare wurden wie Gold auf die Waagschale gelegt. Als Migros 2007 ankündigte, Denner schlucken zu wollen, herrschte unter den Presseleuten Konsternation. Bitterli wurde von Kollegen umzingelt und mit Fragen überschüttet. Einer wollte gar wissen: »Lässt Du das zu?« Als ob der NZZ-Redaktor in dieser Sache das letzte Wort habe. Denn jedermann wusste: Der Vatikan der Marktwirtschaft befand sich an der Falkenstrasse.

 Bis in die 1990er Jahre gab es in Sachen Wirtschaft auch kaum eine deutschsprachige Konkurrenz für die NZZ. In der

Firmenberichterstattung galten Sperrfristen, die es einem erlaubten, sich gründlich auf Pressekonferenzen vorzubereiten. Dank relativ grossen Personalressourcen konnten sich NZZ-Redaktoren Zeit nehmen, um Netzwerke in diverse Sparten zu unterhalten. Sie pflegten Kontakte zu Führungskräften in Form von Hintergrundgesprächen. Diese »Hol-Informationen«, im Gegensatz zu den »Bring-Informationen« in Form von Pressemitteilungen, dienten dazu, die Berichterstattung anzureichern, Ereignisse besser einzuordnen und kompetenter zu kommentieren. Bei aller Seriosität fanden sich selbst im trockenen Wirtschaftsteil – aber auch in anderen Ressorts – immer wieder Berichte und Kommentare, die grosses Lesevergnügen boten. Ihre Autoren verstanden es, spannend, bissig und informativ zu schreiben.

Ein solcher war auch Hansjörg Abt mit dem Kürzel *H.A.* Eine seiner Spezialitäten waren respektlose Formulierungen. So schrieb er in einem kritischen Beitrag zu Nestlé von einer »Känguru-Strategie: Grosse Sprünge mit leerem Sack.« Oder warf den Sanierern des Brown-Boveri-Industriekonzerns (BBC) – heute Teil von ABB – vor, ihre Arbeit habe nichts gebracht ausser »Vollbeschäftigung für Organigrammzeichner und Türschilderdesigner«. Nachdem Abt auch zu Sulzer eine wenig schmeichelhafte Duftnote gesetzt hatte, gelangte die dortige Unternehmensspitze mit der Forderung an den Chefredaktor, er möge die Berichterstattung über diese Firma einem anderen Redaktor übertragen. Doch Luchsinger verteidigte *H.A.* standhaft. Als dieser sich auch die Führung von Alusuisse vorknüpfte und beschuldigte, »häufig nur leeres Stroh zu dreschen«, drohte CEO Emanuel Meyer dem NZZ-Chef indirekt an, Alusuisse werde ihre Geschäftsberichte und Broschüren nicht mehr bei der NZZ drucken lassen, wenn Abt sich nicht zügle. Obschon Alusuisse der wichtigste Kunde der NZZ-Akzidenzdruckerei war, gab *F.L.* diesen Pressionen nicht nach und nahm den schmerzlichen Verlust des

Eine starke Marke

Druckauftrags in Kauf. Solche Fälle gab und gibt es immer wieder.

Höhepunkt von Hansjörg Abts journalistischer Laufbahn war seine Jagd auf W. K. R., den ersten »Raider« der Schweiz. Mehr als ein Jahrzehnt hängte Abt sich ihm an die Fersen und verfolgte mit Argusaugen dessen finanztechnische Winkelzüge. Den Anfang nahm die Affäre 1977 und zwar bei der noblen Schuhmarke Bally. An deren Generalversammlung vom 6. Juli gab es bloss ein Thema: ein am selben Tag in der NZZ erschienener Artikel von Abt mit dem Titel: »Bally wird systematisch ausgehöhlt«. Der Text schlug wie eine Bombe ein. Gewerkschafter verteilten Kopien an Aktionäre, und auch für die NZZ kam Abts Artikel einer Sensation gleich, erschien damit im Wirtschaftsteil erstmals ein dreispaltiger Titel und erst noch mit einem *Verb!*

Worum ging es? W. K. R. hatte heimlich und zu einem Spottpreis die Aktienmehrheit an der defizitären Traditionsfirma Bally erworben. Der 33-jährige Financier, der in London lebte, war in der Schweiz ebenso unbekannt wie seine Finanzquellen es waren. In einem Meisterstück des Wirtschaftsjournalismus deckte Abt auf, wie W. K. R. innert fünf Monaten Bally um über 40 Millionen Franken erleichtert hatte. Sein Vorgehen bestand im »asset stripping«, also darin, erstklassige Vermögenswerte von Bally gegen luftige Aktiven von Drittfirmen einzutauschen, welche W. K. R. verdeckt ebenfalls beherrschte. Zudem besass Bally Liegenschaften in der ganzen Welt, die in der Bilanz kaum erschienen. Auf diese hatte es W. K. R. ebenfalls abgesehen. Abt durchschaute das abgekartete Spiel:

> Ein gemeinsames Merkmal der skizzierten Finanzoperationen besteht darin, dass die aus der Bally-Gruppe herausgepressten Mittel ausnahmslos Gesellschaften zugeflossen sind, die sich direkt im Einflussbereich bzw. mehrheitlich sogar im Besitz von

W. K. R. befinden. Der Vizepräsident und Delegierte des Verwaltungsrates der C. F. Bally AG hat somit – bildlich gesprochen – das seiner Führung anvertraute Unternehmen kräftig in seine eigene Tasche gemolken.[51]

Wahrlich ein Blattschuss! Der »Raider« hatte sich seiner Sache so sicher gefühlt, dass er gar den Bally-Verwaltungsratspräsidenten Alfred Schäfer – seines Zeichens auch Präsident der Schweizerischen Bankgesellschaft – absetzte. Mit diesem Rauswurf schuf er sich aber einen einflussreichen Gegner, der die Machenschaften des jungen Financiers früh erkannte. Schäfer, sowie dessen Nachfolger Robert Holzach, spielten von nun an Abt vertrauliche Dokumente mit hieb- und stichfesten Informationen zu. Für sie war der NZZ-Mann ein Glücksfall. Dank einer Handelsmatur war Abt im Rechnungswesen sehr sattelfest. Zudem genoss er in der Unternehmenswelt viel Ansehen und Glaubwürdigkeit. An der Falkenstrasse schenkte man ihm ebenfalls volles Vertrauen und räumte ihm ausgiebig Zeit zum Dossierstudium ein. Mitunter liess Abt sich sogar tagelang nicht blicken, was von den Kollegen nicht immer goutiert wurde. *H. A.* galt vielmehr als Primadonna, weil er es nicht vertrug, wenn man auch nur einen Satz in seinem Artikel änderte oder wegliess. Er war auf der Redaktion gelitten. Seine grossen Leistungen erlaubten ihm aber soviel Narrenfreiheit, wie ihm wohl keine andere Zeitung zugestanden hätte.

Als Folge der öffentlichen Empörung stiess W. K. R. seine Bally-Beteiligung rasch wieder ab, und zwar an den Waffenkonzern Oerlikon Bührle. W. K. R. wäre nicht W. K. R. hätte er an dieser Transaktion nicht einen weiteren Gewinn in zweistelliger Millionenhöhe verdient. Damit baute er sein Imperium namens Omni Holding aus. Dieses expandierte im Galopp, vor allem dank üppig wachsender Schulden. Der Finanzjongleur ergatterte weitere Beteiligungen, darunter die Inspektionsgesellschaft Inspectorate. Diese brachte er erfolgreich an die Börse, wo man die »Affäre Bally« als Jugendsünde eines seither arrivierten Unternehmers abgehakt hatte. Im Herbst 1987 doppelte W. K. R. mit dem »going public« seiner Holding Omni nach, allerdings mit weniger Erfolg, weshalb Abt sich über W. K. R.s »eher begrenzte Omni-Potenz« ausliess. Im Februar 1991 stand dem Financier dann das Wasser am Hals. Mit einem weiteren Husarenstreich hoffte er, die Banken erneut zur Finanzierung seiner opaken Transaktionen zu bewegen. Beinahe wäre dieses Kalkül aufgegangen, doch *H. A.* machte ihm einen Strich durch die Rechnung. Der NZZ-Redaktor entlarvte den Handel zwischen W. K. R.s angeschlagenem Temporärstellen-Vermittler »Adia« und dessen unbekanntem Vehikel »Comco« als pures Scheingeschäft. Damit läutete er den Anfang vom Ende von W. K. R.s Imperiums ein. Das Finanzierungsgeschäft platzte, die Geldmaschine kam zum Stillstand und das Kartenhaus Omni brach unter einer vier Milliarden Franken hohen Schuldenlast zusammen. Noch im Dezember 1991 wurde W. K. R. zur Verhaftung ausgeschrieben. Bis dann hatte er sich aber abgesetzt, mit, wie es hiess, unbekanntem Aufenthaltsort. Laut Informationen der NZZ befand er sich auf den Bahamas, wo er im September 1992 gestellt und in Haft genommen wurde. Nach jahrelangem juristischen Gerangel lieferten die dortigen Behörden W. K. R. im Juni 1998 an die Schweiz aus, wo ihn das Wirtschaftsstrafgericht des Kanton Bern im Juli 1999 zu vier Jahren Zuchthaus verurteilte. Nach seiner Entlassung kehrte W. K. R. nach London zurück, um wieder dort zu leben und zu geschäften, von wo aus er seine Finanzakrobatik begonnen hatte.

Hansjörg Abt, sein in den Medien viel gefeierter Gegenspieler, verliess die NZZ 1993. Zwei Gründe dürften für diesen Schritt ausschlaggebend gewesen sein: Erstens wollte Abt sich in der NZZ die Banken-und Finanzwelt vorknüpfen, weil diese häufig hohen Einfluss auf die Industrie nimmt. Doch dieser Wunsch ging nicht in Erfüllung, da für die Finanzwirtschaft auf der Redaktion damals das Schwergewicht Jean-Pierre Blancpain verantwortlich zeichnete. Zweitens dürfte Abt den verlockenden Angeboten aus der Branche erlegen sein. Und so wechselte er zur »Bilanz«, einem Magazin, dessen Verlag sogar einmal im Besitz von W. K. R. gestanden hatte. Dort erhoffte man sich wohl, Abt werde im Akkord unternehmerische Fehltritte aufdecken, was ein Ding der Unmöglichkeit war. Solange Abt für die NZZ arbeitete, gingen zudem Türen auf, die ihm später als »Bilanz«-Redaktor verschlossen blieben. Ergo dauerte Abts Gastspiel bei der »Bilanz« kaum mehr als 24 Monate. Den von ihm bei der NZZ gepflegten Industriejournalismus beschrieb er 1980 wie folgt:

> Kritischer Industriejournalismus wie ihn die NZZ betreibt, ist keine ›chronique scandaleuse‹ der unternehmerischen Irrungen und Wirrungen. Er ist aber auch keine Gefälligkeitsschreibe. Die industriejournalistischen Ambitionen dieses Blattes gelten stets der Frage, was der Unternehmer tut, warum er es gerade so tut, und was für Ergebnisse sein Tun zeitig. (…) Zu wachen ist in erster Linie darüber, was mit der Freiheit geschieht, die in einer Marktwirtschaft liberaler Prägung dem Unternehmer für sein Entscheiden und Handeln belassen ist. Die grösste Gefahr kommt dabei aus einer Richtung, von der man sie a priori gar nicht vermuten würde: vom Unternehmer selbst. Die Unternehmer in ihrer Mehrheit sind nicht so mitteilsam, wie man es sich wünschen möchte. Oft liegt das Gewünschte auch im Unternehmen nicht wohl assortiert und abholbereit in der Portiersloge, sondern muss aus mehr oder weniger ›fündigen‹ Schichten‹ herausgepickt, von taubem Gestein befreit, geordnet und klassiert, sowie auf Echtheit geprüft werden.[52]

Die Zeitung verlor mit dem 2018 verstorbenen Abt nicht nur einen aussergewöhnlichen Wirtschaftsjournalisten und eine

Edelfeder, sondern auch einen Einzelkämpfer par excellence. Dieser konnte morgens einen zweispaltigen Text ankündigen, ohne Näheres zum Thema preiszugeben, und abends ein doppelt so langes Opus voller explosiver Enthüllungen abliefern. Dass er damit Blattplanung und Produktion durcheinanderbrachte, schien ihm egal gewesen zu sein. Allein, das konnte auf Dauer nicht gut gehen. Wer dermassen nicht ins System passte oder diesem sich nicht anzupassen vermochte, wurde früher oder später ausgestossen oder nahm von sich aus den Hut. So trennte sich die NZZ nicht nur von den Schlechtesten, sondern mitunter eben auch von den Besten.

Bald nach Abts Weggang kam es auf der Wirtschaftsredaktion zu einem Generationenwechsel: Gerhard Schwarz mit Kürzel *G. S.* wurde zum neuen Chef ernannt, als Nachfolger von Willy Zeller. Letzterer hatte sich als ehemaliger Brüsseler Korrespondent und danach auf der Redaktion jahrzehntelang mit Europa befasst und bereits in den 1950er Jahren festgestellt, dass innerhalb der NZZ in Bezug auf Europa keine einheitliche Sicht vorherrschte. Daran hat sich seither wenig geändert. Auch 2009 tat sich im Wirtschaftsressort eine weite Meinungspalette auf, die von »Euro-Turbos« bis zu »CH-Patrioten« reichte. Während Reinhold Gemperle, Ex-Brüssel-Korrespondent, eine mehrheitlich EU-freundliche Linie fuhr, war die EU für Redaktor Beat Gygi, ehemals Deutschland- und danach Frankreich-Korrespondent, ein rotes Tuch. Auch Schwarz stand ihr kritisch-ablehnend gegenüber. Dagegen hatte sich Chefredaktor Luchsinger noch für einen Beitritt der Schweiz zum EWR stark gemacht.

Der Posten des Leiters der Wirtschaftsredaktion war angesehen und begehrt. Es gab immer wieder Rivalitäten um dessen Besetzung. Deshalb wurde in den 1960er Jahren vereinbart, dass jeweils der Dienstälteste die Charge übertragen erhalte. Diese Regel verletzte man allerdings 1994. Mit Schwarz rückte nicht der am längsten Dienende, dafür aber ein Vertreter meiner Generation an die Spitze auf. Dieser modernisierte die Wirtschaftsseiten und führte Rubriken wie »Herausgegriffen«, »Wirtschaft im Gespräch« und »Reflexe« ein, die auch 15 Jahre später noch Bestand haben sollten. Zudem gewann *G. S.* über die Jahre stetig an Profil, so dass er, wie es Chefredaktor Spillmann einmal formulierte, der Pflock wurde, an dem sich viele reiben konnten. Seine wirtschaftlich liberalen und moralisch konservativen Leitartikel – auf der Redaktion als »ordoliberale Hirtenbriefe« bekannt – wurden zu einem vielbeachteten Markenzeichen. Seine Botschaft war häufig grundsätzlicher und theoretischer Natur. Für die praktischen Alltagsthemen zu Industrie, Finanzwelt, Konjunktur, Börse etc. waren ja die Fachkollegen und -kolleginnen zuständig, die ihre Dossiers recht selbständig verwalteten. Einzig bei wirklich grossen Ereignissen griff der Chef zur Feder. So etwa beim Thema Boni-Zahlungen. Dieses griff *G. S.* bereits im jungen neuen Jahrtausend auf und machte dazu folgenden interessanten Vorschlag:

> Wichtiger ist, dass eine praktikable Lösung gesucht wird, damit an Generalversammlungen nur noch die anwesenden und die durch eine ausdrückliche Spezialvollmacht vertretenen Aktionäre stimmen dürfen. Die heutige Handhabung des allgemeinen Depotstimmrechts der Banken gibt dem Verwaltungsrat zu viel Macht. Sie ist mit einer Volksabstimmung vergleichbar, bei der die Stimmen jener, die zu Hause bleiben, automatisch dem Vorschlag des Bundesrates zugeschlagen würden. Eine Stärkung des Aktionariats gegenüber dem Verwaltungsrat und damit dem Management ist umso nötiger, wenn an der ungenügenden Gewaltenteilung zwischen operativer und strategischer Ebene festgehalten wird. Es ist doch bemerkenswert, dass in der Liste der wegen Gier unter Beschuss geratenen Manager jene mit der Doppelfunktion Verwaltungsratspräsident und CEO

überproportional vertreten sind. Auch die zwei in der letzten Zeit am meisten wegen schlechter ›Performance‹ kritisierten Manager, Rolf Hüppi und Lukas Mühlemann, fallen in diese Kategorie.[53]

Allein, seine Anregung fiel auf wenig fruchtbaren Boden. Als er Jahre später die exzessiv wirkende Lohn- und Bonipolitik der Grossbanken ins Visier nahm, traf umgehend eine beschönigende Replik von Peter Wuffli ein, dem damaligen CEO der UBS, welcher viele Jahre zuvor als Volontär bei der NZZ tätig gewesen war. Schwarz liess dessen Stellungnahme prominent und in ganzer Länge im laufenden Text – und nicht etwa in gekürzter Form auf der Leserbriefseite – erscheinen. Wuffli sollte sich, so Schwarz, mit seinem Schreiben selber diskreditieren. Offensichtlich tat sich die NZZ damals mit der Berichterstattung über die Banken im Allgemeinen und deren Spitzenpersonal im Besonderen schwer. Beat Brenner, der das Dossier von Jean-Pierre Blancpain übernommen und vor dem Ökonomiestudium eine Banklehre absolviert hatte, schrieb anfänglich mehr für die Banken als über sie. Das zumindest war mein Eindruck.

Ganz anders der »Blick«: Dieser gab sich 2007 empört über das damals 24 Millionen Franken hohe Jahressalär von UBS-Boss Marcel Ospel. Die Boulevardzeitung präsentierte auf ihrer Frontpage kurzerhand eine neue »Abzocker«-Währung, den »Ospel«: 1 »Ospel« = 24 Millionen = 60 Bundesräte = 307 Baggerfahrer = 857 Putzfrauen«. Eine solche Entlöhnung sei »jenseits von Gut und Böse« schrieb das Blatt und heizte damit die Diskussionen an den Stammtischen an. Der NZZ-Wirtschaftschef dagegen agierte mit vornehmer Zurückhaltung. Sein Kommentar »Von ›klebrigen‹ Boni und ›klebrigen‹ Managern« vom Februar 2008 war das Angriffigste, was Schwarz zum Thema UBS und Ospel verfasste:

Markenzeichen: Langeweile

Wirtschaftliches Scheitern, das nicht grobfahrlässig oder vorsätzlich erfolgt, darf nicht strafbar sein, weder juristisch noch moralisch. Doch ist es systemwidrig, wenn solch Scheitern keinerlei marktwirtschaftskonforme Sanktionen nach sich zieht. Im Gefolge der Turbulenzen an den Finanzmärkten entstand der Eindruck, hier herrsche Sanktionsfreiheit, ausgerechnet für jene, die für Erfolge jeweils fürstlich belohnt werden: entlassene Manager in den USA, deren Abgang vergoldet wird; UBS-Chef Marcel Ospel, dem die Wirren ›seiner‹ Bank zwar nahegehen, der aber im Amt verharrt; und Bankangestellte, deren Boni kaum gekürzt werden sollen, trotz Milliardenabschreibungen ihrer Institute. (...) Es gibt gute Gründe, dass Manager, die Fehler begangen haben, an der Spitze eines Unternehmens bleiben. Der Wille, Teil der Lösung zu sein, ist nicht der schlechteste. Dazukommen (...) die trotz den Irrtümern unbestreitbaren Fähigkeiten eines Mannes wie Marcel Ospel. Er bringt Kompetenz, Führungsqualitäten, Machtinstinkt, Beziehungsnetze und Geschäftssinn mit, die der UBS und ihren Aktionären schon viel genützt haben. Doch irgendwann wiegen diese Gründe nicht mehr schwer genug, die Balance kippt. Das ist der Fall, wenn die Fehlentscheide zu gravierende Folgen haben oder wenn die Reputation zu angeschlagen ist. Im Falle Ospels trifft beides zu. Wer in einer solchen Situation an seinem Amt festhält, wird zum Sesselkleber.[54]

Einzelne Redaktorinnen und Redaktoren der NZZ-Wirtschaftsredaktion hätten sich eine härtere Gangart vis-à-vis den Banken gewünscht, wie ich damals in Gesprächen heraushörte. Da und dort herrschte sogar die Ansicht vor, man hätte die UBS verstaatlichen und deren Management und Verwaltungsrat in die Wüste schicken sollen. Nach einer Sanierung mit einer frischen Crew hätte man die Bank wieder in private Hände geben können. Liberalismus bedeute nicht, Firmen müssten ewig Bestand haben. Liberalimus heisse, auf das freie Spiel der Marktkräfte zu setzen.

Eine starke Marke

Während seinen fast zwei Jahrzehnten an der Spitze der Wirtschaftsredaktion baute sich G. S. ein beeindruckendes Netzwerk auf, welches zahlreiche Spitzen von Wirtschaft und Politik umfasste. Mit vielen von ihnen war er zudem per Du. Damit pflegte Schwarz eine Nähe, die ihm sicherlich wichtige Einblicke ermöglichte, gleichzeitig aber auch seine kritische Distanz etwas eingeschränkt haben könnte. Das zumindest war meine Wahrnehmung. G. S. konnte mit diesem Widerspruch leben. Er fühlte sich wohl in seiner Führungsposition und pflegte mit Ironie festzustellen, dass es ihm eigentlich egal sei, wer unter ihm Chefredaktor sei. Trotzdem war auch er 2007 ein Kandidat für die Nachfolge von Hugo Bütler. Da der Verwaltungsrat aber einen jungen Leiter wollte, war Schwarz' Ambitionen ebenso wenig Erfolg beschieden wie denjenigen von Feuilletonchef Martin Meyer und Felix E. Müller, dem Chef der »NZZ am Sonntag«. Als Schwarz 2010 die NZZ in Richtung »Avenir Suisse« verliess, war seine treue Anhängerschaft sehr traurig. Zugleich ging ein Raunen durch die Medienwelt. Der »Tages-Anzeiger« etwa verabschiedete ihn salbungsvoll als einen »Ökonomen, der ein wenig Papst war«. Sein Erfolgsgeheimnis sei ein Mix aus trockener Botschaft und archaischer Sprachwucht gewesen. Schwarz' Art von Journalismus – wenig Recherche, viel Reflexion –, sei aber in der globalen Finanzkrise von 2007 endgültig an ihre Grenze gestossen bzw. von der Zeit überholt worden.

Ein »Papst« von ganz anderem Format war Inlandredaktor Max Frenkel. Für den studierten Juristen war klar: Eine liberale Zeitung hat zu sagen, was gesagt sein müsse. Als überzeugter Republikaner reagierte *fre.* allergisch auf jeden Anflug von Grössenwahn, Zeremoniell oder royalem Gehabe in der »classe politique«. Unter berühmt gebliebenen Titeln wie »Nachrichten vom Hofe des Grosskhans« – eine Analyse des Aussendepartements unter CVP-Bundesrat Flavio Cotti – prangerte er falsche Ambitionen und Eitelkeiten, aber auch

Duckmäusertum an. Zur Inlandredaktion war Frenkel dank Hugo Bütler gekommen, den er an einem Kongress in Namibia kennengelernt hatte. Kurz zuvor hatte er seine Stelle bei der CH-Stiftung für eidgenössische Zusammenarbeit gekündigt und war auf Jobsuche. »Melden Sie sich doch bei uns«, legte ihm Bütler im südlichen Afrika nahe. Und das tat Frenkel und stiess, fast 50-jährig, als Quereinsteiger zur NZZ. Er arbeitete sich so rasch ein, dass diese ihn bald zu ihrem politischen Welschland-Korrespondenten machte.

Viel Bekanntheit erreichte *fre.* mit seiner wöchentlichen Philatelie-Seite. Frenkel nutzte die unverdächtige Briefmarkenecke für einen Cocktail aus Politik und Philatelie. Zielscheibe war fast immer ein hohes Tier. Oft entwarf er auch gleich die dazu passenden Fantasie-Briefmarken: witzige und angriffige Motive sowie ab und zu eine Giftpraline. Er spielte auf den Mann und zielte nicht nur auf linke Politiker, sondern auch auf bürgerliche. So machte er Bundesrat Couchepin wegen dessen mitunter majestätisch wirkendem Gehabe zu Chinas »Grösstem Steuermann«, zum unvergesslichen »Cou Che Pin«. Frenkel liess die Leser aber auch an seinem profunden philatelistischen Sachwissen teilhaben. Deshalb zeichnete ihn die Post 2003 mit einer Sondermarke aus. Diese, so stellte die NZZ stolz fest, habe Zähne und Ecken, wie sich das für das kantige Markenzeichen *fre.* gebühre. Als dieser 2003 in Pension ging, gab die NZZ die Philatelieseite auf. Es fand sich niemand mit dem nötigen Fachwissen, mit einem vergleichbaren Biss, Mutterwitz und politischem Durchblick. Frenkels Fans waren betrübt, als sie vom Ende der Philatelieseite erfuhren, wie ein damaliger Leserbrief aus Ascona zeigt:

> Mit der Aufgabe der Philatelie verliert die NZZ eine treue Leserschaft. Die spassgemilderte Melancholie der Kommentare zur Lage der Nation gehörte zur Freitagabendandacht einer grossen Familie.[55]

2.4 Korrespondenten als heilige Kühe

> *Hätte der Schah von Persien Arnold Hottingers Iran-Berichte in der NZZ gelesen, wäre er seiner Herrschaft nicht so leicht verlustig gegangen.*[56]
>
> Eine NZZ-Abonnentin aus Deutschland

»Welt, wie ist es Dir über Nacht ergangen?« So lautete eine Werbung für die »Neue Zürcher Zeitung«. Sie implizierte, dass man an der Falkenstrasse das Weltgeschehen rund um die Uhr analysierte und das Resultat dieser Recherchen den Lesern und Leserinnen zum Frühstück servierte. Dabei handelte es sich um deftige Kost: Allein die tägliche Auslandberichterstattung konnte fünf Seiten umfassen und bis zu sieben am Samstag. Dazu kamen die Artikel der Korrespondenten der Wirtschafts- und der Inlandredaktion. Weltbeobachten und darüber schreiben war in erster Linie Sache der Aussenposten. Mit gut 40 vollzeitlichen Mitarbeitern und Mitarbeiterinnen über den Globus verteilt stand die NZZ im deutschsprachigen Raum lange Zeit einzigartig da. In den wichtigsten europäischen Kapitalen sowie in den USA und in Japan waren sogar jeweils zwei Korrespondenten am Werk: einer für Politik und einer für Wirtschaft. In Wien unterhielt das Blatt zeitweise fünf Mitarbeiter: für Österreich, Osteuropa und für Kultur. Die kleine NZZ leistete sich damit doppelt so viele eigene Korrespondenten wie die grosse »Washington Post«. Dank einem blühenden Anzeigengeschäft liess sich dieser Stab finanzieren und im Blatt gab es Platz für den Output all dieser Autoren.

Der, geschichtlich betrachtet, wichtigste Aussenposten ist Paris. Auf der NZZ brüstet man sich, die Zeitung habe schon zur Zeit der Französischen Revolution von 1789 einen eigenen Berichterstatter in der Seine-Stadt gehabt. Tatsächlich wurde dieses Amt aber erst 1797 besetzt: mit einem freischaffenden deutschen Schriftsteller, der sich mit Zeitungsartikeln ein Zubrot verdiente. Zuvor hatte sich Zürich auf die Berichte anderer europäischer Postillen abgestützt. Mit der Ankunft der Telegraphie im 19. Jahrhundert hielten »Drahtberichte« Einzug. Drei Jahrzehnte lang publizierte die NZZ Artikel aus Frankreich mit dem Kürzel E. H. Wer wissen wollte, wer hinter diesen Initialen stand, dem sagte man: Emil Hüni. Die wahre Identität erfuhren die Leser erst 1910:

> Wer ist eigentlich der E. H.?, so fragten oft genug seit dreissig Jahren die eifrigen Leser dieses Blattes. Wenn dann die Eingeweihten antworteten, es sei ein altes, 1839 in Horgen geborenes Fräulein, das sich Emilie Hüni nenne, so ernteten sie zunächst ungläubiges Lächeln, denn niemand wollte glauben, dass ein so sicheres Urteil, eine so feine Beobachtung und namentlich eine solche Ausdauer in der politischen Korrespondenz beim weiblichen Geschlechte möglich sei.[57]

1926 gab Hans W. Egli als 27jähriger in London sein Debüt für die Wirtschaftsredaktion. Er berichtete bis zu seinem 75. Geburtstag und war von 1940 bis 1951 sogar alleiniger NZZ-Korrespondent in Grossbritannien. In dieser Zeit verfasste er einen denkwürdigen Artikel zur Bombardierung von Coventry durch die deutsche Luftwaffe im Zweiten Weltkrieg. Um sich ein Bild zu machen, war Egli eigens nach Coventry gefahren, wo er feststellte: Nicht die anvisierten industriellen und militärischen Anlagen, sondern vor allem Zivilisten waren Opfer dieses grauenvollen Angriffs. Sein Bericht, der auch in Berlin gelesen wurde, soll beim Führer einen Wutausbruch provoziert haben. Hitler habe seinem Botschafter in der Schweiz aufgetragen, für die Entfernung Eglis vom Londoner Posten zu sorgen – allerdings ohne Erfolg. Als Egli 1999 seinen 100. Geburtstag feierte, erhielt er gar Glückwünsche von Königin Elisabeth!

Eine starke Marke

Der Aufbau eines weltumspannenden Korrespondentennetzes war ein Langzeitprojekt. 1958 nahm Roger Bernheim als erster NZZ-Gesandter mit Sitz in Neu Delhi die Berichterstattung vom Subkontinent auf. Es waren harte, aber schöne Zeiten, wie er rückblickend schilderte:

> Als ich vor dem Abflug nach Indien mit gepacktem Koffer auf die Redaktion ging, um mich zu verabschieden, wurde der Koffer gewogen und ich musste ihn auf die 20 Kilo Freigepäck reduzieren, welche die Airline uns zugestand. Nachdem ich mit meiner Frau ein Jahr lang bei einer indischen Familie in einem einzigen Zimmer gewohnt hatte (Wohnzimmer, Schlafzimmer, Büro und Atelier meiner malenden Gattin in einem) und wir für weitere zwei Jahre so unterkommen mussten, ersuchte ich die Redaktion, mir einen Airconditioner zu finanzieren. Prompt kam die aus einem einzigen Satz bestehende Antwort: »Wenn Sie Luxus wollen, müssen Sie sich eine andere Zeitung suchen.« Unterzeichnet hatte nicht mein eigentlicher Chef Eric Streiff, der das brutal heisse Sommerklima Indiens kannte, sondern Albert Müller, der Leiter der Auslandredaktion, der keinerlei Ahnung davon hatte. Es war hart, aber man war verliebt, und es war schön.[58]

Bei anderer Gelegenheit erinnerte sich Bernheim wie folgt an seine Anfangszeit im Indien der späten 1950er Jahre:

> I knew nothing about India. I had asked Eric Streiff which books he would recommend that I read in preparation for my post: »None«, he replied, »go there without any preconceived notions, open yourself up to the impressions and form your own thoughts and opinions.« Hence I went and was overwhelmed (…) by bewildering India![59]

Korrespondenten als heilige Kühe

Etwa zur selben Zeit hatte der 2019 verstorbene Orientalist Arnold Hottinger bei der NZZ ein Volontariat auf deren Auslandredaktion begonnen. Dieses verlief glücklos, weil Hottinger zum Redigieren wenig taugte. Er brach deshalb sein Praktikum ab und ging 1958 als freier Journalist nach Beirut: mit einem Fixum von je 500 Franken von NZZ und Radio. Er schickte seine Beiträge per Luftpost. Nur bei Revolutionen oder Regierungsbildungen durfte er das Telegramm benutzen. Artikel konnten bis zu heute unvorstellbaren 15 000 Zeichen umfassen. Hottinger schrieb unter dem Kürzel *A. H.* und gewann mit seinen Berichten in der NZZ hohes Ansehen in der Fachwelt. Übers Radio gelangte er zudem zu grosser Popularität. 1960 wurde er exklusiver NZZ-Korrespondent. Dank seiner Arabisch-, Türkisch- und Persisch-Kenntnisse bewegte er sich im Mittleren und Nahen Osten wie ein Fisch im Wasser. Als 1967 der Sechs-Tage-Krieg ausbrach und mit einer raschen Niederlage der arabischen Angreifer endete, meinte der damalige Auslandredaktor Streiff, der mit einer Jüdin verheiratet war: »So, nun haben die Araber eins aufs Dach bekommen, jetzt kommt es zum Frieden. Dann müssen wir nicht mehr soviel über den Nahen Osten schreiben!« Hottinger aber entgegnete: »Jetzt geht's erst los mit den Konflikten«.

1968 wechselte Hottinger nach Madrid, von wo er neben der Iberischen Halbinsel auch den Nahen Osten mitverfolgte. Nach der Nelkenrevolution von 1974 in Portugal und Francos Tod in Spanien im Folgejahr brach dort eine neue Zeit an. Die NZZ trennte deshalb Iberien vom arabischen Raum ab. Und Hottinger übersiedelte nach Zypern, wo er bis zu seiner Pensionierung im Jahr 1991 blieb. Abweichende Einschätzungen zwischen ihm und der Redaktion gab es bloss bezüglich Israel. Einmal war Hottinger dorthin gereist und hatte auch Cisjordanien besucht. Anschliessend schilderte er, wie es auf der arabischen Seite zu und her ging und beschrieb einen Menschenmarkt, auf dem die kräftigsten Männer für spärlichen Lohn zum Arbeiten nach Israel geholt wurden. Damit war für ihn klar: Israel war nicht das erhoffte Heilige Land. Jüdische Gemeinden in Zürich und Basel sahen das aber anders. Sie lösten eine Leserbrief-Kampagne gegen A. H. aus, die dazu führte, dass die NZZ schliesslich nicht alle Hottinger-Artikel zu Israel publizierte. Das habe ihn zwar gewurmt, erklärte er später, doch er habe es hingenommen.

Dennoch wurde A. H. wie wohl kein zweiter NZZ-Korrespondent zu einer weit über die Schweiz hinaus anerkannten Autorität. Die Universitäten Bern und Basel verliehen ihm sogar einen Ehrendoktortitel. Als Reinhold Gemperle, EU-Korrespondent, einmal in Belgien in den 1980er Jahren auf einen Mitarbeiter des deutschen Nachrichtendienstes BND stiess, erklärte ihm dieser unverblümt: Weil er Hottinger lese, könne er sich die Berichte seiner Geheimdienstkollegen sparen. Ähnliches soll auch Bundeskanzler Helmut Schmidt einmal gesagt haben.

Apropos Geheimdienst: In den 1950er Jahren fanden sogar Beiträge des berühmt-berüchtigten britischen Doppelagenten Kim Philby Eingang in die NZZ. Dieser liess sich 1956 im Libanon nieder, nachdem er zuvor in London von der Anklage, auch im Dienste der Sowjets zu stehen, freigesprochen worden war. Philby schrieb in Beirut unter dem Deckmantel eines Korrespondenten für »The Observer« und »The Economist« nicht nur Artikel zum Mittleren Osten, sondern war auch wieder regelmässig für den britischen Auslandgeheimdienst MI6 tätig.

Weil er für eine sehr komplexe und weitläufige Region verantwortlich war, arbeitete Hottinger mit einem freien Westschweizer Journalisten namens Charles Ravussin zusammen. Dieser lebte seit Jahren in Algier und schrieb seine Texte auf Französisch. Seine Berichte übersetzte der für den Nahen Osten zuständige NZZ-Redaktor Ferdinand Hurni ins Deutsche. Ravussin verfügte über erstklassige Kontakte in den Maghreb-Staaten. Sein Handicap war aber der Alkohol. Nach seiner Pensionierung suchte er bei der NZZ um Hilfe an, da er kein Anrecht auf eine Schweizer Rente hatte. Laut Hottinger soll Ravussin selbstironisch gesagt haben: Je grösser die finanzielle Unterstützung sei, desto mehr Alkohol könne er sich leisten und desto schneller sei er tot und falle der NZZ nicht länger zur Last. Ravussin war beiweitem kein Einzelfall. Die Gefahr beim Alkohol Zuflucht zu nehmen, war in Journalistenkreisen reell. Noch in den 1970er und 1980er Jahren machten auch in schweizerischen Redaktionsstuben tagsüber Bier- und Weinflaschen die Runde. Beim NZZ-Redaktionsempfang befand sich bis zum Umbau im Jahre 1977 ebenfalls ein Kühlschrank mit Weisswein für den mitunter bereits morgendlichen Konsum. Ein inniges Verhältnis zum Alkohol konnten auch Korrespondenten entwickeln, besonders solche in Übersee. Der Job war ein einsamer, und ausserhalb des deutschsprachigen Raums – mit Ausnahme vielleicht von Washington zur Aktivzeit von Staatssekretär Henry A. Kissinger – nützten einem die drei Buchstaben NZZ herzlich wenig. Das wusste auch Arnold Hottinger. Anlässlich einer Feier zu seiner Pensionierung erklärte er, für ihn habe die Welt beruflich aus mehreren zentrischen Kreisen bestanden. Der äusserste stellte den Globus dar, der nächste den Nahen Osten. Der übernächste, bereits ein kleiner, war die Schweiz und in ihr befand sich ein winziger Punkt: die NZZ. Damit wollte *A. H.* wohl sagen: »Leute in Zürich nehmt Euch nicht so verdammt wichtig. In Kairo, Tripolis oder Damaskus weiss kaum jemand, was die NZZ ist!« Auch im Paris der 1990er Jahre war weder mit »Neue Zürcher Zeitung« noch mit »Nouvelle Gazette de Zurich«, wie deren französischsprachige Übersetzung lautete, viel Staat zu machen. Wenn dort eine nichtfrankophone Zeitung gelesen wurde, dann war dies die »Financial Times«, oder seltener, die

»New York Times«. Ausgewählte deutschsprechende Zirkel kannten die »Frankfurter Allgemeine Zeitung« oder »Die Zeit«, nicht aber die NZZ. Bereits 1951 hatte Zürich die »Swiss Review of World Affairs« ins Leben gerufen, ein monatliches Magazin, mit dem man der NZZ eine Stimme im anglophonen Raum – besonders aber in den USA – geben wollte. Die »Swiss Review« lieferte eine Auswahl von Reportagen, Analysen und Hintergrundberichten aus der NZZ auf Englisch. Es war eine Visitenkarte, die über vier Jahrzehnte gute Dienste leistete, ehe sie 1997 aus ökonomischen Gründen vom »English window« auf »NZZ Online.ch« abgelöst wurde. Ziel der NZZ-Auslandberichterstattung war es, möglichst umfassend und kontinuierlich über das Weltgeschehen zu berichten und so Geschäftsleuten, Politikern und Bildungsbürgern zu dienen. Als nach 1989 die Regime Ostmitteleuropas zerfielen und die UdSSR auseinanderbrach, scheute die NZZ keinen Aufwand, mit zusätzlichen Aussenposten die Korrespondenz aus diesen Gebieten zu erweitern. Gemäss dem damaligen Moskauer NZZ-Korrespondenten Andreas Oplatka rechtfertigte man diese Expansion mit ökonomischen Argumenten: Ost-und Mitteleuropa würden zu einem neuen Investitionsraum für westliche Firmen werden, und in der Schweiz sei einzig die NZZ mit ihrem Korrespondentennetz in der Lage, regelmässig über das Geschehen in den sich neu bildenden Staaten zu berichten.

Doch wie wurde man überhaupt Korrespondent oder Korrespondentin? Auf diese Frage gibt es keine alleinseligmachende Antwort. Manchmal lohnte es sich, in Zürich auszuharren, bis ein Posten frei wurde. Wechsel gab es immer wieder, sei es in Folge von Tod, Krankheit oder Kündigungen. So trat 1980 der Londoner Wirtschaftskorrespondent zum »Tages-Anzeiger« über und derjenige in Bonn zeitgleich zum Innerschweizer

»Vaterland«. Beide mussten von Zürich aus ersetzt werden. Manchmal wurde auch eine neue Stelle irgendwo in der Welt kreiert. Und in Ausnahmefällen erhielt man den Posten direkt vom Chefredaktor zugesprochen, wie etwa Urs Schöttli, der anderthalb Jahre vor dem 1997 erfolgten Rückzug der Briten aus Hongkong als Sonderkorrespondent in die Kronkolonie entsandt wurde. Einige Jahre zuvor war Schöttli bereits NZZ-Südasien-Korrespondent mit Sitz in Delhi gewesen.

Für die meisten Jungredaktoren spielte es keine grosse Rolle, wo in der Welt sie ihre Sporen abverdienen würden. Hauptsache, es gelang ihnen der Einstieg ins Korrespondentennetz. Dort kam es alle paar Jahre zu Rochaden: So konnte man von Washington nach Tokio, von Rom nach Moskau, von Berlin nach Peking oder von London nach Madrid versetzt werden; unendlich viele weitere Varianten taten sich auf. Meistens, aber nicht immer, konnten die Betroffenen mitentscheiden. Verfügbarkeit, persönliche Neigung und Glück spielten eine grosse Rolle. So auch bei der Mammutrunde der Wirtschaft vom Frühjahr 1999. Diese betraf sage und schreibe zehn Aussenstellen und führte laut dem Ressortleiter zu viel »schöpferischer Unruhe«. Am Ende bedankte Schwarz sich ganz besonders bei denjenigen Kolleginnen und Kollegen, die willig Hand zu Verschiebungen boten, mit denen sie bis dahin überhaupt nicht gerechnet hatten.

Natürlich gibt es Posten, die weniger beliebt und entsprechend schwierig zu besetzen sind. Dazu zählt beispielsweise Moskau. Das war auch dem früheren Auslandchef Eric Mettler bewusst, wie Reinhard Meier feststellen konnte. Letzterer arbeitete als junger Journalist in den frühen 1970er Jahren beim deutschsprachigen »Argentinischen Tagblatt« in Buenos Aires. Dort vertrat er regelmässig und gekonnt den NZZ-Südamerika-Korrespondenten Dieter Kroner. Deshalb stellte Mettler dem jungen Mann in Aussicht, vielleicht eines Tages den Wiener

Eine starke Marke

NZZ-Posten übernehmen zu können. Kaum war Meier 1973 zurück in Zürich, bat ihn Mettler auf die Redaktion. Zu dessen Überraschung erschien dieser in Begleitung seiner hochschwangeren Frau Kathrin. Der sichtlich verdutzte Auslandchef bat diese nun, sie möge ihn für einen Moment mit ihrem Mann allein lassen. Kaum war die Tür seines Büros geschlossen, informierte Mettler den Vater in spe, dass der NZZ-Korrespondent in Moskau völlig unerwartet gestorben sei und er, Meier, nun dessen Nachfolge antreten solle. Er habe seine schwangere Gemahlin nicht mit dieser Nachricht schockieren wollen. Schliesslich war das sozialistische und graue Moskau der 1970er Jahre kein leichtes Pflaster für eine junge Familie. Meier war dennoch Feuer und Flamme. Er bestand darauf, dass seine Frau am Gespräch teilnehme. Weil Mettler aus Erfahrung wusste, dass ohne deren Zustimmung sein Plan nie und nimmer aufgehen würde, bot er der werdenden Mutter im Laufe des Gespräches an, sie möge sich doch für die kalten Wintertage in Moskau einen passenden Pelzmantel beschaffen – natürlich auf Kosten der NZZ. Allein, das Lockvogelangebot erwies sich als überflüssig. Die abenteuerlustige Kathrin Meier spürte die Begeisterung ihres Mannes und willigte ziemlich rasch ein. Auch ihr war klar, dass die Herausforderung Moskau um einiges grösser war als diejenige Wiens. Und so stand schon bald fest: Meiers gehen nach Moskau. Ähnlich überrumpelt war zuvor auch Andreas Oplatka geworden, der in den späten 1960er Jahren ein dreimonatiges Volontariat absolvierte:

> Bereits nach zwei Monaten rief mich Mettler in sein Büro. An einem Tag, an dem ich zuvor Abenddienst hatte. Ich dachte, mein Chef wolle mich rügen, weil ich den Namen des pakistanischen Aussenministers falsch geschrieben oder eine ihm wichtig erschienene Kurzmeldung nicht ins Blatt gestellt hatte. Doch nichts dergleichen: Mettler bot mir vielmehr den Korresponden-

tenposten Skandinavien mit Sitz in Stockholm an. Ich war überrascht und gab zu verstehen, dass ich noch nie in Skandinavien gewesen sei. Worauf er meinte: »Das macht gar nichts, wir sind froh über Leute, die ein Land oder eine Region mit frischen Augen sehen.« Ich könne auch kein Wort Schwedisch, setzte ich meine Zweifel fort. Worauf er antwortete: »Das werden Sie lernen.« Dann fügte er an, dass es eben im Moment keine andere Möglichkeit gebe, ins Korrespondentennetz einzusteigen.[60]

Und so kam es, dass das Schicksal die Familie Oplatka 1969 nach Stockholm führte.

Mir waren Fortuna, beziehungsweise Eric Mettler ebenfalls hold: Bereits nach einem Jahr auf der Auslandredaktion erhielt ich eine unerhörte Chance. Im Sommer 1979 schickte Mettler mich (mit meiner Frau Sandra und unseren beiden kleinen Kindern) für zwei Monate zur politischen Berichterstattung nach Washington, weil der dortige Korrespondent Hans E. Tütsch wegen einer Operation ausfiel. Es war ein mutiger Entscheid meines Chefs und kein einfacher für mich 29-Jährigen: Ich hatte der Zeitung und mir zu beweisen, dass das in mich gesetzte Vertrauen gerechtfertigt war. Washington war damals die »News Capital of the World«. Was immer sich auf dem Globus an Wichtigem ereignete, der Amerika-Korrespondent der NZZ hatte die Washingtoner Sicht dazu wiederzugeben. Zudem sorgten die USA selber ständig für News. Deren Schöpfung und Verbreitung waren laut Tütsch neben Politik, Tourismus und Immobilienspekulation eine der Hauptindustrien der US-Kapitale. Der National Press Club zählte 5000 Mitglieder, der Washington Press Club 800. Und mit Präsident Jimmy Carter im Weissen Haus war stets mit Überraschungen zu rechnen; selbst im normalerweise ereignisarmen Sommer.

Offensichtlich bestand ich die Feuertaufe. Wenige Monate nach meiner Rückkehr stand der Chef der Wirtschaftsredaktion bei mir an der Tür. »Sie sind doch Ökonom. Können Sie einen Korrespondentenposten für die Wirtschaft übernehmen?« Ich glaubte meinen Ohren nicht zu trauen, als Linder mir gleich vier wichtige Destinationen anbot: Bonn, London, Washington und New York. Auf Anraten meines Chefs entschied ich mich für London. Dort hatte Mettler während seiner über zehnjährigen Korrespondententätigkeit ein stattliches Haus für die NZZ in Southfields unweit des Tennisstadions von Wimbledon erworben. »Dort werden Sie sich mit ihrer Familie wohlfühlen. In London sind sie zudem weniger auf dem Servierbrett als in Washington oder Bonn«, meinte er in fast väterlichem Ton. Weil die NZZ in den wichtigsten Hauptstädten eigene Liegenschaften unterhielt, residierten die meisten Korrespondenten in schönen Häusern. Als ich drei Jahre später für die Auslandredaktion den neuen Posten Südostasien mit Sitz in Singapur aufbauen durfte, zeigte sich Zürich ebenfalls zuvorkommend. Bis zu meiner Ankunft war diese Region aus Japan mitabgedeckt worden. Daneben bezog Zürich Artikel des Korrespondenten der »Frankfurter Allgemeinen Zeitung«, der die ganze Region von Australien bis zum Indischen Subkontinent abdeckte und damals in Singapur lebte. Von ihm wusste ich, dass der Immobilienmarkt boomte und es für unsere inzwischen fünfköpfige Familie schwierig sein würde, eine passende Unterkunft zu finden. Und so war es denn auch. Wir hatten die Hoffnung schon fast aufgegeben, als uns kurz vor Ablauf unserer »house hunting mission« ein heruntergekommener Kolonialbau zur Miete angeboten wurde: Ein geräumiger Bungalow mit viel Grün, welcher der staatlichen Hafenbehörde gehörte und zur Zeit der britischen Kolonialherren dem Militär als »Officers quarter« diente. Weil das Haus seit über einem Jahr leer stand, hatte ihm das Singapurer Waschküchenklima arg zugesetzt. Für uns war dennoch klar: »That's it«. Um das Objekt bewohnbar zu machen, waren, so hatte die Behörde berechnet, Investitionen von umgerechnet

40 000 Franken nötig, die der Mieter vorab zu schultern hatte. Später würde die Hafenbehörde diesen Vorschuss beim monatlichen Mietzins pro rata in Abzug bringen.

»Wie sag ich's meinem Chef?«, ging es mir durch den Kopf, nachdem ich ihm erst in den Tagen zuvor am Telefon empfohlen hatte, einen Junggesellen ins teure Singapur zu schicken und uns in London zu belassen. Mit ungutem Gefühl erzählte ich ihm von unserem Projekt. Und siehe da: Christian Kind, der Nachfolger von Eric Mettler, stimmte dem Deal sofort zu; erleichtert darüber, dass wir eine Lösung gefunden hatten. Noch vor meiner Abreise traf das Geld aus Zürich ein – völlig unbürokratisch und vertrauend darauf, dass ich als Korrespondent die richtigen Schritte unternähme.

Die Zusammenarbeit zwischen Redaktion und Aussenposten basierte auf dem Prinzip der langen Leine. Korrespondenten galten ein bisschen als heilige Kühe. Sie hatten die politische Situation in ihrem Einzugsgebiet selbständig einzuschätzen. Es stand ihnen in Grenzen auch frei, wie viel und worüber sie schreiben wollten. Themenvorgaben erfolgten zumindest in der weiten Ferne höchst selten, weder vom Ressortleiter, noch vom Diensthabenden, geschweige denn vom Chefredaktor. Als Korrespondent in Übersee – mit Ausnahme der USA – genoss man den Luxus, nicht über Ereignisse berichten zu müssen, die man selber für unwichtig hielt oder über die zu schreiben einem noch nicht opportun erschien. In abgeschwächter Form galt dies auch für Europa, was mir einmal in London zugute kam. Dort war an einem Sommermorgen auf meinem Fax eine ellenlange Reuters-Meldung von der Falkenstrasse eingetroffen: Polen stehe vor dem Bankrott und müsse mit seinen westlichen Gläubigern, bei denen es Kredite in Milliardenhöhe ausstehen hatte, Umschuldungsgespräche in der Londoner City aufnehmen; an eben diesem Sommertag. Es war eine explosive Nachricht. Banken aus dem kapitalistischen Westen hatten dem sozialistischen Land hinter dem Eisernen Vorhang so viel Geld zugeschanzt, dass dieses seine Schulden nicht mehr bedienen konnte und den Gläubigern nun hohe Abschreibungen und Verluste drohten. Wahrlich kein Thema, über das man sich gern mit einem Journalisten unterhält. Immerhin war mir die Sache dank meiner wöchentlichen Berichte zum Eurobondmarkt nicht völlig fremd. Wie es in der Meldung hiess, war die Credit Suisse bei diesen geheimen Verhandlungen federführend.

Also begab ich mich am frühen Nachmittag zu dieser Bank, ohne zu wissen, wer an den Gesprächen teilnahm. Gott sei Dank waren die Damen am Empfang so hilfsbereit, dass mich der Zuständige bald schon in seinem Büro empfing. Als ich dort eintraf, war ich überrascht: Der Banker hatte eine Fahne, die man gleich beim Betreten seines Office roch. Offenbar hatten die Polen ihren Gläubigern Wodka statt Wasser vorgesetzt. Der Mann war von der Komplexität der Schuldenmaterie sichtlich überfordert, zumindest in diesem Zustand. Ergo schob er mir das Dossier voller vertraulicher Informationen zu und meinte, ich sollte schauen, ob ich daraus schlau würde. Und ob ich das wurde! Die Unterlagen waren sensationell. Sie zeigten, mit wie vielen Millionen die Schuldner bei welchen westlichen Finanzinstituten in der Kreide standen, bis wann die Kredite liefen und mit welchen Konditionen sie ausgestattet waren. Es war weit mehr, als mein Journalistenherz begehrte. Ich notierte mir möglichst viele Fakten, während der Banker unentwegt telefonierte, wohl um den Eindruck zu vermitteln, er sei wichtig – und nüchtern. Mit Rücksicht auf ihn hielt ich aber in meinem Artikel noch etliche Details zurück, wäre es doch sehr einfach gewesen herauszufinden, woher das Leck kam. Mein ganzes Wissen gab ich erst preis, nachdem die »Financial Times« einige Tage später einen Überblick über die polnischen Schulden publiziert hatte.

Ähnlich verhielt sich knapp zwei Jahrzehnte später Wirtschaftsredaktor Beat Brenner bei der 1998 erfolgten Fusion von Bankverein und Bankgesellschaft zur neuen UBS. Obschon die »Sonntagszeitung« bereits am 14. Oktober den bevorstehenden Schulterschluss ankündigte, verstrichen weitere 48 Stunden, ehe Brenner das Thema auch in der NZZ aufgriff. Sein Credo lautete: 200 Prozent wissen, 100 Prozent schreiben. Deshalb berichtete er über die Fusion erst, als diese vollzogen wurde. Ganz im Geiste der NZZ-Gründer, die in der ersten Ausgabe vom 12. Januar 1780 betonten: »Es wird uns (...) nicht möglich sein, die Weltbegebenheiten früher anzuzeigen als sie geschehen sind.« Später liess Brenner seine Kollegen wissen, er habe bereits seit Wochen von der geplanten »Elefanten-Hochzeit« gewusst.

> Korrespondent der NZZ hätte man sein müssen. Zumindest in der guten alten Zeit (...) Auf ein Zeilengeld war dieser nicht angewiesen. Dadurch war er vom Zwang befreit, über Ereignisse zu berichten, die er selbst für nicht wichtig hielt. Doch wenn er wollte, durfte er schreiben, und zwar so ausführlich, wie es ihm gefiel. »Wie ein deutscher Professor im 19. Jahrhundert« sei ein NZZ-Korrespondent, schrieb der deutsche Publizist Alexander Kluge. (...) Zeitdruck wie auf gewöhnlichen Redaktionen gab es keinen.[61]

So war 2012 in der »Basler Zeitung« zu lesen. Allein, im Tagesgeschäft gab auch bei der NZZ meist die Aktualität den Takt vor. Je weiter man aber von Zürich entfernt war, desto weniger stand man in der Pflicht, tagesaktuell berichten zu müssen, und desto mehr Zeit hatte man für die Kür: für zeitlose und ausgefallene Themen. Solche trugen ja viel zum guten Ruf und zur besonderen Aura der NZZ bei. Beide führten auch dazu, dass NZZ-Korrespondenten und Korrespondentinnen oft den Status von Parallelbotschaftern hatten. Sie waren be-

Eine starke Marke

liebte Anlaufstellen für durchreisende Geschäftsleute aus der Schweiz und wurden zu offiziellen Anlässen in die Botschaft geladen. Die Zusammenarbeit mit dem diplomatischen Corps klappte meist wunderbar. Noch heute denke ich dankbar an den Schweizer Chargé d'Affaires in der vietnamesischen Hauptstadt Hanoi zurück. Er bot mir in den 1980er Jahren nicht nur Logis an, nein, er gestatte mir auch, in der offiziellen Residenz ein Dinner zu veranstalten. Als ich ihm eröffnete, ich hätte den Pressesprecher des Aussenministeriums für den übernächsten Abend eingeladen, wurde er aber blass: Zum selben Zeitpunkt fand bei seinem schwedischen Amtskollegen ein offizieller Anlass statt, an dem er unbedingt teilnehmen musste. Und so kam es, dass der Koch der Schweizer Botschaftsresidenz in Hanoi allein für meinen Gast und mich tätig wurde, was dem Nordvietnamesen viel Eindruck gemacht haben muss. Seither hatte ich bei diesem nicht nur eine offene Tür, sondern auch, noch wichtiger, ein offenes Ohr.

Grosses Lob von diplomatischer Seite erntete Manfred Rist, der ehemalige Brüsseler NZZ-Korrespondent. Er hatte in den frühen 1990er Jahren die schwierigen Verhandlungen zum EWR begleitet; ein so komplexes Unterfangen, dass sogar deutsche Kollegen bei Rist um Auskunft anfragten. Nur Wenige verstanden, um was es da wirklich ging. Der damalige Leiter der Schweizer Verhandlungsdelegation, Franz Blankart, lobte Jahre später bei einer NZZ-Generalversammlung den Brüsseler Korrespondenten. Dieser habe es geschafft, Blankarts Mitarbeitern in Bern die EU zu erklären. Dazu ist anzufügen, dass die Schweizer Botschaft der NZZ wertvolle Schützenhilfe leistete. Sie gewährte sowohl Rist als auch dem damaligen Chef der NZZ Wirtschaftsredaktion, Willy Zeller, Einblick in vertrauliche Dokumente. Einmal erhielt Rist ein Papier zugestellt, in dem sich der Botschafter gegen eine von der EU geplante beschränkte Einflussnahme der Schweiz verwahrte. Diese sollte nur am »decision shaping«, nicht aber am

»decision making« beteiligt sein. Der NZZ-Mann verfasste sogleich einen Artikel mit dem Titel: »Wucherpreis für den EWR-Vertrag?«. Es war Sonntag und auf der Wirtschaftsredaktion arbeitete einzig Beat Brenner, ein bekennender Anti-EU-Mann. Ohne mit der Wimper zu zucken, strich dieser das Fragezeichen in der Überschrift, so dass der Titel eine andere Nuance erhielt. Rist war schockiert, als er tags darauf die Zeitung aufschlug. Die Befürworter des Vertragswerkes waren es ebenfalls und griffen ihn als »Totengräber des EWR« an. Rist musste erkennen, dass EU-kritische Artikel damals auf der Wirtschaftsredaktion einen leichteren Stand hatten als EU-freundliche. Soviel zum Thema heilige Kühe!

Wie viel Freiheit ein Korrespondent sich herausnehmen konnte, machte Urs Schöttli vor. 1998 wechselte er von Hongkong auf den Auslandposten Tokio. Als begnadeter Redner liess Schöttli keine Gelegenheit aus, um im deutschsprachigen Raum als Asien-Referent aufzutreten. Dabei machte er seine Sache hervorragend und erwies sich als mustergültiger Imageträger für die Zeitung. Manchmal wunderte man sich aber dennoch, wenn man im Blatt einen Schöttli-Artikel mit Datumszeile Tokio las, dem Autor aber am selben Tag beim Bellevue begegnete. Noch mehr Kopfschütteln löste der Umstand aus, dass Schöttli später auf den Pekinger Posten wechselte, seinen Wohnsitz aber in Tokio beliess. Sofort kam das Gerücht auf, Schöttli habe in seinem »sweat shop« in China ein halbes Dutzend lokale Journalisten beschäftigt, die ihm ständig Informationen nach Japan lieferten. Die Wahrheit war banaler: Schöttli bezog wegen seiner häufigen privaten Reisetätigkeit nie ein volles Korrespondentsalär und konnte sich entsprechend ungebunden fühlen und verhalten. Solange er die volle Rückendeckung durch Chefredaktor Bütler hatte, brauchte er sich sowieso keine Sorgen zu machen und konnte saftige Spesen von, wie es hiess, astronomischer Höhe verrechnen. Weil die NZZ sich bei den Löhnen zurückhielt, gab sie sich bei den Spesen – sinnigerweise »Vertrauensspesen« genannt – grosszügig. Klagte man über ausgebliebene oder zu geringe Lohnerhöhungen, hiess es oft: »Machen Sie einfach mehr Spesen«. Umgekehrt wies Auslandchef Mettler einmal eine Spesennota von Arnold Hottinger mit dem Argument zurück, diese sei viel zu bescheiden ausgefallen und würde ein schlechtes Licht auf Kollegen werfen, die gesalzenere Abrechnungen lieferten. Nur: Im Gegensatz zu diesen wählte Hottinger statt eines Luxushotels ein einfaches Nachtlager möglichst nahe oder über dem Souk, wo neben Waren auch Informationen gehandelt wurden. Zudem war er meist mit Bus oder Zug unterwegs, weil er stets ein grosses Radio bei sich hatte. BBC war ihm eine zentrale Quelle und das Radio in Konflikten oft wichtiger als Zeitungen. So betrieb jede Kriegspartei im Libanon eine eigene Radiostation, die Hottinger auch in Nikosia empfangen konnte. A. H. war selten auf der Redaktion. Immerhin kannte man ihn vom Fernsehen. Ähnliches liess sich von Andreas Cleis nicht sagen. Obschon dieser über 30 Jahre Wirtschaftskorrespondent war, in London, Bonn, New York und Washington, galt er in Zürich als Unbekannter. Zu seiner Pensionierung widmete ihm Wirtschaftsredaktorin Claudia Aebersold folgende Zeilen:

> Persönlich gekannt haben ihn in Zürich die wenigsten. Dies obschon er fast täglich Lawinen von Berichten aus den USA über den Atlantik in die Zentrale sandte (…) Und das im Kampf gegen die Zeitverschiebung und gegen die technologischen Wirren eines Entwicklungslandes (»wenns do in Nüi Yorgg mal e biz rägnet, funktioniert myy Kompjuter nümme«). Solange man ihm nicht zusätzliche Arbeit aufhalsen wollte, hatte Cleis ein offenes Ohr für jeden und alles (»Frau Aebersold, die Zytig het kai Zuekunft, sueche Si sich ä neuis Hobby«) und vor allem für Tratsch (»Jo mer hört so allerläi«). Brisante News, das war Ehrensache, wusste Cleis stets als Erster. Treu hielt er sich auch an sein

Prinzip, die Falkenstrasse unter allen Umständen zu meiden. Fast ein bisschen neidisch lauschten die jüngeren Kollegen, wenn in Zürich wieder einmal alles drunter und drüber ging, seinen Worten: »Ich hann sit bald drissig Johr kai Fuess in die Redaktion me gsetzt, das wird sich jetzt au nümmi ändere.«[62]

Cleis hat nie in Zürich gearbeitet. Von den »Basler Nachrichten« war er direkt auf den Londoner NZZ-Korrespondentenposten gelangt. Für die meisten übrigen Korrespondenten aber war und ist das NZZ-Mutterhaus stets ein Stückchen Heimat und die dortige Belegschaft eine Art von Grossfamilie, mit der man sich verbunden fühlt.

2.5 Ein Fels in der Brandung

Die NZZ war ein wunderbar gestimmtes Orchester, das jeden Tag darauf wartete, von der Aktualität in Schwingung gebracht zu werden.[63]

Roger Köppel,
»Weltwoche«-Herausgeber und SVP-Nationalrat

»Der feine Hund heult nicht mit den Wölfen!«, schrieb Hanno Helbling, der frühere NZZ-Feuilletonchef, im Jahre 1980 in einer Reflektion zum 200-jährigen Bestehen des Traditionsblattes. Er brachte auf den Punkt, was in der NZZ selten so direkt ausgesprochen, dafür aber oft derart empfunden wurde: Die NZZ war ein Solitär und nur ihrem eigenen Selbstverständnis verpflichtet. Ihr Werbeslogan »Hintergründe zu den Schlagzeilen von morgen« spiegelte dies trefflich. Dank jahrelangem wirtschaftlichem Erfolg und steigender Leserzahlen war man von sich so eingenommen, dass eine schon beinahe an Arroganz grenzende Nonchalance vorherrschte. Die einzelnen Ressorts waren selbstherrliche Fürstentümer, die unabhängig voneinander agierten. Ergo wurde die Zeitung »bottom up« gemacht. Jeder verwaltete seinen Bereich nach bestem Wissen und Gewissen, und zweimal täglich traf man sich zu einer Sitzung: Um 11.30 Uhr mit dem Chefredaktor und um 17 Uhr mit dem Koordinator. Was tags darauf in der Zeitung stand, war dennoch fast immer und für fast alle eine Überraschung. Kurt W. Zimmermann sah die NZZ noch 2005 als ein »letztes Refugium der Anarchie«[64] in einer ansonsten durchrationalisierten, durchorganisierten und durchstrukturierten Schweizer Zeitungswelt. So empfand es auch der heutige Chef der »Weltwoche« Roger Köppel, der seine berufliche Laufbahn auf der NZZ Sportredaktion begann:

> Als ich dort Ende der achtziger Jahre anfing, herrschte das Heroenzeitalter des selbstbewussten Journalismus. An den Sitzungen thronten ältere, elegant gekleidete Herren, die mit bewundernswerter Selbstverständlichkeit das Weltgeschehen ordneten. Es gab keine Diskussionen, keine Richtungskämpfe, nur diese erdbebensichere Gelassenheit, mit der man den Lesern nicht nur einfach erklärte, was passiert war, sondern es ihnen so erklärte, dass man verstand, worum es – immer aus Sicht der NZZ – wirklich ging.[65]

Gemäss dem damals im Hause NZZ geltenden Grundsatz, wonach Unaufgeregtheit zu den höchsten Tugenden zählte, nahm man es in Kauf, dass mitunter wichtige politische oder wirtschaftliche Ereignisse gar tiefgestapelt wurden. Lieber das als das Gegenteil, tröstete man sich, wenn wieder mal etwas stiefmütterlich behandelt worden war; wie etwa der Fall der Berliner Mauer am 9. November 1989. Medienexperte Kurt W. Zimmermann weiss dazu genüsslich zu berichten:

> Die Mauer war also gefallen, und das NZZ-Auslandressort setzte das Ereignis als winzigen Einspalter oben rechts auf Seite

eins. Titel: »Öffnung aller Übergänge der innerdeutschen Grenze«. Nun begab sich der diensthabende Auslandredaktor nach Hause, wurde beim Portier aber vom Sportchef abgefangen. Dieser protestierte: »Einspaltig ist zu klein.« Doch der Auslandredaktor blieb hart, denn er hatte ein gutes Gegenargument: »Ich habe die Titelschrift bereits einen Punkt grösser als normal gemacht.« Für Nicht-Typografen: Ein »Punkt« sind 0,4 Millimeter.[66]

Was soll's? Als einzige überregionale Tageszeitung der Deutschschweiz von Qualität, politischem Gewicht und liberaler Haltung strotze die NZZ von Selbstvertrauen. Sie besass ein unfreiwilliges Monopol, nachdem andere liberale Blätter in Bern, Basel und Genf zu Regionalzeitungen geschrumpft oder gar völlig verschwunden waren. Dieses zu rechtfertigen, erforderte konstant hohe Leistungen. Wie man damit auf der Feuilletonredaktion umging, schilderte deren Chef Hanno Helbling. Sein Fazit war eigentlich für das ganze Blatt gültig:

> Wie steht es um unser Melden? Um unser Werten, um unsere Auswahl? Je breiter das Angebot, desto grösser die Versuchung zur Willkür. Je diffuser die Programme, desto grösser die Gefahr der Beliebigkeit im Aufnehmen und Weglassen. Nachdem so vieles ›wichtig‹ war, ohne dass Folgen bemerkt worden wären, verstärkt sich die Neigung, dann lieber gleich seinem eigenen Geschmack oder Interesse zu folgen. Soll man ihr nachgeben? Wir haben ihr, in Grenzen, immer schon nachgegeben. Haben immer versucht, Akzente dort zu setzen, wo wir meinten, hofften, es zeichne sich über die Aktualität hinaus, ja auch ohne ihre sichtbar-hörbare Unterstützung, ein Weg ins künstlerisch oder gedanklich bedeutsame ab. Wobei Täuschungen unterliefen. Einiges wurde nicht rechtzeitig, vieles unnötig hervorgehoben. Haben solche Irrtümer einen gemeinsamen Ursprung? Wenn ja, so liegt er wohl im Bedürfnis, sich an das Modische

nicht mehr als unbedingt notwendig anzuschliessen. Der feine Hund heult nicht mit den Wölfen.⁶⁷

Drei Jahrzehnte später spann NZZ-Kulturredaktorin Daniele Muscionico einen ähnlichen Faden und schrieb überschwänglich:

> Noch bis vor wenigen Jahren waren wir betört von der eigenen Bedeutsamkeit und von der (…) Position des Unternehmens, das unser geistiges Zuhause war. Man durfte vom Glauben an die Unverwundbarkeit der NZZ nicht ablassen. (…) Das Wichtigste aber war: Hier genoss man das Privileg, für eine Zeitung zu arbeiten, in der der Journalist und nicht der Ressortleiter bestimmte, wie und wann man sein Kerngebiet ins Blatt bringen wollte. Kein Blattmacher, kein Koordinator. Es herrschte Anarchie. So bewahrte man noch im Sturm Haltung und blickte Hilfe suchend auf die Leistungen unserer Väter, die uns in der Ahnengalerie der Chefredaktoren jeden Tag ins Gewissen redeten. (…) Sie bedeuteten uns, dass wir anders seien als alle. Und, im besten Fall, besser.⁶⁸

Natürlich kam es auch bei der NZZ gelegentlich zu Fehlbeurteilungen: So zum Beispiel im Umgang mit Max Frisch. Dessen Laufbahn als freier Journalist – und indirekt seine spätere Karriere als Schriftsteller – begann 1931 mit einer Rezension über eine Kunstausstellung, die er besucht hatte. Als erstes Schweizer Medium druckte die NZZ damals den Text des noch unbekannten 20-Jährigen ab, den dieser aufs Geratewohl der Feuilletonredaktion zugestellt hatte. Das sollte sich als Segen für ihn erweisen. Als 1932 Frischs Vater starb und Schulden hinterliess, musste sich der Sohn aus eigener Kraft durchschlagen, sein Studium der Literatur und Kunstgeschichte an der Universität Zürich einschränken und überdies zum Lebensunterhalt seiner Mutter beitragen. Dank seiner

Ein Fels in der Brandung

freien Mitarbeit bei der NZZ konnte sich Frisch, wie Daniel Foppa in seinem aufschlussreichen Buch »Max Frisch und die NZZ« aufzeigt, ein regelmässiges, wenn auch bescheidenes Einkommen sichern. In der Zeit von 1932 bis 1945 verfasste er über 60 Rezensionen, Reportagen und kurze Feuilletons für die NZZ, wie etwa die 1933 erschienene Geschichte »Eine Stadt sucht einen Panther«. Darin schildert er die Aufregung, die nach dem Ausbruch eines Pantherweibchens aus dem Zürcher Zoo herrschte:

> Während die Tiergarten-Leitung wieder loszieht und den gemeldeten Spuren nachforscht, liegt das Männchen im Käfig und schmachtet aus grünen und glühenden Augen, welche es bisweilen schliesst vor Scham, weil durch diese Gattin-Flucht offenbar geworden ist, dass auch diese Ehe bloss vollkommen war, bis sich ein Ausweg zeigte. Ich möchte niemand zur Mutigkeit verleiten, sondern bloss versichern: wenn sie Angst haben vor dem Panther, dann gehen Sie doch in den Zoo; dorthin kommt der Panther bestimmt nicht.[69]

Mit solch literarischen »amuse bouches« gewann Frisch die Aufmerksamkeit des damaligen NZZ-Feuilletonchefs Eduard Korrodi, der das Schaffen des jungen Autors mit kritischer Zuneigung förderte. Er glaubte auch an Frisch, als dieser mit zunehmendem Selbstvertrauen schriftstellerisch tätig wurde und erwies sich als dessen wichtige Stütze. Schliesslich war der Leiter des NZZ-Feuilletons, wie Frisch es einmal ausdrückte, das »Literarische Bundesgericht«. Doch je weiter sich der Autor im Laufe seines Lebens ideologisch von der NZZ entfernte, desto mehr betrachtete diese ihn als Staatsfeind. Die Zerrüttung war schliesslich perfekt und hielt über Frischs Ableben an. Die Nachfahren des Schriftstellers platzierten die Anzeige seines Todes im »Tages-Anzeiger«, in der »FAZ« und in der »Süddeutschen Zeitung«, nicht aber in der NZZ.

Eine starke Marke

Auftakt zum Streit bildete laut Foppa ein Leitartikel vom Mai 1945 aus der Feder des damaligen jungen Inlandredaktors Ernst Bieri, einem (eis)kalten Krieger. Unter dem Titel »Verdammen oder verzeihen?« äusserte sich der 25-Jährige negativ zu Frischs Theaterstück »Nun singen sie wieder«, obgleich das NZZ-Feuilleton diesem zuvor Anerkennung gezollt hatte. Bieri glaubte darin eine Tendenz zur Relativierung der deutschen Kriegsschuld zu erkennen und unterstellte Frisch, Teil einer derartigen Bewegung zu sein, also mit den Nazis zu sympathisieren. Der Schriftsteller war empört und lieferte eine Replik, die, weil viel länger als Bieris Artikel, nie in der NZZ erschien. In seinem Ansehen verletzt, revanchierte Frisch sich viele Jahre später an Bieri, als dieser 1966 für das Züricher Stadtpräsidium kandidierte. Frisch lancierte auf eigene Kosten ein Inserat im »Tages-Anzeiger« mit einem bösen Text zum NZZ-Mann. Weil das Inserat zwei Tage vor der Wahl erschien, blieb Bieri keine Zeit zur Replik. Er verpasste die Wahl ins Präsidium, wurde aber in den Stadtrat gewählt. An der Falkenstrasse war man »not amused«.

Dort war es längst schon zu einem Wechsel im Feuilleton gekommen. Eduard Korrodi hatte 1950 nach 35 Jahren an Werner Weber übergeben, eine Koryphäe, was Schweizer und deutsche Autoren der Nachkriegszeit betraf. Webers Urteil galt als so zutreffend, dass mittlere und kleinere Zeitungen dieses meist unbesehen übernahmen. Im November 1945 besprach Weber das damals von Frisch publizierte »Tagebuch mit Marion« höchst positiv: »Wir lieben diesen Max Frisch. Anreger. Kluger Frondeur. Und Könner.« Doch nach Frischs Reise nach Breslau zur Teilnahme an einem vom sozialistischen Polen organisierten Friedenskongress inmitten des Kalten Krieges kühlte sich das Verhältnis zwischen Zeitung und Schriftsteller rapide ab, auch wenn Frisch betonte, er sei weder für den amerikanischen noch für den russischen Frieden, er sei für den Frieden schlechthin. Und so würdigte Weber das

Ein Fels in der Brandung

1950 von Frisch bei Suhrkamp herausgebrachte »Tagebuch 1946–1949« mit keiner Silbe. Dieses Totschweigen liess sich insofern rechtfertigen, als das Werk eine nur geringfügig überarbeitete Version von »Tagebuch mit Marion« war. Trotzdem: Die Nato-treue NZZ, die einen US-freundlichen Kurs steuerte, hatte Mühe mit Frischs Verspottung der Amerikaner als »ein Pack von Börsenmaklern, Tanzgirls und Sporttrotteln«. Der ideolgische Graben zwischen der Zeitung und dem Autor wurde unüberwindbar. Folglich strafte die NZZ auch das im Frühling 1972 von Frisch veröffentlichte »Tagebuch 1966–1971« mit Nichtbeachtung. Dieses enthielt Passagen, die Zeugnis von Frischs Wut auf die NZZ ablegten. Ergo griff das Blatt erneut zu einer Waffe, die nicht nur ihrem liberal-demokratischen Credo widersprach, sondern auch dem Anspruch des Feuilletons, der kritischen zeitgenössischen Literatur gegenüber aufgeschlossen zu sein und diese systematisch und möglichst zügig zu besprechen. Allein, für Frisch galt das nicht. Dieser hatte es sich bei den sogenannten Globus-Krawallen in Zürich endgültig mit der Zeitung verdorben. Als Mitunterzeichner des »Zürcher Manifests« stellte Frisch sich hinter die Rebellierenden und sah die Krawalle als Folge unzulänglicher Gesellschaftsstrukturen an. Für die NZZ dagegen waren die Unruhen ein gefährlicher Umsturzversuch. Die Positionen hätten gegensätzlicher nicht sein können. Als ein Studentensprecher wegen anonymer Morddrohungen untertauchen musste, geisselte Frisch die NZZ:

> Die Aufwiegelung durch die Presse, vor allem durch die Neue Zürcher Zeitung, zeitigt die ersten Resultate. Kann man sagen, dass diese Zeitung lügt? Man kann nicht sagen, dass sie lügt. Sie verhindert nur dreimal täglich die Aufklärung. Man gibt sich in der Aufmachung so langweilig wie möglich, das wirkt seriös. Es überträgt sich auf den Leser, sie kommen sich seriös vor, schon wenn sie die NZZ in der Hand halten. Ab und zu ein

kleiner Rufmord, humorig oder gediegen durch Herablassung; nur wer den Fall genauer kennt, sieht die Gemeinheit.[70]

Dass das Nichtbeachten von Frischs zweitem Tagebuch ein Irrtum war, gestand inzwischen sogar Werner Weber ein. Selbstkritisch und altersmild meinte er:

> Ich war am Entscheid – an welchem Redaktoren anderer Ressorts mitwirkten – massgebend beteiligt. Der Entscheid war bedingt, und wie wir fanden: begründet, durch die Meinung, durch das Urteil von Max Frisch damals in Sachen NZZ. Heute, im Blick über die Jahrzehnte zurück, und nun rede ich von mir alleine, sehe ich jenen Entscheid als ein mich genierendes Beispiel von Reizbarkeit, von Dünnhäutigkeit und »Wahrnehmungsnervosität« – lauter Effekte, die mich doch sonst bei meiner Arbeit als Literaturkritiker nicht betrafen.[71]

Der spätere Feuilletonchef Martin Meyer leistete seinerseits ein weiteres Stück Aufklärungsarbeit, als er notierte:

> Dass Max Frischs zweites Tagebuch in der NZZ nicht rezensiert wurde, hatte einige Väter. Frisch selbst hatte mit bösen Einlassungen gegen das Blatt für Grimm auf Seiten der Redaktion gesorgt. Weber – da wahrlich kein Mann von Winkelrieds Geblüt – schlug einen Bogen um das heisse Gericht. Den Triumph kassierte Frisch, indem die peinliche Lücke noch lange auch von anderen Zeitgenossen zum Kniefall des Feuilletons vor der Chefredaktion Luchsingers ausgedeutet wurde.[72]

Frisch hasste die NZZ – und las sie dennoch täglich. Damit stand er nicht alleine. Der linke Niklaus Meienberg hatte ein ebenso gestörtes Verhältnis zum Blatt, für welches auch er einmal arbeitete: in den späten 1960er Jahren, als in Paris die Studenten auf die Barrikaden gingen. Meienbergs Schilderungen kamen von den Schauplätzen der studentischen Gewaltausbrüche, etwas was der damalige Pariser NZZ-Korrespondent Hans E. Tütsch noch so gerne dem jungen und talentierten Ostschweizer überliess. Doch auch für Meienberg galt: Je mehr er vom Beobachter zum Teilnehmer der Studentenrevolte wurde und sich dadurch politisch von der NZZ entfernte, desto schärfer schoss er gegen sie:

> Für die ›rechte‹ Gesinnung, für den Mythos NZZ verantwortlich ist auch der diskrete, leicht antiquierte, untertreibende Stil: die schlimmsten Perfidien werden im vornehmen, zivilen, oft leicht gekränktem Ton vorgebracht, diskret räuspernd. Und so wird die Legende auch aufrechterhalten durch die Folgen, welche ein Artikel in der NZZ punkto Innen-, Kultur- und Wirtschaftspolitik allemal hat. Es ist immer ein Artikel mit Folgen. Die NZZ wird in den herrschenden Kreisen penibel gelesen. Bundesverwaltung und kantonale Potentätchen, selbstverständlich auch die Wirtschaftsführer legen jedes Wort auf die Goldwaage, richten sich klammheimlich oder offen danach, weil, wenn die NZZ spricht, hat das Grossbürgertum in seiner zürcherisch-imperialistischen Ausprägung gesprochen, und von Zürich aus wird bekanntlich die Schweiz regiert (...)[73]

Nach den turbulenten 1968er Jahren kam in Deutschland eine urbane Guerilla namens Rote Armee Fraktion (RAF) auf, die mit ihrem Terror die Gesellschaft tatsächlich bedrohte. Diese Anarchisten, die sich von einer anfangs romantisch-extremistischen Gruppe zu einer kriminellen Bande gewandelt hatten, schreckten am Ende vor nichts zurück: Banküberfälle, Entführungen und Morde gehörten in ihr Repertoire. Als die Rädelsführer geschnappt waren, landeten diese in einem Hochsicherheitstrakt in Stammheim bei Stuttgart. Dort wurde ihnen eine kleine Auswahl an Zeitungen genehmigt. Viele der RAF-Spitzen sollen sich auch für die NZZ entschieden haben.

Eine starke Marke

Offenbar war ihnen eine umfangreiche Berichterstattung über das Weltgeschehen wichtig. Vielleicht wollten sie sich aber auch bloss am Bannerträger der ideologischen Gegner reiben. So oder so: Plötzlich hatte die NZZ, wie ich damals vom Verlag erfuhr, zahlreiche Neuabonnenten in Stammheim. Se no è vero, è ben trovato!

Ähnlich verhielt es sich mit den linken Intellektuellen in der Schweiz: Sie lasen die NZZ und ärgerten sich über sie, wie die linke »Wochenzeitung« gestand. Dort hiess es einmal, NZZ-Wirtschaftschef Schwarz sei als »neoliberaler Grossinterpretor« nicht nur im bürgerlichen Lager angesehen, sondern auch in linken Kreisen als »Lieblings-Klassenfeind« geschätzt. Als Inlandredaktor Frenkel abzuklären hatte, ob die frisch gewählte SP-Bundesrätin Ruth Dreifuss NZZ-Leserin sei, erhielt er von deren Sprecher zur Antwort: »Ja natürlich, die NZZ ist schliesslich eine der wenigen Zeitungen, die unsere Standpunkte so wiedergibt, wie wir sie meinen.« Fazit: An der NZZ kam man auch als Sozialdemokrat oder Sozialist nicht vorbei. Die »Basler Zeitung« beschrieb es einmal wie folgt: Bürgerliche läsen die NZZ, um zu wissen, wie sie zu denken haben; und Linke läsen sie, um zu wissen, wie sie nicht zu denken haben. Niklaus Meienberg formulierte es wesentlich prägnanter: »Die NZZ schlägt man und den Staat meint man.«[74]

2.6 Gestern Freund, heute Feind

> *Das Gefühl, in der Welt plötzlich keine Freunde mehr zu haben, schmerzte ebenso wie die ungewohnte Erfahrung, dass ein Bundesrat in den USA zur ›persona non grata‹ wurde.*[75]
>
> Matthias Saxer,
> Chef der NZZ Inlandredaktion (1994–2009)

Sommer 1989: Wochen vor dem Fall der Berliner Mauer sorgte der US-Politologe Francis Fukuyama mit seinem »Das Ende der Geschichte« für Furore. Zu einer Zeit, in der das Modell des planwirtschaftlichen Staatskommunismus zu Grabe getragen wurde, wie sich an den Reformen Gorbatschows in der UdSSR und Deng Xiaopings in China zeigte. Nach Fukuyamas Meinung offenbarte die Geschichte – für ihn identisch mit dem Siegeslauf des Liberalismus –, endlich, welches das Beste aller Gesellschaftsmodelle sei. Weil es politisch keine Alternative zur liberalen Demokratie gebe, werde sich diese nach dem Verschwinden des Kommunismus ausbreiten. Am Ende dieses globalen Prozesses, so Fukuyama, stehe die »final form of human government« – das Ende der Geschichte: oder zumindest das Ende seiner Definition davon. Was für ein Hirngespinst! Mit ähnlicher Logik hätte man auch das Ende der NZZ ankündigen können. Durch den Wegfall der kommunistischen Bedrohung verlor das Traditionsblatt seinen natürlichen Feind der vergangenen Jahrzehnte und büsste damit einiges von seiner raison d'être ein. In einer von zwei Blöcken dominierten Welt war es naheliegend, sich auf die Seite von Freiheit und Wohlstand, also hinter die USA und das transatlantische Bündnis der Nato zu stellen und gegen das »Reich des Bösen«, wie US-Präsident Ronald Reagan einmal das Sowjetimperium schimpfte. Vier Jahrzehnte Kalten Krieges hatten die Welt in ein Schwarz-Weiss-Schema gepresst. Hier das Gute, dort das Böse, auch in Helvetien. Wem es hier nicht passe, so erklang es nicht nur am Stammtisch, der solle gefälligst in die DDR oder doch gleich nach Moskau gehen! Chefredaktor Luchsingers samstägliche Leitartikel spiegelten dieses binäre Muster. Sie waren stilistisch gekonnte Rundschläge gegen den ideologischen Gegner in Moskau, dessen Trabanten im Ostblock sowie gegen deren oft gemeinsamen diplomatischen, wirtschaftlichen oder militärischen Versuchen, das sozialistische Modell der Planwirtschaft in die Dritte Welt zu exportieren. Luchsinger servierte seinen Lesern einen bunten Cocktail aus Regionen hinter dem Eisernen Vorhang, gemischt mit einer Prise Kuba, Vietnam, Kambodscha, Angola oder Mosambik – und seit dem sowjetischen Einmarsch von 1979 fand sich auch ein bisschen Afghanistan darunter. Die NZZ als Stimme der freien Welt lebte massgeblich vom Kalten Krieg und Moskaus Expansionsgelüsten. Deshalb kam für sie die Implosion der UdSSR Ende 1991 überraschend. Chefredaktor Bütler traute als Historiker dem Burgfrieden nicht sogleich und meinte, man könne noch nicht mit Gewissheit sagen, dass das Verschwinden des Kommunismus als Ideologie und Russlands als imperialer Macht definitiv sei. Vielleicht strebe Moskau ja nur eine »rekreative« Atempause an. Bereits an der GV von 1990 hatte er vor Triumphalismus gewarnt:

> Der Bankrott der Kommandowirtschaft ist nun offenkundig und von ihren Hauptverfechtern im Osten eingestanden. Dennoch kann sich der Westen und kann sich der Liberalismus nicht Triumphgefühlen hingeben. Die Umformung der Konkursmasse des Kommunismus, ihre politische und wirtschaftliche Neugestaltung, sowie die Schaffung einer neuen Sicherheitsarchitektur auf unserem Kontinent stellen eine kardinale Herausforderung dar, die ohne Verzug und Revanchegefühle schürende Siegermentalität à la Versailles anzugehen ist.[76]

Gestern Freund, heute Feind

In den Jahren danach gewann die Globalisierung zügig an Fahrt und trug zusätzlich dazu bei, dass die NZZ viel von ihrer Sonderstellung verlor. Durch den Vormarsch des Internet sowie des Englischen erwuchs ihr neue Konkurrenz. Plötzlich liessen sich angesehene Titel, wie die »Financial Times«, das »Wall Street Journal« oder »The Economist«, um nur einige zu nennen, per Mausklick am Computer abrufen; oft billig oder gar kostenlos. Hatten sich die Spitzen der Schweizer Wirtschaft noch gerne mit der NZZ auf dem Schreibtisch geschmückt, so empfanden sie es nun als cooler, sich mit »FT« oder »New York Times« unterm Arm ablichten zu lassen: als Zeichen ihrer Weltoffenheit. Diese »message« war mit der NZZ schwieriger zu verbreiten, auch wenn das Blatt fest an seinem proamerikanischen Kurs festhielt. Auslandchef Hansrudolf Kamer stellte 2005 dazu fest:

> Die Pax Americana entpuppt sich zunehmend als Illusion. Amerika ist trotz seiner Vorrangstellung zu schwach für ein Imperium, dessen es von den wirklich Schwachen immer wieder verdächtigt wird. Gleichzeitig aber ist es zu stark, um sich einem »Weltsystem« im Rahmen einer disparaten und unzuverlässigen UNO zu beugen und einzuordnen.[77]

Kamer unterstützte von Beginn weg George W. Bush und dessen Kriege im Gebiet des Persischen Golfs. Zum Verdruss auch des damaligen Washingtoner Korrespondenten Rudolf Stamm, der eine kritische Haltung gegenüber Bush junior einnahm. Kamer redigierte Stamms Texte oftmals ziemlich stark, um sie auf seine Linie zu bringen. Er betrachtete die bewaffneten Konflikte im Mittleren Osten als ein Kontinuum der bisherigen US-Aussen- und Sicherheitspolitik, obschon Amerika nach dem Wegfall des sowjetischen Gegners zunehmend arrogant auftrat. Besonders im Zweiten Golfkrieg: Je länger dieser dauerte, desto unglaubwürdiger war die These von Nato und USA, wonach der irakische Diktator Saddam Hussein Massenvernichtungswaffen besitze, die es zu eliminieren gelte. Kamer hielt Washington dennoch die Stange. NZZ-Nahostkorrespondent Victor Kocher war dezidiert anderer Meinung und plädierte für mehr Verständnis für die Araber. Chefredaktor Bütler gab zu bedenken, dass die spätere Beurteilung eines »Irak-Krieges 2003« wesentlich davon abhängen werde, ob er gegebenenfalls Ausgangspunkt für eine friedliche Regelung der grossen Probleme und Konflikte im Nahen Osten ist, oder ob er die dortigen Spannungen im Gegenteil erhöht. Inzwischen weiss man: Zu einer friedlichen Lösung hat er nichts beigetragen.

Auch in Leserkreisen regte sich Widerstand: Es hagelte Leserbriefe, die den Krieg ablehnten, dutzende entnervte Abonnenten bestellten die NZZ ab, und etliche Werbekunden drohten, ihre Werbung zurückzufahren. Die Lage war derart angespannt, dass Kamer sogar eine Morddrohung erhielt. Im Rückblick darf man von einer Fehleinschätzung sprechen, die sich wohl mit dem Kalten Krieg erklärt. Dieser zementierte den Glauben an die USA als Heilsbringerin und Schutzpatronin der freien Welt dermassen, dass der NZZ-Auslandchef nicht bereit war, Retuschen an diesem Bild anzubringen. Im Gegensatz etwa zur »New York Times«, welche George W. Bush im Zweiten Golfkrieg ebenfalls bis zum Schluss treu geblieben war, gestand die NZZ ihre Fehlbeurteilung nie ein. Zahlreiche US-Medien entschuldigten sich dagegen bei ihren Lesern.

Dabei hatte die Schweiz das »Neue Amerika« schon in den frühen 1990er Jahren zu spüren bekommen. Die einzig verbliebene Grossmacht liess plötzlich ihre Muskeln auch gegenüber Freunden spielen. Und zwar bei den sogenannten nachrichtenlosen Vermögen: Gelder aus der Zeit des Zweiten Weltkrieges, die in Schweizer Banken schlummerten. Die US-Ankläger beschuldigten schweizerische Finanzinstitute, einen grossen Teil dieser Kapitalien für sich einbehalten zu haben. Vorwiegend Vermögen, die Deutsche und Österreicher – meist Juden – vor dem Zugriff der Nazis in Sicherheit gebracht hatten. Viele dieser Eigentümer wurden später im KZ ermordet, und die Suche nach den Erben – soweit sie überhaupt, wie etwa von der Zürcher Kantonalbank, aktiv angegangen worden war – erwies sich als äusserst schwierig. Es war ein brisantes Thema, das den Finanzplatz Schweiz ziemlich unvorbereitet traf und das ganze Land in Aufregung versetzte.

Eine der wenigen Stimmen, die den US-Angriffen Paroli zu bieten wagten, war die von NZZ-Inlandredaktor Max Frenkel. Dieser war nach einigen Jahren Welschland-Korrespondenz 1992 an die Falkenstrasse zurückgekehrt und beschäftigte sich seither mit aussenpolitischen Dossiers der Schweiz. Als 1996 das Thema der nachrichtenlosen Vermögen auftauchte, war er gewappnet. Er arbeitete mit dem für den Finanzplatz zuständigen Redaktor Beat Brenner zusammen. Beide bildeten ein schlagkräftiges Team, das diesen »Schatten des Zweiten Weltkrieges« sowohl von ökonomischer als auch von politischer Warte aus beleuchtete. Beide schafften es auch, bei der Credit Suisse anwesend zu sein, wenn der zuständige Gewährsmann aus New York dem obersten Chef rapportierte. Das Vertrauen in die NZZ war gross und die beiden Redaktoren wussten damit umzugehen. So erlebten sie aus erster Hand wichtige Entwicklungen mit und konnten fundiert berichten, während andere Medien sich mit Pressemitteilungen zufriedengeben mussten. Frenkel kam zudem seine jüdische Abstammung zugute, dank der er kritische Dinge schreiben und sogar dem World Jewish Congress an den Karren fahren konnte. Anderen Medien war dies nicht möglich, ohne sich gleich dem Vorwurf des Antisemitismus auszusetzen. Allerdings musste auch Frenkel von Seiten schweizerischer Juden viel Kritik einstecken, die in der Anschuldigung gipfelte, er sei eben ein »antisemitischer Jude«. Anfangs herrschte auch die Meinung vor, man habe in diesem Konflikt den US-

Standpunkt zu übernehmen. Erst im Laufe der Zeit und auch wegen den Artikeln in der NZZ wurde klar, dass dem nicht so sein müsse. Deshalb war auch Christoph Blocher von Frenkel angetan und liess ihn eine geplante Grundsatzrede zu den nachrichtenlosen Vermögen vorab gegenlesen. Jahre später hiess es in einer Laudatio der Schweizer Stiftung für den Doron-Preis:

> Während viele Schweizer Journalisten und sogar einige Historiker den opportunistischen Attacken aus Amerika bereitwillig Resonanz verliehen, rückte Max Frenkel die seinerzeitigen Geschehnisse scharfsinnig ins rechte Licht und nahm damit substanziell Einfluss auf die wichtigste politische Debatte der Nachkriegszeit in unserem Land.[78]

Am Ende bot man am Paradeplatz Hand zu einem 1,25 Milliarden Franken teuren Vergleich. Kann es da erstaunen, dass andere Staaten ihre Lehren daraus zogen? Etwa die Mitglieder der in Paris domizilierten »Organisation für wirtschaftliche Zusammenarbeit und Entwicklung« (OECD). Deren Fiskalausschuss hatte Bern schon seit über einem Jahrzehnt gedrängt, das Bankgeheimnis zu lockern oder ganz aufzuheben, um der Steuerflucht aus den Nachbarländern Einhalt zu gebieten. Doch wenn immer darüber abgestimmt wurde, legte die Schweiz ihr Veto ein. Anfänglich tat sie das zusammen mit Luxemburg und Österreich, später auf sich allein gestellt und in einer Runde, in der neben den Nachbarn Deutschland, Frankreich und Italien auch der Rest der industrialisierten Welt sass. Es war kein nachhaltiger Zustand.

Trotzdem verteidigte auch die NZZ das Bankkundengeheimnis als Schutz der Privatsphäre und Ausdruck des speziellen Verhältnisses zwischen Staat und Bürger in der Schweiz. Man unterschied damals zwischen Steuerhinterziehung und Steuerbetrug, wobei nur Letzterer juristisch ein Vergehen darstellte. Als der deutsche Finanzminister einmal der NZZ einen Besuch abstattete, begegnete ihm die Wirtschaftsredaktion mit eben diesem Argument. Im Laufe der darauffolgenden hitzigen Debatte dürfte Peer Steinbrück den Eindruck erhalten haben, für die NZZ sei jeder Euro, der am Fiskus eines Hochsteuerlandes wie Deutschland vorbeigeschleust werde und in der Schweiz lande, ein guter Euro. Ergo versicherte er der Zeitung, dass diese Haltung keine Zukunft habe. Und er sollte Recht behalten.

Die Schweiz war schlicht zu klein, um sich allein gegen die Welt zu stemmen; auch wenn Finanzminister Hans-Rudolf Merz mit Appenzeller Trotz meinte, das Bankkundengeheimnis sei nicht verhandelbar. Noch im März 2008 erklärte er grossmundig, das Ausland werde sich daran die Zähne ausbeissen. Allein, das war Wunschdenken. Einmal mehr hatte Bern zu lange zugewartet, bis der Druck von Aussen unwiderstehlich gross war. Nicht nur der britische Premierminister Gordon Brown, auch kontinental-europäische Amtskollegen machten Merz Dampf. Sie gaben ihm zu verstehen, dass die Eidgenossenschaft nicht länger um eine gewisse Lockerung des Bankgeheimnisses herumkäme – zumal in der OECD eine »Schwarze Liste« zirkuliere, auf der die Schweiz als Steueroase gebrandmarkt werden könnte. Peer Steinbrück trat sogar eine Lawine der Entrüstung los, als er im März 2009 am Rande des G-20-Finanzministertreffens von London erklärte, er habe die Schweiz nie auf eine derartige Liste setzen wollen. Allein die Drohung damit habe genügt, um die »Indianer« in Bewegung zu versetzen:

> Dass eine solche Liste erarbeitet werden könnte (...) ist umgangssprachlich formuliert, die Siebte Kavallerie im Fort Yuma, die man auch ausreiten lassen kann. Aber sie muss nicht unbedingt ausreiten. Die Indianer müssen nur wissen, dass es sie gibt.[79]

Nicht genug, dass er die Schweizer mit Indianern vom Colorado River verglich, nein, Steinbrück drohte den Eidgenossen später auch noch mit der Peitsche. Für die Betroffenen wirkte das wie Kriegsgeheul, welches latente, antigermanische Gefühle weckte. »Der hässliche Deutsche« titelte »Blick am Abend« auf seiner Frontpage mit Steinbrücks Konterfei. Und Bern protestierte beim deutschen Botschafter wegen Steinbrücks agressiver Prosa. Bundesrat Ueli Maurer soll sogar erwogen haben, seine Mercedes S Limousine gegen einen Renault Espace einzutauschen. Allein, die Franzosen übten nicht minder starken Druck aus als die Deutschen, nur taten sie dies diplomatischer als der Haudegen Steinbrück.

Der Aufschrei in Helvetien nützte aber wenig. Ein Jahr später, im März 2009, es war ein Freitag, der 13., stellte Merz überraschend den Antrag an den Bundesrat, die von der OECD geforderte »erleichterte Amtshilfe in Steuersachen« zu übernehmen. Damit war der Damm gebrochen: Bern kroch zu Kreuze. Max Frenkel hatte schon Jahre zuvor Helvetiens internationalen Ansehensverlust beklagt:

> Für die Europäische Union ist die Schweiz ein Parasit der »Finanzinteressen der Gemeinschaft«. Deutschland behandelt die Schweiz seit einigen Jahren mit deutlicher Herablassung. In Italien hat die Politik der Nadelstiche bereits längere Tradition. Für Frankreich, den dritten der grossen Nachbarn, ist die Schweiz (…) ohnehin keine wichtige Figur auf dem Schachbrett der frankophonen Interessen mehr. Und von den USA sei hier besser geschwiegen.[80]

Was damals für die Schweiz galt, galt auch für die NZZ: Plötzlich musste die Wirtschaftsredaktion ihre aus liberaler Überzeugung erfolgte Verteidigung des Bankkundengeheimnisses fallen lassen. Zwar nicht lautlos, aber dennoch lustlos. Das Aufgeben solch tradierter Werte schmerzte umso mehr, als

Gestern Freund, heute Feind

dieser Prozess von ständig neuen Sparrunden innerhalb der Zeitung begleitet war. Diese toxische Mischung traf das Blatt in seinem Selbstbewusstsein. Das spürten auch Aussenstehende. So gratulierte etwa ein Ressortleiter der »FAZ« 2012 seiner jungen Schweizer Volontärin Nina Belz zum Abschied, beziehungsweise zu deren künftiger Festanstellung bei der NZZ: »Ihnen wünsche ich viel Glück und ihrer Zeitung etwas mehr Selbstvertrauen.«

Ein Jahrzehnt zuvor hatte die NZZ noch ein solches besessen. So ritt sie im Jahr 2000 eine scharfe Lanze gegen die EU, nachdem diese Österreich zum »Outcast« erklärt hatte. Der Grund: Mit der demokratisch gewählten »Freiheitlichen Partei Österreichs« (FPÖ) unter Jörg Haider nahmen erstmals rechtsnationale Populisten an der Regierung in Wien teil. Das löste in Brüssel Entsetzen aus. Weil Österreich damit aber keine EU-Regeln verletzte, waren der EU-Zentrale die Hände gebunden. Dafür sprangen die übrigen 14 EU-Staaten ein und belegten den Alpenstaat mit Sanktionen, so dass de facto auch zwischen Brüssel und Wien Eiszeit herrschte. In diesem Moment leistete die NZZ dem Nachbarn Schützenhilfe. In einem an Klarheit kaum zu übertreffenden Kommentar sprach Chefredaktor Bütler Tacheles gegenüber der EU:

> Es drängt sich die Vermutung auf, man reagiere in EU-Kreisen im Falle eines kleinen Landes politisches Missbehagen ab, das man gegenüber grossen EU-Staaten in ähnlicher innenpolitischer Lage niemals im Tone vorsorglicher Bevormundung und Bestrafung vorzutragen wagte. Hatte Brüssel Paris mit Sanktionen gedroht, als anfangs der achtziger Jahre kommunistische, ja stalinistische Minister von den Sozialisten in die Regierung gehievt und Enteignungen angeordnet wurden, die eigentlich gegen jedes europäische Rechtsverständnis verstiessen? Und hat Brüssel mit hartem Protest aufgewartet, als 1994 in Italien der

rechtsbürgerliche Berlusconi fünf neofaschistische Minister vom Movimiento sociale in die Regierung aufnahm? Protest gab es damals vorwiegend aus Frankreich (…) Aber Brüssel schwieg.[81]

Zurück zu den USA: Die Welt und mit ihr die Schweiz müssen sich zunehmend deren Diktat unterordnen. Exemplarisch zeigt sich das am Monstergesetz Facta. Als Kurzform für »Foreign Account Tax Compliance Act« bringt dieses, wie die NZZ schrieb, in Steuersachen »unheimliche« Transparenz. Weit über 100 000 Banken, Fonds, Versicherer und Vermögensverwalter weltweit unterwarfen sich »freiwillig« Facta und erklärten sich bereit, als Hilfssheriffs der US-Steuerbehörde zu wirken. Wer nicht spure, werde de facto vom lukrativen US-Finanzmarkt ausgeschlossen, schrieb die NZZ und mahnte:

> Eine massvolle Reform der internationalen Amtshilfe in Steuersachen wäre aus liberaler Warte das Mittel der Wahl gewesen. Stattdessen befinden sich die Anhänger des Steuerwettbewerbs und des Schutzes der Privatsphäre auf dem Rückzug. Die Entwicklung hin zum »gläsernen Kunden« und zur Angleichung der Steuerregime scheint unaufhaltbar. Ausgerechnet die sonst die Freiheit stets betonenden USA haben mit Facta ganze (Vor-)Arbeit geleistet.[82]

Das Blatt erwähnte auch, dass Facta zu einem guten Stück als Folge des Steuerstreits mit der Schweiz entstanden war. Weil Schweizer Banken amerikanischen (und anderen) Kunden aktiv geholfen hatten, Geld vor dem Fiskus zu verstecken, seien die USA erst auf die Idee eines solchen Gesetzes gekommen. Helvetische Geldinstitute lieferten den Amerikanern sozusagen einen Steilpass. Allen voran die Bank Wegelin, das älteste Geldhaus der Schweiz. Dieses hatte just diejenigen US-Kunden angelockt, welche die UBS zuvor auf Druck der

US-Steuerbehörde abgestossen hatte. Solcher Übermut brach letztlich Wegelin das Genick. Einer der Hauptverantwortlichen für das Fiasko war Teilhaber Konrad Hummler, der während knapp zwölf Monaten auch als Präsident der NZZ amtierte, ehe er sein Amt wegen des Steuerkonflikts in den USA widerwillig niederlegen musste. Der Ostschweizer war nach Eric Honegger bereits der zweite freisinnige NZZ-Präsident innert weniger als einem Jahrzehnt, der vorzeitig abzudanken hatte. Eine Bürde für das Blatt, die sicherlich auch mit dazu beitrug, dessen Selbstvertrauen zu schwächen.

2008 liess die Zeitung auf Druck der UBS einen Artikel ihres Bankenspezialisten Beat Brenner aus allen elektronischen Datenbanken löschen. Der umstrittene Text, in dem der damals bereits schwerkranke Autor den UBS-Präsidenten Marcel Ospel kritisierte, und für welchen die Zeitung später eine Entschuldigung abdruckte, ist nur noch in alten NZZ-Ausgaben, sowie im physischen Zeitungsarchiv vorhanden, das bei der Zentralbibliothek in Zürich ausgelagert ist. Die Löschung war ein aussergewöhnlicher und wie viele damals meinten ein der NZZ unwürdiger Kniefall vor einem einflussreichen Mann, dessen Karriereende absehbar war. Sechs Wochen nach Brenners Kommentar gab die Grossbank am 1. April 2008 bekannt, Ospel werde an der nächsten GV abtreten. Hätte die NZZ nicht mehr Standfestigkeit zeigen können und müssen? Man mag diese Frage bejahen, doch aus juristischer Sicht enthielt der Text einen unbedachten Satz zum Geschäftsgebaren der UBS, den vor Gericht zu verteidigen schwer gewesen wäre. Deshalb empfahl Claudia Schoch, die NZZ-Hausjuristin und langjährige Inlandredaktorin, die einzig nach rechtlichen Kriterien urteilte, die Löschung des Artikels. Doch was, um Gottes Willen, hat Brenner denn eigentlich am 15. Februar 2008 in der NZZ an Explosivem geschrieben? Zur Beantwortung dieser Frage sei sein Text – ohne den juristisch kritischen Satz – aus der Versenkung hervorgeholt:

Um Konflikten vorzubeugen. Der Schreibende ist aktiv an der Basler Fasnacht – Marcel Ospel auch. Es gibt Unterschiede. Am Donnerstag danach weilte der Autor in den Ferien. Ospel war physisch nicht präsent, als die UBS ihre Pressekonferenz zum jämmerlichen Abschluss durchführte. Unter Ospels Billigung wurde an diesem für Basler (die UBS hat hier einen Teil ihres Sitzes) wichtigen Tag der Jahresabschluss präsentiert. Anwesend war »M. O.« beim »UBS-Marignano« nicht. Das überliess er dem vor einem halben Jahr eingewechselten CEO. Hält man sich an das Bankengesetz, so ist Ospels »Absentia« korrekt. Die Leistung ist Sache der Direktion. Nur: Ospel ist nicht dafür bekannt, dass er diese Gewaltentrennung respektiert. Im Zusammenhang mit dem Untergang der Swissair hatte er sich in einem Ausmass eingemischt, dass die gesetzlichen Regelungen mit Nonchalance ausgehebelt hatte. (...) Wie dem auch sei, die Aufsicht hüllte sich über Ospels flagranten Verstoss in Schweigen. Sein Husarenstreich wurde mit höherer Gewalt schöngeredet. In der Stunde der Not gehört der Kapitän – zuständig oder nicht – auf die Brücke. Nur, am Tag nach der Fasnacht war Ospel in der UBS, die ihn während Jahren fürstlich gelöhnt hatte, nicht anwesend. Ungeachtet aller grossen Verdienste ist er damit zunehmend nicht mehr Teil der Lösung. Er avancierte zum Teil des Problems.

Natürlich kam das NZZ-Einlenken – wenn auch ungewollt – einer Desavouierung Brenners gleich, welche dieser auch als eine solche empfand. Hans-Peter Thür, Leiter des Verlages »NZZ Libro«, der wie Brenner in Basel lebt und häufig mit ihm im gleichen Zugabteil sass, erinnert sich: »Beat, der bereits von seiner Krankheit gezeichnet war und dieser auch ein Jahr später erlag, haderte damals mit dem Vorgehen der NZZ. Er war deshalb sehr schlecht auf Chefredaktor Spillmann zu sprechen.« Technologisch war es zu dieser Zeit aber nicht möglich, bloss einen Satz aus dem archivierten Text zu streichen, man musste den gesamten Artikel eliminieren.

Die Causa Brenner sollte kein Einzelfall bleiben. 2014 kam es zur Causa Henkel. Die NZZ-Wirtschaftskorrespondentin mit Sitz in New York hatte zum »coming out« von Apple-Chef Tim Cook in der NZZ-Rubrik »Reflexe« den angesehenen Manager für sein öffentliches Eingeständnis seiner Homosexualität kritisiert. Wörtlich schrieb sie:

> Cook spricht sich für Vielfalt und Diversität aus und wendet sich gegen die Diskriminierung von Minderheiten. Das ist ehrenvoll. Die Rechte von Minderheiten werden in der Mehrheit der Länder dieser Welt mit Füssen getreten. (…) Aber Cook selbst ist weder ein Bürgerrechtler noch ein Politiker, wie es Martin Luther King bzw. Robert F. Kennedy waren – auf beide beruft er sich in seinem Text. Cook ist auch kein Unternehmer, sondern ein Manager, der ein Unternehmen führt, das ihm nicht gehört. Er ist ein herausragender Manager, aber er missbraucht seine Macht, wenn er als Chef von einem der am meisten beachteten Konzerne der Welt seine sexuelle Orientierung zum Thema macht. Das ist nicht Bestandteil seiner Aufgabe.[83]

Christiane Henkels Kommentar löste umgehend eine Kontroverse in den sozialen Medien aus. Wohl aus Angst vor einem unkontrollierbaren Sturm der Entrüstung fiel Chefredaktor Spillmann der Korrespondentin mit einem Hüftschuss auf Twitter in den Rücken: »Unser Kommentar ist Fehlleistung. Kontrolle versagt. Bedaure das. Sexuelle Orientierung ist Menschenrecht. Auch für Apple-Chef.« Spillmann entschuldigte sich also für einen Kommentar einer Mitarbeiterin, der faktisch keine Fehler enthielt. Es war eine Meinungsäusserung, eine überflüssige vielleicht, in einer Kommentarspalte. Als Chefredaktor hätte er diese Ansicht gegen Aussen verteidigen können, ja müssen, auch wenn er sie persönlich nicht teilte. So sahen es NZZ-Redaktoren und Redaktorinnen und so sah es die »Süddeutsche Zeitung«, die heftig reagierte:

Eine starke Marke

In diesem Herbst hat die Neue Zürcher Zeitung ihren Geist aufgegeben. (…) Ein grösserer Gesichtsverlust ist schwer vorstellbar. Eine rückgratlose Führung ebenfalls. Und das bei der NZZ! Das stolze Blatt, 1780 gegründet, wirbt bis heute damit, dass es das Tagesgeschehen »im Geiste einer liberalen Weltanschauung« begleitet. Doch das Gespenst des digitalen Mobs hat den alten liberalen Geist offenbar verjagt. Und das nicht nur bei der NZZ![84]

Ironie der Story: Der Autor obiger Zeilen, Marc Felix Serrao, ist inzwischen politischer Korrespondent der NZZ in Berlin! Die meisten deutschen Zeitungen spendeten allerdings Beifall für Spillmanns »engagiertes Handeln«. Der Fall illustrierte, was Wirtschaftschef Schwarz einmal intern beklagte:

> (…) dass wir Kommentare schreiben müssen, wenn wir nichts zu sagen haben oder gar nichts Kommentarwürdiges passiert ist; dass wir Ereignisse von mittlerer Bedeutung zu »Aufmachern« aufblasen müssen; dass wir immer mehr zu Geschichtenerzählern werden, statt dass wir berichten und analysieren; dass »Eckenbrüller« und »Aufreger« unsere Seiten bevölkern; dass wir Dinge »abgreifen« und am Kochen halten.[85]

Das waren Worte aus dem Krisenjahr 2009. Natürlich machte sich G. S. mit dieser, auf den Chefredaktor gemünzten Klage bei Spillmann nicht beliebt – wobei die beiden das Heu damals sowieso nicht auf der gleichen Bühne hatten. Umgekehrt verstärkte Spillmann 2014 mit seinem impulsiven Twitter-Schnellschuss den Eindruck, auf seinem Posten überfordert zu sein. Ein Eindruck, der nicht nur an der Falkenstrasse und in Leserkreisen verbreitet war, sondern auch im NZZ-Verwaltungsrat, was bald darauf entsprechende Folgen haben sollte.

Kapitel 3: Sparen als Strategie

3.1 Jammern ohne zu leiden

> *Falls die NZZ einmal ausschliesslich von Buchhaltern verwaltet wird, werde ich meinen Unterhalt eben als Barpianist verdienen.*[86]
>
> Victor Kocher,
> Ehemaliger NZZ-Korrespondent
> und Hobby-Klavierspieler

»Wer spart eigentlich noch?«, fragte Kolumnist Beat Kappeler im »NZZ Folio« vom März 2017, und lieferte gleich die Antwort: Die Angelsachsen seien bekennende Nichtsparer geworden. Im Mittel des Jahres 2015 hätten Amerikaner bloss sechs Prozent ihres verfügbaren Haushaltseinkommen auf die hohe Kante gelegt, Kanadier vier Prozent und Engländer überhaupt nichts mehr! Dagegen sparten Deutsche und Franzosen um die 10 Prozent, Schweden 16 Prozent und die frugalen Schweizer 19 Prozent. Spitzenreiter seien aber mit Abstand die Chinesen, welche sage und schreibe 38 Prozent ihres neuen Reichtums auf die Seite legten. In der NZZ herrschten somit lange Zeit chinesische Verhältnisse. Vor allem seit dem Trauma des ersten Erdölschocks von 1973/74, welcher der Geschäftsleitung unter Fred Luchsinger auf brutale Weise demonstriert hatte, wie stark konjunkturabhängig die Medienbranche ist. Innert weniger Monate hatte das Unternehmen einen zweistelligen Millionen Franken schweren Einbruch bei den Inseraten hinzunehmen. Um weiterhin funktionieren zu können, musste es einen Notkredit bei seiner Hausbank, der Schweizerischen Kreditanstalt, aufnehmen. Der Schock sass tief. Seither galt: »Spare in der Zeit, so hast Du in der Not.« Und weil der Rubel vor allem in den 1980er und 1990er Jahren rollte, wuchs der Notbatzen in dieser Zeit besonders stark an – zumindest bis zum Börsencrash von 1987 sowie in den Jahren danach. Damals war es noch möglich, hohe versteckte Reserven zu bilden, so dass viel Kapital auf diese Art und Weise gebunden wurde. Beträchtliche Mittel landeten zudem im patronalen Fonds der NZZ. Bütler nutzte diesen, um soziale Härtefälle in Redaktion oder Verlag abzufedern. Ausserdem wurden als sichere Wertanlage gezielt erstklassige Immobilien erworben: das Eckhaus mit dem Restaurant »Conti« im Parterre, die Büroliegenschaft an der Seehofstrasse 16, sowie das Haus des Mitbegründers der »Zürcher Zeitung«, Salomon Gessner in der Zürcher Innenstadt. Dabei bildete die »Alte Tante« nicht nur ansehnliche Reserven, sondern setzte auch selber Speck an. Im IT-Bereich leistete man sich teure Eigenentwicklungen an Stelle günstigerer Prêt-à-porter-Lösungen. Finanzchef Jean-Philippe Rickenbach stellte mit grosszügigem Budget sicher, dass die Zeitung technologisch an der Spitze der Branche mithielt. Gleichzeitig liess er den obersten Stock des Gebäudes an der Seehofstrasse für sein imposantes Büro und einen nicht minder imposanten Konferenzraum ausbauen. Alles in allem blieben die teils gigantischen Gewinne aber im Unternehmen. Schliesslich galt deren Thesaurierung als das probateste Mittel, um die Unabhängigkeit der Zeitung – ein hohes Gut – zu sichern.

Effektiv sparsam war man aber bei den Löhnen. Selbst in guten Zeiten gab es nur geringe Aufbesserungen, weil man ja, so das Argument der Obrigkeit, immer fürchten musste, von der nächsten Konjunkturabkühlung getroffen zu werden. Also pflegte man die Kunst des Jammerns ohne zu leiden. Wirklich leiden musste die NZZ-Gruppe aber 2002, als sie einen rekordhohen Verlust von 50 Millionen Franken einfuhr, was umgehend einen Abbau von Leistung und Personal in allen Bereichen zur Folge hatte. »Ziel dieser Massnahmen ist nicht das Sparen, sondern die Herausgabe einer qualitativ guten Zeitung mit weniger Kosten«, hiess es damals in einer internen Mitteilung. Was lapidar daherkam, wurde fortan zur ungewollten Strategie. In jedem Jahr, in dem die Einkünfte aus der Werbung sanken, galt es das Kostenkleid dem engeren Einnahmenkorsett anzupassen. Und so kam es zwischen 2002 und 2017 zu sieben Sparrunden – im Mittel eine fast alle 24 Monate. Ein Ende dieses Prozesses ist nicht absehbar. Im Gegenteil: Bereits rüstet man sich auf den Tag, an dem als Folge dieser Schwindsucht vielleicht überhaupt keine Werbegelder mehr in die gedruckte Zeitung fliessen werden. Ergo verharrte man im Sparmodus, auch 2019 unter Felix Graf, dem dritten CEO innert zehn Jahren.

Der erste, Polo Stäheli, hatte vom Verwaltungsrat einen klaren Auftrag zum Sparen bekommen. Und das tat er auch. Er sparte, wo er konnte. Die Mitarbeiter der Falkenstrasse wurden sogar angehalten, die Lifte im Haus weniger zu benutzen. Diese, so hiess es, würden häufiger verwendet als im Warenhaus Jelmoli. Man sparte im Winter an der Heizung und im Sommer an der Kühlung. Zudem lud er erstmals keine ehemaligen Redaktionsmitglieder zum traditionellen Mittagessen im Anschluss an die NZZ-Generalversammlung ein. Und im NZZ Bistro waren vorübergehend für ein Glas Leitungswasser 70 Rappen zu bezahlen. Der CEO löste stille Reserven auf, indem er Immobilien im In-und Ausland über deren Buchwert versilberte – einschliesslich vieler Korrespondentenhäuser. Allein der Verkauf der Residenz in Tokio soll 1,7 Millionen Franken in die Kasse der NZZ gespült haben. Insgesamt verringerte sich der in der Bilanz ausgewiesene Immobilienbestand zwischen 2008 und 2013 um über 40 Millionen Franken. Stäheli tätigte zudem tiefe Einschnitte im Verlag und übernahm selber viel von dessen Tätigkeit. Ausserdem kürzte er das Redaktionsbudget von 60 Millionen Franken auf 40–45 Millionen Franken. Damit geriet er auf Kollisionskurs mit dem jungen Chefredaktor Spillmann, der Bütler 2006 beerbt und während fast zwei Jahren – gemäss dem Primat der Publizistik – auch den Vorsitz in der Geschäftsleitung innehatte. Weil diese Funktion nun an den CEO übergegangen war, kam es zu einem systeminhärenten Machtkampf. Dabei waren die Rollen ungleich verteilt: Hier der routinierte CEO, der keinerlei Bindung zur NZZ hatte; dort der ihm alters- und erfahrungsmässig weit unterlegene Chefredaktor, der schon seit 1997 bei der NZZ arbeitete und entsprechend viel Empathie für die Redaktion empfand. Spillmann tat sich sehr schwer mit den von CEO und Präsident verordneten Kahlschlägen. Anfänglich wehrte er sich wie ein Löwe gegen die beiden »Chefbuchhalter« an der Unternehmensspitze. Später begann er passiven Widerstand zu leisten und setzte längst nicht alles um, was umzusetzen ihm befohlen worden war. Dabei kam ihm zugute, dass nicht alle Verwaltungsräte hinter dem drastischen Sparkurs standen. Einzelne sollen den Chefredaktor sogar ermuntert haben, behutsamer vorzugehen.

Stäheli und Meyer konterten mit einem cleveren Schachzug. Sie gründeten die NZZ Management AG, welche fast alle Bereiche ausserhalb der Redaktion abdeckt: Marketing, Personal, Informatik, Rechtswesen und Controlling. So konnten sie in diesen Teilen frei schalten und walten und vor allem sparen. Bei der Redaktion dagegen blieb nur eine Ausgabenkategorie übrig: Die Personalkosten. Wenn gespart werden musste, dann dort. Jede Auslandseite in der NZZ, so rechnete Stäheli einmal vor, verschlinge im Mittel 8000 Franken, um danach anzufügen: »Wir sind wohl weit und breit die Einzigen, die einen derart teuren Auslandteil anbieten können.« Das war ein Wink mit dem Zaunpfahl: Dass man sich diesen Luxus in Anbe-

Jammern ohne zu leiden

tracht der wegbrechenden Werbeeinnahmen nicht mehr lange werde leisten können. Und so kam es 2009 zu ersten Entlassungen im Korrespondentenstab, denen seither weitere folgten. Es war zweifellos eine Erlösung für Spillmann, als der erste CEO der NZZ per Ende 2013 in Pension ging. Nach der x-ten Sparrunde hatte sich aber auch der Chefredaktor schon so an den Rotstift gewöhnt, dass er resigniert meinte: Wichtig sei einfach, rechtzeitig zu spüren, wenn der Sparprozess an publizistische, unternehmerische oder finanzielle Grenzen stosse. Eine NZZ benötige nun einmal genügend Personal und Fachkompetenz und müsse international präsent sein. Das koste Geld. Mit Sparen allein sei es nicht getan. Man könne sich auch zu Tode sparen! Das war eine Spitze gegen den abtretenden CEO. Dieser hatte allerdings in den Augen des NZZ-Präsidenten seinen Auftrag mit Bravour erfüllt. Er baute eine neue Führungsstruktur auf, speckte das Unternehmen ab und wandelte es in eine integrierte Verlagsgruppe, die wieder rentierte. Alleine dank der Zentralisierung des Einkaufs wurden Millionen eingespart. Doch nach Jahren des Abbaus war es Zeit für einen strategischen Aufbruch. Dass Stäheli für diesen Job der richtige Mann war, wurde bezweifelt. Vielmehr hiess es, der Feuerwehrmann habe seine Pflicht getan, der Feuerwehrmann könne gehen. Stäheli selber sah sich durchaus fähig, eine Zukunftsstrategie zu erarbeiten und umzusetzen. Es war eine Version »light« dessen, was Ringier und Tamedia vorexerzierten. Beide investierten massiv in Aktivitäten ausserhalb der Medienwelt. Ringier-CEO Marc Walder betonte im Herbst 2017 sogar: »Unser Unternehmen strebt eine möglichst geringe Abhängigkeit vom Journalismus an.« Ringier habe in den letzten Jahren bereits 1,8 Milliarden Franken ausgegeben für rund 50 Zukäufe in den Bereichen Marktplätze, Ticketing, E-Commerce und Radio- sowie Sportvermarktung. »Heute erwirtschaften wir 65 Prozent unseres Ebitda mit digitalen Geschäften. Vor sechs Jahren waren wir noch bei Null«, rechnete Walder vor. Es ist somit nur logisch, dass der lange Jahre an der Fassade des Ringier-Hauses in Zürich prangernde Schriftzug »Pressehaus« inzwischen entfernt wurde.

Anders bei der NZZ: Deren Diversifikationsstrategie vermochte bis zu Stähelis Abschied nicht wirklich zu greifen. Der Anteil des Digitalbereichs am Gesamtumsatz lag 2013 unter 10 Prozent, während er bei Ringier (Schweiz) und Tamedia 25,7 bzw. 21,8 Prozent erreichte. Das war nicht Stähelis Schuld. Die NZZ litt weiterhin darunter, dass sie in den Jahren zuvor viele Chancen hatte verstreichen lassen, was auch Stäheli beklagte:

> In der alten NZZ-Kultur hiess es abwägen, abwägen und nochmals abwägen und dann doch lieber nichts tun. So hat man den Einstieg in sämtliche Rubrikenmärkte verpasst. Alles lag auf dem Servierbrett bereit, aber vor lauter Vorsicht machte man am Schluss gar nichts.[87]

NZZ-Verwaltungsratspräsident Meyer, der für die verpassten Chancen massgeblich verantwortlich war, schob die Schuld für den Rückstau an Pendenzen gerne der früheren Gruppenleitung in die Schuhe. Diese habe oft schwerfällig agiert und Themen lange liegengelassen.[88] Dabei stand auch Meyer häufig auf der Bremse.

In seiner fünfjährigen Amtszeit hatte Stäheli vier verschiedenen Präsidenten zu dienen. Zuerst seinem alten Schulkollegen Meyer, welcher 2010 vorzeitig das Szepter an Konrad Hummler übergab. Bedingt durch die Krise bei dessen Privatbank Wegelin trat dieser später in Ausstand, ehe er 2012 widerwillig ganz ausschied. Es folgte der Urner FDP-Mann Franz Steinegger, der 12 Monate bis zum Erreichen der statutarischen Altersgrenze waltete. Danach übernahm 2013 Etienne Jornod das Ruder. Es waren glücklose Jahre für die NZZ, weil man ohne wirkliche Führung wenig Neues anging.

Jammern ohne zu leiden

Immerhin hinterliess Stäheli eine mit knapp 200 Millionen Franken gefüllte Kriegskasse. Ein stolzer Betrag, der aber nur solange beeindruckt, bis man die astronomisch hohen Summen sieht, die für Unternehmen im Onlinebusiness gezahlt werden: Tamedia und Ringier legten 390 Millionen Franken für das erwähnte jobs.ch auf den Tisch, und Axel Springer gab mit »PubliGroupe« 215 Millionen Euro für »Zanox« aus, Europas führendes Performance Marketing Netzwerk. Die NZZ-Gruppe könnte also bloss einen oder zwei Schüsse abfeuern. Und die dürften nicht in den Ofen gehen! Ergo schreckte man vor einem solchen Wagnis zurück. Veit Dengler war letztlich ebenfalls zum Sparen verurteilt. Er schloss die Druckerei in Schlieren und liess NZZ und »NZZ am Sonntag« anschliessend bei Tamedia drucken. Mit diesem radikalen Schnitt wurden auf einen Schlag über 120 Arbeitsplätze eingespart. Das ging nur deshalb reibungslos über die Bühne, weil die Zeitung mit Blick auf erste Protestaktionen den Betroffenen aus dem Wohlfahrtsfond gute Sozialpläne offerierte. Zudem fanden alle Entlassenen – mit Ausnahme der Ungelernten – rasch neue Arbeit. Zehn NZZ-Drucktechnologen wurden laut Vereinbarung mit Tamedia von dieser übernommen, damit der Druck der NZZ-Blätter in der Hand von NZZ-erfahrenen Kräften blieb. Dengler und Jornod sahen die Druckereistilllegung als Win-Win-Situation. Der Leser merke nicht, wo die Zeitung gedruckt werde, die NZZ-Betriebsrechnung dagegen schon. Man könne bei Tamedia gut 40 Prozent billiger drucken, habe keine Fixkosten mehr und müsse künftig nicht Millionen zur Aufrechterhaltung der Maschinen investieren. Nach einem Einmalabschreiber von 55 Millionen Franken, der dank solider Bilanz verkraftbar sei, dürfte sich das Betriebsergebnis in den Folgejahren um jeweils 5–6 Millionen verbessern. Soweit die Perspektive von CEO und Verwaltungsrat. Als Ende 2016 die Vollzeitstelle des Tessiner Korrespondenten der NZZ ebenfalls den

Sparen als Strategie

Sparmassnahmen zum Opfer fiel, meldete sich sogleich der erfolgreiche Unternehmer und Financier Tito Tettamanti zu Wort:

> Was es heisst, wenn Zeitungen keine Korrespondenten mehr ›on the ground‹ haben, zeigt sich in den USA. Nach der Wahl von Donald Trump erschienen in der »New York Times« und in anderen grossen Tageszeitungen unzählige Schuldbekenntnisse: Die Blätter gaben zu, dass sie seit Jahren auf Korrespondenten verzichtet haben, die mit den Gefühlen und dem Zustand des ländlichen Amerikas vertraut waren. (…) Nun lebt im Tessin niemand in einem Trailerpark und sein Rust-Belt, das Stahlwerk Monteforno, ist längst abgewickelt. Trotzdem sind die Beziehungen der Eidgenossenschaft zur Südschweiz schwierig. (…) Ein NZZ-Korrespondent, der im Tessin lebt und der sich die Mühe gibt, unsere Eigenheiten zu erforschen, könnte den Deutschschweizern erklären, weshalb wir Tessiner – schon wieder! – bei einem Urnengang gegen den gesamtschweizerischen Mainstream entschieden haben. (…) Es ist schade, hat die NZZ vergessen, welch wichtige Rolle sie für eine bessere Verständigung im Land spielt – und einfach darüber wegschaut, dass man Föderalismus nicht nur in Leitartikeln predigen, sondern auch leben muss.[89]

Einige Jahre später wurden auch die Korrespondentenposten in der Deutschschweiz aufgehoben und diese Mitarbeiter an die Falkenstrasse übersiedelt. Ressortchef Michael Schoenenberger rechtfertigte das teils mit den Möglichkeiten, sich offizielle Informationen aus der Region auch digital beschaffen zu können. Geichzeitig gestand er aber ein, dass die Berichterstattung aus den Kantonen von der Präsenz der Journalisten an Ort und Stelle lebte. Sein Fazit lautete deshalb: Zu behaupten, die NZZ verliere dadurch nichts, wäre unehrlich.

3.2 Adieu 265 Jahre Berufserfahrung

Die NZZ muss in ihre Mitarbeiter investieren. Wir brauchen sie als Qualitäts-Aushängeschild für die Schweiz.

Votum eines NZZ-Aktionärs
an der Generalversammlung 2011

2009 war das bis anhin schwärzeste Jahr in der Schweizer Mediengeschichte. Als »annus horribilis« ist es auch in die Chronik der NZZ eingegangen. Über zwei Dutzend altverdiente Mitarbeiter verloren vorwiegend wegen der Sparmassnahmen ihren Job. Besonders hart traf es die Wirtschaftsredaktion, wo gleich neun Redaktoren oder Korrespondenten auf einen Schlag das Haus verliessen. Es war ein Aderlass von seltener Brutalität, von dem sich das Ressort nie mehr wirklich erholen konnte, obwohl es mit 30 Mitarbeitern sehr gut dotiert ist. 2009 hatte Gerhard Schwarz kein Hehl aus seiner Erschütterung über den personellen Kahlschlag gemacht und geklagt:

> Man braucht nicht eigenes in die Annalen der NZZ zu steigen, um mit an Sicherheit grenzender Wahrscheinlichkeit behaupten zu können, dass es das in der fast 230-jährigen Geschichte der NZZ noch nie gegeben hat: dass das Ressort innert eines Jahres insgesamt neun Leute verliert. (...) Nimmt man alle neun zusammen, so sind das gemäss einer groben Schätzung 155 Jahre an NZZ-Korrespondenten-Erfahrung und 265 Jahre an journalistischer NZZ-Erfahrung insgesamt, die das Blatt und ihr Wirtschaftsressort innert weniger Monate verlieren. Zählt man die Berufserfahrung in anderen Unternehmen und anderen Medien dazu, sind es sogar noch einige Jährchen mehr.[90]

Die neun Abtretenden waren für die NZZ weltumspannend tätig gewesen: In Bern, Bonn, Brüssel, Buenos Aires, Lima, London, Mexico City, Neu Delhi, New York, Paris, Rom,

Stockholm, Tokio, Vancouver, Washington, Wien und Zürich. Es war eine veritable Wachablösung, die zu einem Verlust von Qualitäten führen musste; selbst wenn diese auch im verbliebenen Team, das den Karren weiter zu ziehen hatte, vorhanden waren, aber, wie Schwarz befürchtete,»weniger selbstverständlich«. Seine Liste der vom Aussterben bedrohten Eigenschaften war lang. Dazu zählten die Freude an der Sprache, am präzisen Ausdruck und am Ringen um die zutreffendste Formulierung; eine an Pingeligkeit grenzende Genauigkeit sowie grosse Sachkenntnis. Bedroht sah er auch die Fähigkeit zum Einordnen von Ereignissen in grössere Zusammenhänge sowie das ordnungspolitische Bewusstsein. Zudem befürchtete er den Verlust von Unbestechlichkeit und innerer Unabhängigkeit, an der sich manch eine Unternehmung oder Amtsstelle die Zähne ausgebissen habe. Aufschlussreich an seiner Aufzählung war aber auch, welche Fähigkeiten der Wirtschaftschef wegliess, weil sie für ihn und seine Generation nicht oder bloss am Rande von Bedeutung waren: Recherchierfreude, Geschwindigkeit, Bereitschaft am technischen Wandel teilzunehmen und Fähigkeit im Team zu arbeiten. Chefredaktor Spillmann bemühte sich, den Exodus als Ausdruck eines längst fälligen Generationenwechsels hinzustellen, der wirtschaftsbedingt etwas beschleunigt worden war. Es würden Kollegen und Kolleginnen vorzeitig pensioniert, die in den nächsten zwei bis drei Jahren die NZZ sowieso verlassen hätten. Für ihn sei es ein Gebot der sozialen Verantwortung gewesen, in einer solchen Krise jüngeren Kollegen die Stelle zu sichern. Trotzdem ging auch ihm diese Entlassungswelle, wie er im Rückblick gestand, unter die Haut, obschon dank dem Wohlfahrtsfonds noch anständige Sozialpläne möglich waren. In den folgenden Jahren sollte auch diese Quelle nicht mehr so üppig sprudeln.

Für Spillmann waren Journalisten mit hoher Dossierkompetenz ein wichtiges Alleinstellungsmerkmal der NZZ, an dem nicht gerüttelt werden dürfe. Trotzdem unternahm er wenig, um die Abtretenden als freie Mitarbeiter zu gewinnen und so deren Know-how weiter zu nutzen. Der frühere Auslandchef Hansrudolf Kamer, einst Stellvertretender Chefredaktor, dockte bei der »Weltwoche« an, während sein Kollege aus der Auslandredaktion Reinhard Meier zur Online-Zeitung »Journal 21« stiess. Dort boten auch andere ehemalige NZZler – inklusive Arnold Hottinger und ex-Indienkorrespondent Bernard Imhasly – ihre Reflexionen frei und franko an. Der angesehene NZZ-Militärfachmann Bruno Lezzi fand als Lehrbeauftragter an der Universität eine neue Herausforderung. Einzig Andreas Uhlig führte seine montägliche Finanzmarktkolumne weiter.

Natürlich entledigte sich die NZZ damals auch etlicher verdienter langjähriger Mitarbeiter, die weder willens noch fähig waren, den in Bewegung geratenen Transformationsprozess in Richtung »Online first« mitzutragen. Diese »Print-Gruftis« wurden zu einer Hürde auf dem Weg in die digitale Zukunft. So sah es auch CEO Dengler, der geradezu von einem Paradigmenwechsel sprach:

> Der klassische Experte existiert nicht wirklich mehr. Zumindest nicht derjenige mit einem lexikalen Wissen. Dieser Experte wurde von Google abgelöst. Insofern stimmt es leider auch für den Journalisten, dass er längst nicht mehr Spezialist im Sinne eines monopolistischen Wissensbesitzes ist. Er hat seine Rolle als Gatekeeper verloren. An seine Stelle traten die sozialen Netzwerke, die es praktisch jedem heutzutage ermöglichen, sich selber ein Bild von einer Situation zu machen und auf unzählige Quellen zurückzugreifen – sofern er denn die nötige Zeit und Geduld dafür hat. Die Spezialität der Journalisten besteht hauptsächlich darin, ein Ereignis fachkundig zu kommentieren und einzuordnen. Der Leser kann schliesslich nicht auch noch sein eigener Redaktor sein.[91]

Bereits bei seinem Amtsantritt hatte Dengler gedroht: Wem der eingeschlagene Weg nicht passe, müsse gehen. Inlandchef René Zeller donnerte gegenüber seinen Mitarbeitern noch heftiger: Draussen vor der NZZ warteten 200 Bewerber auf deren Job, sie sollten gefälligst spuren. So rau war das Klima geworden. Der massive Einbruch der Anzeigenerlöse verringerte den Handlungsspielraum dermassen, dass sich Frustration und stellenweise Ansätze von Verzweiflung breitmachten. Zwar gelang es der Zeitung, die Einnahmenausfälle durch Sparen, durch Preiserhöhungen auf dem Lesermarkt und durch den Verkauf von Familiensilber zu kompensieren. Doch war absehbar, dass dieser Weg früher oder später zu einem Ende kommen würde. Eine zügige Erschliessung neuer Einnahmequellen war das Gebot der Stunde, wie Denglers rabenschwarze Zukunftsvisionen belegten:

> Es gibt keinen Weg zurück zur alten heilen Welt. Das müssen wir ganz klar sehen. Die Printwerbung kommt nicht wieder. Es kursierte eine Zeit lang die Theorie, wonach sich die Printwerbung erhole, sobald die Gesamtwirtschaft wieder anzieht. Für die Jahre 2008 bis 2013 haben wir gesehen, dass das nicht der Fall ist (…) Es ist vorbei! Die Brücken brennen![92]

Die Krise der Medien ist längst nicht mehr den Launen der Konjunktur geschuldet, sondern einem tiefen Strukturwandel. Zwar wird immer noch viel Geld für Werbung ausgegeben, aber nicht mehr in Zeitungen, sondern auf sozialen Netzwerken und in Plattformen, die dank »Big Data« spezifisch auf Kunden oder Kundengruppen zielen können. Dort kommt es zu weniger Streuverlusten als beim Werben in einer Zeitung, bei der sich nur schwer messen lässt, ob und in welchem Umfang eine Annonce oder ein Inserat überhaupt Beachtung finden. Deshalb graben Grosskonzerne wie Facebook und Google, um nur zwei zu nennen, auch einer NZZ werbemässig das

Wasser ab. Mehr als 90 Prozent aller Schweizer Haushalte sind bei Google und Youtube, 85 Prozent bei Facebook. Logischerweise schichtet die Werbewirtschaft ihre Aufträge entsprechend um. Mit gravierenden Folgen für die Medienhäuser: 90 Prozent des Umsatzwachstums auf dem Schweizer Werbemarkt fliessen inzwischen ins Silicon Valley. Die entscheidende Frage lautet deshalb: Wie kann sich eine historisch gewachsene KMU vom Format der NZZ-Mediengruppe gegenüber den weltumspannenden US-Goliaths, die keine Rücksicht auf Historie zu nehmen haben, überhaupt behaupten? Die Antwort steht noch aus. Soviel aber ist gewiss: Tradition kann kein Geschäftsmodell sein. Sie kann leicht zu Götzentum und damit zu Sklerose führen. Wie die meisten Verlage befindet sich auch die NZZ-Mediengruppe auf einem Blindflug. Oder wie es der nie um eine Metapher verlegene Dengler einmal ausdrückte: »Wir fliegen in einem Flugzeug, das wir gleichzeitig umbauen.«

3.3 Das kurze Leben der neuen Kantine

Die Schliessung von NZZ Bistro war der Tropfen, welcher das Fass zum überlaufen brachte.[93]

Brigitte Hürlimann,
Ehemalige Präsidentin der Personalkommission

»Schnell, schnell«, »bystro, bystro« sollen Soldaten von Zar Alexander, die 1814, während des Napoleonischen Krieges, Paris besetzten, auf Russisch gerufen haben, wenn sie in dortigen Spelunken etwas bestellten. Und so soll sich in den Jahren danach Bistro als Begriff im Französischen eingebürgert haben: Für ein populäres Lokal, in dem man etwas trinken und vielleicht auch eine Kleinigkeit essen kann. Ein solches hat um die Jahrtausendwende auch die NZZ eröffnet: Das Personalrestaurant »NZZ Bistro« im Parterre der Falkenstrasse 12. Kein Vergleich mit der kargen, aber funktionellen Kantine, die in den Jahrzehnten zuvor im oberen Stock des gleichen Gebäudes existierte. »NZZ Bistro« war ein modernes Selbstbedienungslokal mit Flair, das die Handschrift der Gastro-Architektin Pia Schmid trug. Weil 2000 bei der NZZ der Rubel noch rollte, war nur das Beste gut genug. »NZZ Bistro« kostete 2,7 Millionen Franken und sollte sowohl zum raschen Imbiss wie zum Verweilen einladen. Es war ein Geschenk an die Mitarbeiter, welche dieses zu schätzen wussten. Hier trafen sie sich ressortübergreifend zum Essen, zum Diskutieren, zum gemeinsamen Projekteschmieden und zum Sich-Kennenlernen. Hier zeigte sich auch die neue Geschäftsleitung unter Ståheli, wobei diese meist an einem für sie reservierten Tisch Platz nahm. Anders als der frühere Chefredaktor Luchsinger, der, wenn er gut drauf war, in der Kantine an einem beliebigen Tisch Platz nehmen und die dortigen Mitarbeiter ins Gespräch verwickeln konnte; derweil die beiden Lokalredaktoren Peter Suter und Wilfried Spinner eine oder mehrere Partien Schach spielten – vor den Augen des Chefredaktors wohlverstanden. Man hatte Zeit oder man nahm sie sich. 1978, bei meinem Eintritt in die Zeitung, erwuchs der alten Kantine noch ernsthafte Konkurrenz vom »Falkenschloss«, einem Lokal an der Seefeldstrasse neben der heutigen Filiale der Credit Suisse. Zu der Zeit der drei täglichen NZZ-Ausgaben (bis 1968) war das »Falkenschloss« so etwas wie ein redaktioneller Aussenposten. Dort frühstückten die Kollegen von der Nachtschicht mit denjenigen, die den Frühdienst antraten. Ähnlich sah es mittags und abends aus, so dass das Lokal häufig NZZ-Kundschaft hatte. Dabei ging es nicht nur feuchtfröhlich zu und her, es wurde auch heftig diskutiert, redigiert und es wurden sogar Anstellungsgespräche geführt, wie die Lokalkorrespondentin für die Region Sihltal, Christa Arnet berichtete:

Das kurze Leben der neuen Kantine

Ich arbeitete bereits als freie Journalistin für den »Tages-Anzeiger« und den »Sihltaler«. Trotzdem erhielt ich einen Anruf von NZZ-Lokalredaktor Wilfried Spinner. Er bat mich ins »Falkenschloss«, wo er mir eröffnete, dass man mich ein Jahr lang observiert habe und zum Schluss gekommen sei, ich könne künftig ebenfalls für die NZZ schreiben. Ergo berichtete ich kurz darauf für drei Zeitungen gleichzeitig. Beim »Tages-Anzeiger« hatte man mich während einer Woche geschult und gedrillt, dass Geschwindigkeit gefragt sei. Beim »Sihltaler« hatte ich mehr Zeit, weil dieser nur dreimal wöchentlich erschien, und bei der NZZ gab Spinner mir zu verstehen, brauchte es nicht besonders schnell zu sein, dafür aber geistvoll.[94]

Gegen Ende der 1970er Jahre, als die drei und später die zwei täglichen NZZ-Ausgaben längst Geschichte waren, fand man am NZZ-Stammtisch im »Falkenschloss« fast nur noch Redaktoren und Redaktorinnen der am unteren Ende der NZZ-Nahrungskette angesiedelten Ressorts Lokales, Sport und Beilagen. Es war eine »muntere Fraktion«, bestehend aus Leuten, die weder einen guten Ruf zu verlieren hatten noch Karrierepläne im Hause NZZ schmiedeten. Piero Schäfer, damaliger Mitarbeiter im Ressort Zürich, widmete dem »Falkenschloss« sogar ein Buch:

> Tisch 11 war ein Treffpunkt für alle, die gerne eins trinken und es unterhaltsam und unbeschwert mögen. Die Beiz mochte leer sein, an diesem Tisch sassen immer ein paar Gäste. Es war der klassische Stammtisch. (...) Es war eine verwunschene Insel, ein Ort der ungezwungenen Begegnung, der Unterhaltung und der Freundschaft. Und des ungehemmten Becherns. So viel wie an diesem Tisch ist wohl an keinem anderen Ort der Stadt gelacht worden. »Falkenschloss«-Wirt Kurt Graf hatte seine helle Freude an den NZZlern. Sie brachten Stimmung und Umsatz; und weil er sich gegenüber seinen Stammgästen von vis-à-vis

erkenntlich zeigen wollte, schlug er vor, eine direkte Telefonlinie an den Tisch 11 legen zu lassen. So wurde der als mühsam empfundene Gang über die Falkenstrasse in die Redaktion mittels direkten Anschluss überflüssig. Anrufe von aussen wurden vom NZZ-Sekretariat nun direkt ins »Falkenschloss« umgeleitet. Wie Graf das geschafft hatte, bleibt ein Rätsel.[95]

Zurück zu »NZZ Bistro«: Auch wenn nicht alle Mitarbeiter dort einkehrten, konnte man sich als Teil der grossen NZZ-Sippe fühlen. Auf diese blickte von einer der Wände kein Geringerer als Mao Tse Tung herab; aus einem x-fach vergrösserten Bild zu einem NZZ-Artikel des Schweizer Fotojournalisten Walter Bosshard, einem Pionier des modernen Fotojournalismus. Diesem »roving correspondent« der NZZ war es 1938 als einem der ersten westlichen Reporter gelungen, Chinas späteren »Grössten Steuermann« zu interviewen und zu fotografieren. Mao Tse Tung hin oder her: Das elegante »NZZ Bistro« war ein Defizitgeschäft. Die gute Auslastung über Mittag reichte nicht aus, um die Kosten zu decken. Anfänglich steckte die Zeitung diese Verluste von jährlich rund einer halben Million Franken weg, doch unter Stäheli blies eine steife Sparbise. Deshalb wurden in einem ersten Schritt die Preise angehoben. Später wurde das Lokal der Öffentlichkeit zugänglich gemacht. Und als auch das noch nicht reichte, verpachtete Stäheli das Bistro ans vegetarische »Tibits«. So verschwand die NZZ Kantine und an ihre Stelle trat im Oktober 2010 »NZZ Bistro *by Tibits*«, welches seither floriert. Als NZZ-Redaktor Beat Bumbacher den CEO einmal auf die geplante Schliessung der Kantine ansprach und deren sozialen und interpersonellen Wert hervorhob, soll der Zahlenmensch Stäheli trocken geantwortet haben, solch seichte Argumente interessierten ihn nicht.

Das Abstossen der Kantine und später auch die Nicht-Weiterführung der beliebten und in journalistischer Fronarbeit erzeugten NZZ-Hauszeitung dienten womöglich dazu,

Symbole der als rebellisch empfundenen NZZ-Redaktion zu zerstören. Ergo vertiefte sich der Graben zwischen »denen da oben« und den Schreibenden, die für sich in Anspruch nahmen, diejenigen zu sein, welche die Zeitung (aus-)machten. Die Redaktion war frustriert ob der gefühlten Geringschätzung ihrer Arbeit und ihres Know-how durch die Chefetage. So wurden stets teure externe Berater beigezogen, während das im Hause vorhandene Wissen nie angezapft wurde.

Unter Hugo Bütler war das noch anders, zumindest auf der Redaktion: Tauchte dort ein Problem auf, berief der Chefredaktor umgehend eine Arbeitsgruppe von Redaktoren ein. Auch wenn dadurch etliche Probleme bloss ausgesessen statt gelöst wurden, war dieses Vorgehen motivierend und vergleichsweise günstig. Die erfolgreichsten Inhousekreationen waren das »NZZ Folio« sowie die »NZZ am Sonntag«. Letztere wurde von einer Vierergruppe konzipiert: von dem »Beauftragten für Spezialaufgaben«, Thomas Häberling, dem Leiter des Verlagsbereiches »Zeitungen«, Tobias Trevisan, dem Anzeigenchef Marcel Kohler, sowie dem Leiter des Ressorts Zürich, Felix E. Müller. Am Ende stiessen noch englische Zeitungsdesigner dazu.

Die Ausgangslage war alles andere als einfach: Die Sonntagszeitungen von Ringier und Tamedia erzielten bereits eine kumulierte Auflage von 500000 Exemplaren, was bei einem Markt von vier Millionen Deutschschweizern einer Sättigung gleichkam. Ein weiteres Problem war: Ohne Reichweite konnte man keine Anzeigen akquirieren und ohne Anzeigen keine Zeitung lancieren. Eine typische Huhn-Ei-Situation. Als Ausweg hätte die NZZ die serbelnde »Weltwoche« erwerben und in einen Sonntagstitel wandeln können. Doch Tamedia war bereit, jedes Angebot der NZZ an die »Weltwoche« zu überbieten, um so die Sonntagspläne der NZZ im Keime zu ersticken. In dieser Situation riet Trevisan, der von Tamedia zur NZZ gekommen war und zuvor deren erfolgreiche »Sonntagszeitung« mitgestartet hatte, zur Flucht nach vorn. Er streute das Gerücht, die NZZ plane eine siebte Tagesausgabe für den Sonntag, womit sie sogleich über die nötige Reichweite verfüge. Ein weiterer wichtiger Teil dieses Bluffs war die Ankündigung, diese siebte Ausgabe werde anfänglich allen bestehenden NZZ-Abonnenten gratis abgegeben. Der vermeintliche Scoop wurde dem »Blick am Sonntag« gesteckt, der ihn sogleich veröffentlichte. Wenig später soll Tamedia ihr Angebot für die »Weltwoche« zurückgezogen haben. Der NZZ-Bluff hatte gewirkt.

Wie wäre es, wenn man dieses Täuschungsmanöver tatsächlich umsetzte, fragte man sich danach an der Falkenstrasse und begann zu rechnen. Und siehe da: Es zeigte sich, dass ein solcher Weg durchaus zum Erfolg führen könnte. Also erhielten die NZZ-Leser die neulancierte Sonntagstochter während eines Jahres gratis, anschliessend müssten sie diese abonnieren. Es war eine mutige Strategie, die aber aufging: Rund 60 Prozent der NZZ-Abonnenten nahmen das Angebot an, sodass sich ein Jahr später ein guter Mix ergab: Ein Drittel waren NZZ-Leser, ein Drittel kamen von der »Sonntagszeitung« und das letzte Drittel waren Neukunden, die bisher noch gar keine Sonntagsausgabe abonniert hatten. Es war ein Volltreffer, der bewies, dass, wenn das Produkt stimmt, die NZZ am Markt gute Chancen besitzt.

Die Redaktion, die für diesen Erfolg massgeblich verantwortlich war, erhielt dafür allerdings nie eine finanzielle Anerkennung. Vielmehr erzürnte später Stäheli die Journalisten mit der Nonchalance, mit welcher er Jahr für Jahr eine weitere Nullrunde bei den Löhnen bekanntgab. Folglich brauchte es wenig, um das Fass zum Überlaufen zu bringen: Die Schliessung von »NZZ Bistro« reichte.

Umgehend formierte sich eine Gruppe von Unzufriedenen, die nicht länger die Faust im Sack machen wollten. Sie forderten die Schaffung einer Personalkommission (PEKO), wie sie in anderen Medienhäusern existiert. Das Thema – obschon bei einer geheimen Umfrage 90 Prozent der Belegschaft dafür votiert hatte – vermochte anfangs die Gemüter zu erregen. Nicht nur in der Geschäftsleitung, wo die PEKO als ein verpöntes gewerkschaftliches Vehikel angesehen wurde, sondern auch innerhalb der Redaktion, wo man der Mitarbeitervertretung zu Beginn mit Misstrauen begegnete. Offiziell trug diese den Namen »Personalkommission am Standort Zürich«.

Damit demonstrierte die Geschäftsleitung einmal mehr, dass sie das Flaggschiff NZZ im internen Organigramm zum »Standort Zürich« degradiert hatte; möglicherweise um die Journalisten an der Falkenstrasse dorthin zu bringen, wo man sie gerne hätte: näher an die ökonomische Effizienz der »NZZ am Sonntag« und der Regionalmedien, die beide mit deutlich geringeren Budgets höhere Gewinnmargen erzielten als die NZZ. Für Stäheli wies das Mutterblatt – publizistisch top, wirtschaftlich dagegen tendenziell eher ein Flop – noch viel Sparpotenzial auf. Deshalb breitete sich auf der Redaktion die Überzeugung aus, die Personalkommission sei zu unterstützen.

Viel konnte diese bislang nicht erreichen, und oft stiess sie auf Granit, besonders mit ihrer Forderung nach einer neuen Verpflegungsmöglichkeit für das Personal. Erstaunlich gross war dagegen die Zahl von Redaktionsmitgliedern, welche der PEKO ihr Leid klagten: Seien es Schikanen von Seiten des oder der Vorgesetzten, sei es, weil sie in einem Arbeitsklima der Angst zu funktionieren hatten, sei es, dass sie Anerkennung und Wertschätzung für ihre Arbeit vermissten. Viele litten zudem unter permanent hohem Druck, verbunden mit einer ständigen Angst, den Arbeitsplatz zu verlieren. Natürlich konnte die Kommission in diesen Fällen wenig unternehmen. Wer Probleme mit Vorgesetzten hatte, musste entweder leiden oder das Unternehmen verlassen. Mit ihrem jährlichen Eintreten für transparente Lohnerhöhungen betrat die PEKO ein Minenfeld. Ihre Erkundigungen hatten ergeben, dass selbst

Sparen als Strategie

angesehene NZZ-Journalisten seit über einem Jahrzehnt keine Lohnerhöhung mehr erhalten hatten, ja nicht einmal einen Teuerungsausgleich, als es noch Inflation gab. Dagegen, so die Wahrnehmung von »unten«, schaufelten sich »die da oben« immer mehr Lohn und Boni zu. CEO Dengler schoss diesbezüglich den Vogel ab: Er soll seiner Landsmännin Anita Zielina, die er zuvor als Stellvertretende Chefredaktorin und Leiterin des Bereiches Digitale Medien angestellt hatte, aus der NZZ-Kasse ein teures MBA an der Managementschmiede von Fontainbleau finanziert haben. Kein Wunder spie die frugal gehaltene Redaktion Feuer.

Nach Jahren des Sparens und der Demütigungen war das Vertrauen in die NZZ-Führung – einschliesslich in Chefredaktor Spillmann – lädiert, um nicht zu sagen erodiert. Das zeigte das Resultat einer Mitarbeiterbefragung, die von einem externen Institut durchgeführt wurde, um sicherzustellen, dass die Geschäftsleitung keinen Zugriff auf die individuellen Antworten hatte. Die Kernaussage des Umfrageergebnisses lautete: Man fühle sich auf der Redaktion nicht integriert, man werde nicht gehört und befinde sich in einem Umbruch, der völlig »top down« verlaufe. Erfolgreiche Innovation erfolge aber immer auch »bottom-up«. Zwar sei die Motivation, für die NZZ zu arbeiten, nach wie vor gross, das Vertrauen in die Geschäftsleitung aber gering. Auch die interne Kommunikation lasse sehr zu wünschen übrig. Ähnlich lautete ein Kommentar beim Arbeitgeber-Bewertungsportal kununu.ch. Dort schrieb ein anonymer NZZ-Redaktor oder eine anonym gebliebene Redaktorin:

> Es ist sicher speziell, für die NZZ-Gruppe zu arbeiten. Der Name öffnet Türen. (…) Ganz klar wird das durch den guten Ruf der Zeitung bewirkt. Das bestätigt jeder beliebige Gesprächspartner – auch wenn er, wie viele, das Blatt schon jahrelang nicht mehr gelesen hat. Das zeigt, dass die Realität und der

Ruf weit, sehr weit auseinanderklaffen. Entsprechend sieht der Arbeitsalltag aus: Die Mehrheit sind diejenigen der alten Garde, die noch durchgehalten haben, und frustriert zuschauen, wie ihnen Jahr für Jahr Budget, Platz und Ansehen dahinschwinden. Die Minderheit: Junge engagierte Journalisten, auffällig viele Frauen (unverschämt tiefe Löhne für Einsteiger), die aber nach 2 bis 3 Jahren wieder aufgeben. Weil sie nichts zu melden haben. In diesem Sinne kann ich keinem Journalisten eine Bewerbung empfehlen, und erst recht nicht den Journalistinnen (auf der Führungsebene hat man ein massives Problem mit Frauen).[96]

Ein anderer Kommentator richtete einen Appell an die Geschäftsleitung, der vielen in der NZZ aus der Seele gesprochen haben dürfte: »Vergesst vor lauter Sparen und Umstrukturieren eure Mitarbeiter nicht!« Jornod und Dengler konterten solche Kritik mit dem Hinweis, die NZZ-Gruppe investiere weiterhin in die Publizistik. Dabei wurde nicht mehr in klassischen Journalismus investiert, sondern in neue Bereiche zur Veredelung und Kuratierung von Zeitungsartikeln mit Tabellen, Graphiken und visuellen Hilfen für den digitalen Auftritt. Zudem engagierte man Spezialisten zur Erfassung des Leserinteresses. Kaum einer dieser in den letzten 10 bis 15 Jahren aufgekommen Jobs existierte zuvor in der NZZ. So rasch war der Wandel, dass es altgedienten Journalisten schwindlig werden konnte. Die Tatsache, dass einer dieser jungen Digitalcracks sogar von der linken Wochenzeitung (WOZ) kam, war für sie ein Verrat an der Marke NZZ und an deren politischer Ausrichtung. Für Dengler ging es hingegen bloss darum, in dringend benötigte neue Fachkenntnisse zu investieren, ohne die der Aufbruch in die digitale Zukunft in seinen Augen nicht gelingen würde. 2014 publizierte die »Bilanz« einen grossen Artikel zum Umbruch bei der NZZ. Die Autoren wählten aus einer Mischung von Besorgnis, Nostalgie und Schadenfreude den Titel »Abstieg in die Normalität«. Allein, in der Medienbranche gab es 2014 gar keine »Normalität« mehr: Ringier und Tamedia investierten mit viel Erfolg in neue digitale und analoge Aktivitäten ausserhalb des Medienwesens. Die NZZ-Gruppe dagegen hält am angestammten Kerngeschäft fest und hatte sich nur wenige lukrative neue Standbeine zugelegt. Das spiegelte sich auch in der Erfolgsrechnung. Während bei Tamedia und Ringier die Profite explodierten, musste sich die Falkenstrasse mit der roten Laterne abfinden und einem im besten Fall gehaltenen Gewinn.

3.4 Liaison dangereuse

Der Tiefstpunkt meiner Tätigkeit bei der NZZ war der Tag, an dem der Verwaltungsrat gegen meine Empfehlung die Anzeigenabteilung an die »Publicitas« in Regie verpachtet hat.[97]

Marco de Stoppani,
Verlagsdirektor »Neue Zürcher Zeitung«
(1993–2005)

Es kam eher selten vor, dass man als Wirtschaftskorrespondent einen Anruf des Chefredaktors erhielt. Entsprechend erstaunt war ich, als ich im Frühling 2000 in meinem Büro in der Romandie die Sekretärin von Hugo Bütler am Draht hatte: »Der Chef möchte Sie sprechen!« Was um Gottes Willen hatte ich verbrochen, schoss es mir durch den Kopf. Ich war erst wenige Monate zuvor von Paris nach Genf gekommen, um die Wirtschaftsberichterstattung aus der Westschweiz zu übernehmen. Entsprechend unbedarft war ich noch bezüglich der dortigen Unternehmen. »Herr Bartu?« klang es in der Leitung. Und Bütler kam sofort zur Sache: »Sie haben sich einer Unterlassungssünde schuldig gemacht.« Ich

Liaison dangereuse

hätte die Jahrespressekonferenz der in Lausanne ansässigen »PubliGroupe« geschwänzt, was der CEO dieser Gesellschaft, Jean-Jacques Zaugg, gar nicht goutierte. Für ihn gehörte es zum guten Ton, dass der NZZ-Korrespondent an diesem Pressetermin teilnahm. Bütler sah das ebenfalls so. Eigentlich war das auch meine Absicht gewesen; doch wegen eines langen Staus auf der Autobahn traf ich mit über halbstündiger Verspätung bei dem Werbevermittler ein. Derart unpünktlich in die Pressekonferenz hineinzuplatzen, schien mir unhöflich. Deshalb sammelte ich die im Gang aufliegenden Dokumente ein, welche es mir gestatteten, faktisch korrekt über den Geschäftsgang 1999 zu berichten, ohne an der PK präsent gewesen zu sein. In Paris, wo kotierte Unternehmen ihre Bilanzpressekonferenzen erst nach Börsenschluss und häufig gleichzeitig abhielten, hatte ich mehr als einmal so vorzugehen. Warum nicht auch in der Romandie?

Die Antwort auf diese für mich rhetorische Frage lieferte Bütler sogleich: »PubliGroupe« und deren Tochter »Publicitas«, eine schweizweit führende Annoncenvermittlerin, seien wichtige Partner der NZZ. Ich solle in Zukunft Präsenz markieren. Warum genau erfuhr ich erst Jahre später aus der Geschichte der »Publicitas«, welche der Firmenchronist Karl Lüönd zu deren bevorstehendem 125. Jubiläum verfasst hatte. Darin hiess es, »Publicitas« habe vor allem in den Jahrzehnten nach dem Zweiten Weltkrieg dank Wirtschaftsblüte und Demokratisierung des Konsums einen kometenhaften Aufschwung erlebt. Damals wurde in Zeitungen massiv für die Segnungen der Nachkriegszeit geworben: Für Autos, Waschmaschinen und TV-Geräte. Die Umsätze des Werbevermittlers verzehnfachten sich zwischen 1945 und 1965 und die Firma steckte bis zu 40 Prozent davon als Kommission ein. Das liess die flüssigen Mittel auf gut eine halbe Milliarde Franken anschwellen – gepaart mit ähnlich hohen stillen Immobilien-Reserven. Derart wohlbetucht, konnte sich »Publicitas« grosszügig geben: Sie griff Verlagen, die in Schieflage geraten waren, unter die Arme und gewährte Druckereien mit hohem Investitionsbedarf günstige Darlehen. So wurde sie zur »Bank der Verleger«, wie Lüönd schrieb. War einmal ein Schuldner nicht in der Lage, das Darlehen zurückzuzahlen, tauschte »Publicitas« dieses gegen eine Minderheitsbeteiligung an dessen Betrieb ein, womit die Werbevermittlerin zusätzlich Einfluss und Macht gewann. Ihre Dominanz war derart, dass man in der Branche mit einer Mischung aus Ehrfurcht und Neid nur von der P sprach, wenn man die »Publicitas« meinte.

Obwohl die Geschäfte bis zum Jahr 2000 rund liefen, sah die Firma eine Achillesferse in ihrer hohen Abhängigkeit von Schweizer Verlegern. Deshalb expandierte die 1997 zur »PubliGroupe« mutierte Grupe ins Ausland und in neue Bereiche, wie Telefonverzeichnisse (Gelbe Seiten) mit elektronischen Anwendungen (local.ch). Dabei kam es zu Rückschlägen. So musste die P in Spanien und Italien nach einer Verwicklung in Korruptionsprozesse mit grossem Verlust die Segel streichen. In diesem Moment drehte die NZZ den Spiess um und kaufte der P deren 40-prozentigen Minderheitsanteil am »St. Galler Tagblatt« oder wenigstens einen Teil davon ab. Die NZZ-Gruppe besass damals bereits 60 Prozent an diesem Ostschweizer Verlag. Später erlebte »PubliGroupe« ein schweres Debakel in den USA, welches zu einem selbstverschuldeten Verlust von 185 Millionen Franken führte. Die Aktionäre verzichteten rücksichtsvoll zweimal auf eine Dividende, ahnten aber nicht, dass es noch schlimmer kommen würde. Nach der Jahrtausendwende wurde auch die P vom Werbeschwund in den Printmedien hart getroffen. Einige Verleger gingen zudem zur Eigenregie über, wie sie auf dem Platz Zürich Tradition hatte. NZZ, Tamedia und Ringier unterhielten eigene Annoncenabteilungen, die zu ihrem Kerngeschäft zählten. Bemüht, weitere Kundenverluste zu verhindern oder noch besser, neue Kunden an Land zu ziehen, begann die P ab 2004 ein

Liaison dangereuse

Pokerspiel mit ihren Beteiligungen an den Zürcher Landzeitungen (»Zürcher Unterländer«, »Zürcher Oberländer« und »Zürichsee-Zeitung). Weil sowohl Tamedia als auch die NZZ-Gruppe Interesse an diesen Partizipationen hatten, spielte der Werbevermittler die beiden Konkurrenten knallhart gegeneinander aus. Am Ende einer Zitterpartie erhielt die Falkenstrasse den Zuschlag. Der Deal sah vor, dass die P in einem ersten Schritt ihre Zürcher Minderheitsbeteiligungen in die »Freie Presse Holding« der NZZ-Gruppe einbringt und im Gegenzug einen Minderheitsanteil an dieser Holding erhält. In einem zweiten Schritt erhielt sie das Annoncengeschäft der NZZ und der »NZZ am Sonntag« zur Pacht.

Was auf dem Papier als Vorwärtsstrategie zweier bedrängter Partner ausgesehen haben mag, erwies sich in der Praxis als das pure Gegenteil. Bei der NZZ war dieser Kreuzbeteiligung zudem ein Streit in der Unternehmensleitung vorausgegangen. Verlagsdirektor de Stoppani wollte sich nicht von der Anzeigenabteilung, der Perle seines Verlages, trennen und sprach sich gegen den Deal aus. Chefredaktor Bütler war ebenfalls dagegen, während Finanzchef Rickenbach, der zwar auch in Opposition dazu stand, in der kritischen Phase der Entscheidung in den Ferien weilte. Wirklich treibende Kraft war Beat Lauber, der Chef der »Freie Presse Holding«. Bis dahin bestand weder im Verwaltungsrat noch an der Falkenstrasse grosses Interesse an den Regionalmedien. Sie wurden so stiefmütterlich behandelt, dass sie sich wie das fünfte Rad am Wagen vorkommen mussten. Ein Mitglied des NZZ-Verwaltungsrates soll gegenüber Lauber gesagt haben: Von den Regionalmedien verstehe er nichts, diese interessierten ihn auch nicht. Also legte Lauber sich ins Zeug. Dem Vernehmen nach finalisierte er den Deal mit NZZ-Präsident Conrad Meyer im winterlichen Zermatt, wo beide zufällig gleichzeitig Skiferien verbrachten. Allfällige Bedenken der Gegner wurden in den Wind geschlagen. Lauber und Meyer versprachen sich

Sparen als Strategie

von ihrem Plan nicht nur einen Ausbau der Regionalpresse. Sie erwarteten auch eine erspriessliche Zusammenarbeit mit der »Publicitas« als Partnerin bei der kostspieligen Digitalisierung der regionalen Medien. Ergo stimmte der Verwaltungsrat dem Zeitungspoker in geheimer Abstimmung und über die Köpfe der NZZ-Unternehmensleitung hinweg zu.

Frohlockend gab die »Alte Tante« darauf ihren Einstieg bei den Zürcher Landmedien bekannt und auch die Aussiedelung ihrer Annoncenabteilung zur P per 1. Januar 2005. Im Weiteren hiess es, beide Partner würden zusätzliche von ihnen gehaltene Verlagsbeteiligungen in die FPH einbringen. Dabei dürfte die NZZ vor allem auf den 37-prozentigen Anteil der P an der »Basler Zeitung« geschielt haben. An der Falkenstrasse herrschte Freude, dass für einmal Tamedia leer ausgegangen war. Allein, diese Freude dauerte nicht lange. Bereits 2006 begann der »Tages-Anzeiger« mit – allerdings äusserst unrentablen – Split-Ausgaben im Kanton Zürich Druck auf die serbelnden Landzeitungen auszuüben. Derweil kam die Auslagerung der NZZ-Annoncenabteilung bei den Betroffenen nicht gut an. Verdiente Mitarbeiter kündigten, allen voran Abteilungsleiter Marcel Kohler, der zu Tamedia wechselte und seither mit Erfolg »20 Minuten« leitet. Seiner Ansicht nach gab es damals aus kommerzieller Sicht überhaupt keinen Grund für die NZZ, ihr Anzeigengeschäft an die P zu verpachten.

Die NZZ-Annoncenabteilung musste sich ebenfalls mit einem neuen Arbeitgeber anfreunden: der NZZ-Media. Diese hundertprozentige Tochter der P hatte sich noch zu (er-)finden, da sie zwei Herren gleichzeitig diente: der NZZ und der »Publicitas«. Es war eine Gratwanderung mit viel Konfliktpotenzial, was zu hoher Fluktuation unter den Mitarbeitern führte. Das endlose Schrumpfen der Printwerbung drückte zudem aufs Gemüt.

Soweit die interne Seite. Extern sah es kaum besser aus. Die Verpachtung des Annoncengeschäftes stiess in der Werbe-

Liaison dangereuse

branche auf Unverständnis und der Imageschaden für die NZZ war grandios. Zudem löste es auf dem Platz Zürich ein Erdbeben aus. Solange Tamedia, Ringier und NZZ ihre Inserate selbständig verkauften, herrschte eine fixe Tarifstruktur. Das wussten auch die Kunden. Doch nach dem Ausscheren der NZZ begann Tamedia einen Preiskampf. Um Grosskunden bei guter Laune zu halten, musste man diesen entgegenkommen und sie mit Rabatten belohnen. So auch bei der Imagekampagne der Grossbank UBS, die Sponsor der »Alinghi« war. Die Jacht hatte 2003 als erstes europäisches Schiff den prestigereichen America's Cup gewonnen. Vier Jahre später gelang es ihr, diese Trophäe zu verteidigen. Nur: Der Cup von 2007 wurde auch für die NZZ zu einem Wettlauf gegen die Zeit. Der Verlag hatte sich gegenüber der Bank bereit erklärt, nach jedem Etappensieg der »Alinghi« ein ganzseitiges Imageinserat zu schalten. Manchmal endeten die Regatten aber so spät, dass das Personal der Vordruckstufe bis tief in die Nacht hinein Dienst leisten musste. Konnte das Rennen, aus was für Gründen auch immer, nicht stattfinden oder wurde es abgebrochen, war anstelle der »Alinghi«-Werbung ein NZZ-Eigeninserat zu schalten. Damit vergraulte man aber Kunden, deren Werbung man hatte abweisen müssen, weil der verfügbare Platz für UBS und »Alinghi« reserviert war. Also kam man mit der Bank überein, in solchen Momenten ein Imageinserat zu einem reduzierten Tarif zu publizieren. Soviel Kulanz erwartete der Kunde.

Zehn Jahre hielt die NZZ der P die Treue, dann nahm sie 2015 das Anzeigengeschäft wieder unter die eigenen Fittiche. Dabei kam es erneut zu einem personellen Exodus. Dass der Deal mit der P den erhofften Gewinn brachte, darf bezweifelt werden. Hinsichtlich der Zürcher Landzeitungen sieht die Bilanz mager aus. Lauber gelang es nicht, die wirtschaftlich angeschlagenen Blätter zu sanieren. 2010 reichte Stäheli die Beteiligungen an Tamedia weiter, von der die NZZ im Gegenzug die »Thurgauer Zeitung« erhielt. Stäheli war von der Traumrendite dieses Titels angetan, obschon dieser deutlich weniger Leser zählte als die Zürcher Landzeitungen:

> Es gab zwischen NZZ und Landzeitungen in keinem Bereich irgendeine Zusammenarbeitsmöglichkeit. Wir hatten nur Minderheitsbeteiligungen, also nichts zu sagen. Wir haben viel investiert und kaum je Geld gesehen. Jetzt haben wir im Tausch dafür die »Thurgauer Zeitung« gekauft und realisieren damit im ersten Jahr beim »Tagblatt« in St. Gallen eine Ergebnisverbesserung von mehreren Millionen Franken. Ökonomisch ein Superdeal für uns.[98]

Wohl auch ein Superdeal für Tamedia. Diesem Konkurrenten ging damit ein lang gehegter Wunsch in Erfüllung: Seine Stellung im Raume Zürich zu konsolidieren. Kein Wunder brandmarkten an der nächsten NZZ-Generalversammlung etliche Aktionäre den Tausch als schweren strategischen Fehler. Soweit die Story aus der Sicht der NZZ.

Anders präsentierte sich die Lage für die P. Mit ihrem Pakt mit der NZZ ergriff sie erstmals Partei für einen einzigen Kunden, was den übrigen Verlagen sauer aufstiess. Deshalb kündigte Tamedia bald ihre Geschäftsbeziehungen mit der »Publictas« und offerierte Mediaagenturen einen Direktbuchungsrabatt, wenn diese ihre Werbeaufträge bei Tamedia statt über die P buchten. Zwei Jahre später zog Ringier nach und löste eine Kettenreaktion aus, so dass »Publictas« massiv an Umsatz verlor. Der einst stolzen Marktbeherrscherin stand nun das Wasser am Hals. Sie trat auf die Bremse, entliess Mitarbeiter und trennte sich von Immobilien und Beteiligungen. Darunter auch die 25 Prozent am Kapital der »Freie Presse Holding«, die sie der NZZ zurückverkaufte, sodass diese wieder allein im Cockpit der FPH sass. Mit dem Geld konnte die P zwar Löcher stopfen und Zeit gewinnen, doch aus dem

Schneider war sie nicht. Wegen des schrumpfenden Werbeaufkommens in den Printmedien vermochten die Pachteinnahmen die Kosten nicht mehr zu decken, so dass »PubliGroupe« die schwer angeschlagene Tochter 2014 zu einem tiefen zweistelligen Millionenbetrag an die deutsche Beteiligungsgesellschaft Aurelius abstiess – eine »Heuschrecke«, wie kritische Stimmen meinten. Diese wurde mit dem Kauf auch nicht glücklich. Nur 24 Monate später ging die blutleere P für einen symbolischen Preis an deren Management über. Allein, die Talfahrt hielt an. Als der »Publicitas« im April 2018 gar die Mittel fehlten, um ihren Kunden die für sie eingenommenen Werbegelder zu überweisen, war die Firma angezählt. Die Zahlungsrückstände in Millionenhöhe lösten eine weitere Absetzbewegung aus, diesmal eine fatale. Angefangen von Tamedia über Admeira und die NZZ-Mediengruppe lud ein Verlag nach dem anderen seine Werbekunden ein, ausstehende Rechnungen bei ihnen direkt zu begleichen. Damit versetzten sie der P den Todesstoss: Am 11. Mai 2018 wurde gerichtlich der Konkurs über der »Publicitas« eröffnet. Weniger als 20 Jahre zuvor hatte diese noch 60 Prozent des Schweizer Marktes für Annoncen in Printmedien kontrolliert. Dass diese Bastion zum bislang prominentesten Opfer des Medienwandels wurde, löste hohe Wellen aus. Lüönd schob die Schuld auch den Verlagen zu. Die Essenz seiner Kritik sei hier, auszugsweise und leicht abgeändert, als Epitaph wiedergegeben:

> Hier ruht ein altes und traditionsreiches Unternehmen der Schweizer Medienbranche, das unter dem Namen »Publicitas« lange in flächendeckender, mächtiger, teilweise fürsorglicher Weise für die Inserate-Akquisition der Presse tätig war. Verquickungen von Verlagen und »Publicitas« bildeten ein Netzwerk, das die Widerstandskraft der Presse gegen Konkurrenz stärkte, oft aber auch deren Widerstand gegen Innovationen. Kooperation zwischen Verlegern und »PubliGroupe« führten bisweilen

dazu, dass der Werbevermittler zuerst auf das Befinden der Branche schauen musste, bevor er an seine Gewinnoptimierung denken konnte.[99]

Kapitel 4: Einzigartige Besitzverhältnisse

4.1 Ein elitäres Aktionariat

> *Die NZZ hat immer noch diese unseligen Bestimmungen, dass nicht Aktionär werden kann, wer nicht das FDP-Parteibuch vorzuweisen hat.*[100]
>
> Toni Brunner,
> Ehemaliger SVP-Präsident

Es gibt Generalversammlungen und es gibt die Generalversammlung der AG für die Neue Zürcher Zeitung. Letztere ist mehr als ein blosses Aktionärstreffen. Sie ist ein Stelldichein des Zürcher Wirtschaftsfreisinns, garniert mit ihm zugewandten Orten. Als gesellschaftlicher Anlass erster Güte hat sie ihren festen Platz im Kalender der Zürcher High Society: Samstag vor dem Sechseläuten. Seit 1987 geht die Show im Kongresshaus über die Bühne – während dessen Umbau allerdings in der profanen Samsung-Halle in Dübendorf. Zuvor hatte sie im Hotel Dolder stattgefunden und noch früher im grossen Saal der Nationalbank mit anschliessendem Bankett im Zunfthaus zur Meisen.

Der Ablauf ist stets der gleiche. Im Anschluss an das routinemässige Abarbeiten der Traktandenliste wird zum Höhepunkt geschritten: Einem Apéro gefolgt vom »Mittagstisch« aus der Küche eines Sternekochs. Das Menu auf Büttenpapier – noblesse oblige – ist in Französisch verfasst. Da gibt es nicht einfach Lachs zur Vorspeise, sondern »Saumon veritable d'Ecosse«, nicht gewöhnliches Rindsfilet, sondern »Coeur de filet de boeuf Lavallière« und dazu nicht etwa die kleinbürgerliche Morchelsauce, sondern »Morilles des bois à la crème«. Zum festlichen Teil stossen zahlreiche Ehrengäste dazu, neben freisinnigen Säulenheiligen – vom Bundesrat abwärts – viel Prominenz aus Wirtschaft, Politik, Kultur und Militär. Einige aktive und ehemalige NZZ-Redaktoren und Redaktorinnen sind ebenfalls mit von der Partie. Mit mehr als 800 Versammelten, einem kleinen »Who is Who« der Deutschschweiz, wird der Anlass zum perfekten Networking-Event. Mögen die Geschäfte der NZZ-Gruppe noch so harzen, die handverlesene Gesellschaft lässt sich die Stimmung nicht vermiesen. Man grüsst Freunde und Bekannte, knüpft neue Kontakte und macht einen grossen Bogen um unliebsame alte. Es ist, wie eine NZZ-Journalistin einmal twitterte, »grosses Samstagvormittagskino«.

Die meisten Aktionäre sind von fortgeschrittenem Alter. Einzelne halten ihre Titel bereits in zweiter oder dritter Generation. Manchmal findet sich gleich eine mehrköpfige Familie an einem Tisch. Jedermann wünscht sich eine möglichst kurze GV, damit Zeit zum Netzwerken bleibt und danach für ein Nickerchen, ehe es am Abend zum Sechseläuten-Ball geht. Dem VR-Präsidenten fällt die Aufgabe zu, die geladenen VVIP zu begrüssen, in einem Saal voller VIP. Wie schnell da ein Lapsus passieren kann, hat der frühere Präsident Luk Keller, gleichzeitig Verwaltungsrat der Schweizerischen Kreditanstalt (SKA), einmal vorexerziert. Bei einer NZZ-GV in den 1980er Jahren begrüsste er die Anwesenden im »Dolder« kurzerhand zur *GV der SKA*! Damals war der Job des Präsidenten noch mehr Würde denn Bürde. An VR-Sitzungen soll über vieles gesprochen worden sein, aber recht wenig über die NZZ. Diese war ein Selbstläufer oder galt als ein solcher. Das hat sich inzwischen geändert. Conrad Meyer, der 2001 nach dem Rücktritt von Eric Honegger ins NZZ-Präsidium gespült wurde, meinte rückblickend:

Ein elitäres Aktionariat

Wer für diesen Job angefragt wird, muss sich fragen: Habe ich die Kraft, die Zeit, das Wissen und den Willen, dies zu machen? Wenn man hier viermal ja sagen kann, ist das eine tolle Aufgabe. Eines ist aber sicher: Wer Präsident der NZZ ist, muss sich bewusst sein, dass es sich um ein grosses Mandat handelt.[101]

Meyer selbst hätte wohl vor seinem Amtsantritt nicht viermal ja sagen können. Ihm fehlte die unternehmerische Ader. Er war ein Mann des Accounting. In einem NZZ-Artikel unter dem provokativen Titel »Rechnungslegung – was gibt es Schöneres?« outete er sich auch als ein solcher. Diese Tätigkeit diene, so sein Argument, auch dazu, Risiko im Unternehmen zu minimieren. Meyer war deshalb risikoavers. Gleichzeitig war es ihm wichtig, mit möglichst guten Geschäftszahlen von der NZZ-Spitze abzutreten. Dank CEO Stäheli gelang ihm das 2010. Meyer hinterliess einen positiven Abschluss und eine solide Bilanz, keine Selbstverständlichkeit in den wirtschaftlich schwierigen Zeiten. Doch die Bilanz seiner zehnjährigen Amtszeit fiel eher dürftig aus: Als VR-Präsident führte er die NZZ-Gruppe nur halbherzig in die digitale Welt, und er liess unzählige Gelegenheiten ungenutzt, um neben der Publizistik ein solides und nachhaltiges weiteres Standbein aufzubauen. Er lagerte die Annoncenabteilung bei der »Publicitas« aus und holte im Gegenzug (Minderheits-)Beteiligungen an drei Zürcher Landzeitungen ins Boot, mit denen die Gruppe nie glücklich wurde. Mit der Wahl Spillmanns zum Chefredaktor der NZZ ging er plötzlich eine Hoch-Risiko-Strategie ein. Und mit Konrad Hummler erkor er erst noch einen Nachfolger, dessen Bank Wegelin in den USA wegen Steuerhinterziehung angeklagt war, so dass Hummler bald wieder den Hut nehmen musste. Hätte Conrad Meyer geahnt, was ihm als NZZ-Präsident bevorstehen und wie viel Zeit dieses Amt verschlingen würde, er hätte möglicherweise dankend abgelehnt.

Einzigartige Besitzverhältnisse

Anders Etienne Jornod. Als dieser sich 2013 zur Wahl für das Präsidium stellte, konnte er sehen, worauf er sich einliess, und dass er als Nicht-Zürcher an der Limmat keinen leichten Stand haben würde. Die NZZ hatte bereits ein Jahrzehnt wiederholter Sparrunden hinter sich und war vom nicht enden wollenden Rückgang der Werbeeinnahmen ebenso gezeichnet wie von den enormen Herausforderungen des digitalen Wandels und vom Fehlen einer wirklich griffigen Strategie. Sie litt auch unter den hohen Fluktuationen im Management sowie an der Spitze des Verwaltungsrates und wurde – besonders bedenklich – inhaltlich ihrem Renommee nicht mehr gerecht. Wahrlich ein giftiger Cocktail, der da auf Jornod wartete. Immerhin stand die Gruppe finanziell auf solidem Fuss, war schuldenfrei und ihre Eigenkapitalquote lag mit 66 Prozent weit im grünen Bereich. Jornod sah deshalb diesem »défi« mit Freude entgegen und erklärte, man hätte ihm kein schöneres Geschenk machen können. Schliesslich hatte der Neuenburger, dessen Ruf als höchst erfolgreicher Galenica-Chef auf alle Zeiten gemacht war, wenig zu verlieren. Er hatte den einstigen Pharmagrossisten mit einer Börsenkapitalisierung von 240 Millionen Franken im Jahr 1995 in ein weltumspannendes Handels- und Biotech-Unternehmen entwickelt und in zwei Firmen aufgespalten, welche 2018 an der Börse zusammen auf einen Wert von über 12 Milliarden Franken kamen.

Für Jornod war klar: Er wollte in Zürich unternehmerisch wirken und er suchte keine Plattform, um sich persönlich oder publizistisch zu profilieren. Geld spielte auch keine Rolle, hatte er sich doch bei Galenica 2011 den Lohn seines Fünfjahresvertrages in zeitlich gesperrten Aktien im Wert von über 20 Millionen Franken vorweg auszahlen lassen. Damit handelte er sich allerdings den Ruf eines »Abzockers« ein, wie ein kritischer NZZ-Aktionär in einem Votum an der GV 2013 betonte. Trotzdem wurde der Neuenburger anschliessend mit klarem Mehr gewählt.

Ein elitäres Aktionariat

Seither verkauft Jornod sich als der erfolgreiche Unternehmer, der er ist, und seine oft zweckoptimistisch wirkenden Reden sind gespickt mit Vokabeln wie »Unternehmertum«, »unternehmerische Kultur« und »unternehmerisches Agieren«. Doch selbst ein Jornod kann nicht zaubern. Der anhaltende Einnahmenschwund auf dem Print-Werbemarkt hinterliess auch im siebten Jahr seiner Präsidentschaft tiefe Bremsspuren im publizistischen Kerngeschäft: Die Abonnentenzahlen bei der gedruckten Tageszeitung waren weiterhin rückläufig. Und die Reichweite der NZZ befand sich 2018/2019 sogar in einem deutlichen Sinkflug: Unter den Bezahltiteln mit nationaler Ausstrahlung musste sie mit 14 Prozent den grössten Reichweitenverlust hinnehmen. Gemäss den Wemf-Statistiken vom Herbst 2019 erreichte die gedruckten NZZ nur noch 210 000 Leserinnen und Leser gegenüber 244 000 im Vorjahr. Dank dem Verkauf von überraschend vielen neuen Digitalabonnements konnte die gesamte Anzahl zahlender Leser aber sogar angehoben werden, und zwar um schätzungsweise sechs Prozent im Jahr 2019. Das ist in Anbetracht der düsteren Marktverfassung ein beachtlicher Erfolg, auch wenn viele dieser Neuabonnenten aus Deutschland kommen, wo die NZZ mit billigen Lockvogelaktionen um neue Nutzer wirbt. Aus diesem Grund hat sich der flotte Abo-Verkauf auch noch nicht spürbar in der Erfolgsrechnung niedergeschlagen. Dagegen entwickelten sich die Neugeschäfte, unter Jornod »Business Medien« genannt, gut. 2018 steuerten sie 8,9 Millionen Franken zum Gruppen-EBIT bei, fast doppelt soviel wie die NZZ Medien (4,9 Millionen Franken). Und das Zürcher Filmfestival erzielte 2019 mit 117 000 Eintritten einen weiteren Besucherrekord.

Die grossen Abwesenden bei jeder NZZ-Generalversammlung sind Mitglieder anderer Parteien. Gemäss den Vinkulierungsbestimmungen kann nur Aktionär werden, wer der FDP angehört oder keiner anderen Partei und sich zu einer freisinnig-demokratischen Grundhaltung bekennt. Soll man

Einzigartige Besitzverhältnisse

diesen »alten Zopf« abschneiden?, fragte man sich im Aktionariat immer wieder, zuletzt im April 2014, als der Verwaltungsrat eine Konsultativabstimmung durchführte. In deren Vorfeld stellte dieser sich geschlossen hinter den Status quo und weibelte bei wichtigen Aktionären um Unterstützung. Dank der Vinkulierung sei bisher jeder Versuch einer dominanten Einflussnahme – politisch oder spekulativ – gescheitert. Es gäbe weiss Gott genügend Interessenten, die sich die NZZ einverleiben möchten und könnten. Zweck der AG für die Neue Zürcher Zeitung sei es aber, »ein von Sonderinteressen unabhängiges, politisches, wirtschaftliches und kulturelles Organ von hoher Qualität und freisinniger Grundhaltung herauszugeben«. Daher ist das maximale Stimmrecht auf ein Prozent aller Aktien begrenzt. Die Debatte an der Generalversammlung verlief ungewöhnlich hitzig. Man wolle keine »Berlusconisierung«, meinten lautstark die Befürworter und überstimmten letztlich die Gegner der Vinkulierung. Mit gut 15 000 Ja- gegen circa 7000 Nein-Stimmen sprachen sich die Aktionäre klar für den Status quo aus. Somit bleibt vorläufig alles beim Alten. Die solide Substanz der Gesellschaft dient weiterhin dazu, die Zukunft der AG für die Neue Zürcher Zeitung zu sichern. In diesem Licht war auch schon der Vorstoss eines Aktionärs an der GV von 2004 zu sehen: Er empfahl die vom VR vorgeschlagene Dividende zu streichen, weil die NZZ und ihre Töchter dieses Geld nötiger hätten als die Kapitalgeber. In einer eindrücklichen Solidaritätsbezeugung wurde der ungewöhnliche Antrag an der GV gutgeheissen. Das Gros der NZZ-Aktionäre gewichtete Geist und Qualität höher als schnöden Mammon.

Natürlich finden sich auch Kapitalgeber, die auf beides, Geld und Geist, pochen. Denn im NZZ-Aktionariat gibt es drei Lager. Erstens ein harter Kern von wohlbetuchten Freisinnigen, die felsenfest hinter der Zeitung stehen. Häufig altes Geld vom Zürichberg. Ein typischer Vertreter dieser Fraktion war der ehemalige Privatbanquier Hans Vontobel, der auch einige Jahre im NZZ-VR sass. Dieses Segment befindet sich allerdings im Aussterben. Es wird, zweitens, von einer Gruppe jüngerer Aktionäre abgelöst, die sich den Shareholder Value auf die Fahnen geschrieben haben. Dass diese Kräfte im Vormarsch sind, zeigte die GV 2015, an welcher der Verwaltungsrat mit einer Dividendenkürzung ein Zeichen setzen wollte. Der Antrag wurde nur dank den Voten des Stimmrechtsvertreters angenommen. Die Mehrheit der im Saal Anwesenden lehnte dem Vernehmen nach den Dividendenschnitt ab. Drittens existiert eine Truppe, die sich mehr Unternehmer im Aktionariat wünscht und eine politische Öffnung anstrebt. So sollen erfolgreiche Geschäftsleute aus anderen bürgerlichen Parteien ebenfalls NZZ-Aktien erwerben dürfen. Deshalb will diese Fraktion die Vinkulierung streichen. Dann aber könnte auch Christoph Blocher NZZ-Anteilseigner werden, was für die Mehrheit der derzeitigen Aktionäre schlichtweg inakzeptabel ist.

4.2 Die NZZ-Aktie: eine Ertragsperle?

Die Eigentümer glauben derzeit nicht mehr an die Zukunft des Unternehmens NZZ, sondern an ein schleichendes Ende.[102]

Bjoern Zern,
Chefredaktor von schweizeraktien.net

Wenn er an die Aktie der NZZ denke, komme ihm Lehars Operette »Land des Lächelns« in den Sinn, spasste im Jahr 2000 der damalige stellvertretende Finanzchef der NZZ, Edgar Hirt. Er denke an die Arie »Glücklich ist, wer vergisst, was nicht zu ändern ist.« Denn: Hätte er 1975 bei seinem Eintritt in die Firma vier NZZ-Aktien gekauft, für die er

Einzigartige Besitzverhältnisse

3000 Franken pro Stück hätte hinlegen müssen, wäre er nun stolzer Millionär. Bis zum Jahr 2000 war der Wert eines NZZ-Titels auf sagenhafte 270 000 Franken gestiegen. Aber eben: Hirt hatte keine Aktien erworben, und das war nicht zu ändern. Die Gründe für diese Unterlassung lieferte er gleich mit: Erstens habe ihm als jungem Familienvater das nötige Kleingeld gefehlt. Zweitens konnten nur Mitglieder der FDP als stimmberechtigte Aktionäre registriert werden, und Hirt war kein FDPler. Drittens ziemte es sich nicht, dass ein Lohnempfänger – abgesehen von Verlagsdirektor, Chefredaktor und Ressortleitern – auch Aktionär war. Eine Ausnahme bildete die langjährige Redaktionssekretärin Marigna Gehrig. Sie wohnte am unteren Zürichberg, entstammte einer freisinnigen Familie mit NZZ-Aktien und nahm stolz an der GV teil. Mit einem jährlich wechselnden, aber immer mondän-bunten Hut setzte sie zudem einen auffallenden Farbtupfer in die mehrheitlich dunkel gekleidete Gesellschaft.

»Der Titel ist zwar schwer, aber nicht teuer«, hiess es überschwänglich im Geschäftsbericht 1999, nachdem sich die NZZ-Aktie der Schallmauer von 200 000 Franken näherte. Tatsächlich spiegelte der Kursanstieg die damalige Dynamik der Gruppe: Ihr Umsatz verdoppelte sich ungefähr alle zehn Jahre, und ihr Reingewinn stieg trotz Rückschlägen kontinuierlich an. Dennoch hinkte der Kurs der NZZ-Aktie lange hinter dem betrieblichen Aufwärtstrend her und verharrte ab 1986 gar ein Jahrzehnt auf einem Niveau zwischen 25 000 und 43 000 Franken, ehe er 1995 zum Höhenflug ansetzte. Damals profitierte die Aktie vom Wandel der Ein-Produkt-Gruppe hin zu einem Medienunternehmen mit mehreren Publikationen; von einer leichten Aufweichung der Vinkulierungsbestimmungen; von der Champagnerlaune an den Börsen, sowie von neuen buchhalterischen Regeln, welche de facto keine Bildung von stillen Reserven mehr zuliessen. Zudem verliehen Internet-Fantasien dem Titel Auftrieb.

Die NZZ-Aktie: eine Ertragsperle?

Der Besitz von NZZ-Valoren bedeutet vor allem Prestige: So bat in den 1990er Jahren ein alteingesessener Zürcher Rechtsanwalt den VR darum, eine NZZ-Aktie für seinen Sohn erwerben zu können, weil dieser an der Universität zum Professor befördert worden war. Der stolze Vater wollte dem Filius ein besonderes Geschenk zu diesem beruflichen Schritt machen: eben einen NZZ-Titel. Der Sohn dürfte sich gefreut haben, denn der Wert dieses Papiers explodierte in den folgenden Jahren. Allerdings ist nicht bekannt, ob der Herr Professor die Aktie inzwischen versilbert hat oder nicht. Einer, der seine Titel auf dem Topniveau abstiess, soll der frühere UBS-Chef Marcel Ospel gewesen sein. Nicht weil er einen besonders guten Riecher hatte. Nein, der »Pfau der Bahnhofstrasse« soll die NZZ-Titel aus Protest verkauft haben, weil die Zeitung mehrere Tage hintereinander schrieb, dass die Börsenkapitalisierung der Credit Suisse diejenige der UBS übertreffe. Das habe Ospel in seinem Stolz verletzt. Sé no é vero é ben trovato.

Dass man in Finanzkreisen an den NZZ-Titeln gut verdiente, wurde mir bei einem beruflichen Besuch der Genfer Privatbank »Pictet« im Jahr 2000 bewusst. Einer der Partner dieses noblen Hauses begrüsste mich überschwänglich mit den Worten »Wir sind wirklich sehr, sehr glücklich über die Aktie der NZZ.« Die Freude über deren Höhenflug war allerdings von beschränkter Dauer. Nach dem Anschlag von 9/11 und dem bedrohlichen Umbruch in der Medienwelt befand sich der Titel im freien Fall. Zwar sorgte der Split von 2012 kurzfristig für eine Gegenbewegung, doch aufhalten konnte auch er die Talfahrt nicht. Im Sommer 2019 war die NZZ-Aktie weniger als 5000 Franken (50 000 Franken ohne Split) wert. Wer sie auf diesem Niveau erwarb, erhielt im Gegenzug laut Verwaltungsrat gut 5000 Franken Bargeld und Wertschriften – sowie das gesamte Verlagsgeschäft und das Anlagevermögen (inklusive Immobilien) gratis dazu. Will heissen: Die Aktie wurde masssiv unter ihrem Wert gehandelt. Aus der

Einzigartige Besitzverhältnisse

einstigen Ertragsperle war ein Kapitalvernichter par excellence geworden.

Wäre die Gruppe eine Aktiengesellschaft ohne Vinkulierung, die Raider stünden an der Falkenstrasse Schlange. Aber auch so traten immer wieder Investoren auf, die es auf die Reserven der NZZ abgesehen hatten. Einer davon war der anglokanadische Value Investor Peter Cundill. Schon beim ersten Treffen mit Finanzchef Rickenbach und Verlagsleiter de Stoppani soll er verkündet haben: »You are sitting on a gold mine«. Als de Stoppani entgegnete, wer denn so etwas behaupte, antwortete der Kanadier: »My computer«. Offensichtlich hatte Cundills Rechner in den NZZ-Bilanzen die stillen Reserven, die damals wohl mehrere Hundert Millionen Franken betrugen, herausfiltriert. Dank der Vinkulierung waren sie aber vor dem Zugriff des Nordamerikaners geschützt. Dennoch erwarb dieser über seinen »Value Fund« derart viele Titel, dass er zu einem der grössten Einzelaktionäre der NZZ avancierte. Cundill hoffte, der VR werde die Vinkulierung zu seinen Gunsten biegen und ihn als Ankeraktionär ins Register aufnehmen. Er spekulierte, dass der globale Trend hin zu mehr Shareholder Value die NZZ-Spitze zum Einlenken bringe. Doch er irrte. Und so musste der smarte Kanadier zum Rückzug blasen. Immerhin erklärte sich die Zeitung beziehungsweise deren Wohlfahrtsfonds bereit, Cundills 240 Aktien zu einem ziemlich aktuellen Kurs auf eigene Rechnung zu erwerben, um sie später an der NZZ genehme Aktionäre zu verkaufen. Das allerdings erwies sich als langwierig und gelang nur dank der Unterstützung durch die Bank Vontobel, beziehungsweise durch deren langjährigen Patron Hans Vontobel. Für Cundill dagegen war die Sache rasch gegessen, wie es später in seinen Memoiren hiess:

> Peter called on NZZ's finance director. He was cordially but cautiously received. It was clear that the management was un-

comfortable with the Fund's shareholdings. Peter gave his candid assessment of the underlying value and then approached the problems being encountered over the share registration. 10 minutes later he was strolling back to the hotel »Baur au Lac« having shaken hands on a deal to sell the funds block of stock back to the company at a substantial profit.[103]

Die Gefahr, dass unerwünschte Kräfte ins Aktionariat gelangen, ist durch die Vinkulierung nicht wirklich gebannt. Die Vinkulierung ist bloss eine Zutrittskontrolle. Wer einmal registriert ist, kann, wie dies Thomas Matter tat, die Seite wechseln, der SVP beitreten und sogar für diese im Nationalrat politisieren. Ein höherer Aktienkurs könnte da zusätzlichen Schutz bieten. Deshalb waren 2012 etliche Aktionäre gegen das 1:10 Splitting, mit dem die Handelbarkeit des damals rund 80 000 Franken schweren Titels erhöht werden sollte. Die Befürchtung, der Aktionärskreis werde wegen des Splittings unüberschaubar gross werden, hat sich bislang nicht bestätigt. Zwar schwoll er von über 1500 auf über 2600 Aktionäre an, doch weil längst nicht alle zum jährlichen Stelldichein vor dem Sechseläuten erscheinen, spürt man die Zunahme noch kaum.

4.3 Die »Freunde der NZZ«

Die Neue Zürcher Zeitung bringt es nicht mehr fertig, und das ist bedenklich, die Elite des Landes als Aktionär zu gewinnen.[104]

Erhard Lee,
Mitbegründer der IG »Freunde der NZZ«

Eines Tages waren sie da, wie ein Blitz aus heiterem Himmel: die »Freunde der NZZ«. Ihren Einstand gaben sie im

Einzigartige Besitzverhältnisse

April 2009 anlässlich der Generalversammlung. Sie setzten sich mit einem Paukenschlag in Szene, indem sie offen gegen eine Verlängerung des Mandats von Verwaltungsratspräsident Conrad Meyer plädierten. Obschon sie nach eigenen Worten mehr als 10 Prozent des Aktienkapitals hinter sich wussten, sei ihnen klar gewesen, dass diesem Störmanöver kaum Erfolg beschieden sein würde. Mit ihrem ungewöhnlich schrillen Auftritt hatten sie viele Aktionäre und Aktionärinnen aufgescheucht: Was in aller Welt hatte diese selbsternannten Freunde zu einem solchen Aufstand gebracht? Welcher Affe hatte sie gelaust, dass sie die bis anhin bei NZZ-GVs vorherrschende Eintracht – kaum kritische Voten und nordkoreanisch anmutende Abstimmungsergebnisse von bis zu 99 Prozent Zustimmung – zu stören wagten?

Die Antwort liefert das Krisenjahr 2003, als bei der NZZ Personal in ungewohntem Umfang abgebaut wurde, nachdem 2002 mit einem Rekordverlust von 50 Millionen Franken abgeschlossen worden war. Die Sorge um die Zukunft der Zeitung war plötzlich gross, sowohl an der Falkenstrasse als auch ausserhalb. Deshalb richteten die nach eigenen Angaben unabhängigen und parteilosen Unternehmer und NZZ-Aktionäre Erhard Lee, Oliver Benz und Edwin van der Geest ein sorgenvolles Schreiben an den Chefredaktor. Sie rechtfertigten ihre Eingabe mit ihrer langen und hohen Zuneigung »zu einem ganz besonderen Medium, welches sie seit ihrer Jugend darin unterstützt, ihre eigene Meinung zu relevanten politischen, wirtschaftlichen, regionalen und kulturellen Themen zu bilden.« Möglicherweise war auch der massiv eingebrochene Aktienkurs mit ein Grund für ihren Unmut. Damals hatte der Titel fast vier Fünftel seines Höchstwertes eingebüsst.

Zu ihrer grossen Enttäuschung blieb der Brief unbeantwortet. Also wandten sie sich an den Verwaltungsrat. Dessen Präsident liess sich nach anfänglichem Zögern auf einen Dia-

Die »Freunde der NZZ«

log ein, bei dem ihm die drei Musketiere ein erstes Anliegen unterbreiteten: Eine raschere Entflechtung der Zeitung von der FDP. Ihnen war sauer aufgestossen, dass damals noch sieben von neun Verwaltungsräten FDP-Besetzungen waren. Die FDP habe ihren Charakter als Unternehmerpartei verloren, es sei nicht mehr gerechtfertigt, deren Vertreter in den VR der NZZ zu entsenden. Präsident Meyer sah das ähnlich. Seit dem tiefen Fall seines freisinnigen Vorgängers Honegger war auch er um mehr Distanz zur FDP bemüht. Bei anderen Anliegen der drei Jungtürken reagierte er dagegen defensiver, so dass diese die Interessensgemeinschaft (IG) »Freunde der NZZ« aus der Taufe hoben. Als Gruppe Gleichgesinnter würden sie mit mehr Gewicht auftreten können. »Die IG fühlt sich im gegenwärtigen VR der NZZ zu wenig vertreten«, liess sie auf ihrer Webseite verlauten und gab als Ziel an: »Die NZZ-Gruppe soll wieder eine gut geführte Unternehmung mit starkem Aktionariat sein, welches die Institution NZZ als Publikation langfristig abstützt. (...) Das bedingt eine gute Führung, sichergestellt durch unternehmerisch denkende, fähige Verwaltungsräte (...).«

Diese Worte kamen einer unverhohlenen Kritik an Präsident Meyer gleich, auf den die IG sich eingeschossen hatte; weil er in ihren Augen viel zu zahlengetrieben und zu wenig unternehmerisch handelte. Wobei auch die »Freunde« sich den Vorwurf gefallen lassen müssen, den strukturellen Medienwandel zu spät erkannt zu haben. Das zeigen ihre kritischen Anträge bei NZZ-Generalversammlungen, in denen sie etwa die Aufhebung der Parteiklausel bei den Vinkulierungsbestimmungen oder die Begrenzung der Amtszeit der Verwaltungsräte auf 12 Monate vorschlagen. Anliegen also, die direkt nichts mit den aktuellen wirtschaftlichen Nöten der Zeitungsgruppe zu tun hatten. Sie fragten zudem, ob es nicht sinnvoller wäre, die hohen Barbestände teilweise an die Aktionäre zurückzuführen, statt neue Anlagemöglichkeiten zu su-

Einzigartige Besitzverhältnisse

chen. Zum rasanten Wegbruch der Werbung hatten auch sie keine Gegen-Rezepte anzubieten. Und so wurden ihre Vorlagen an der Generalversammlung abgeschmettert. Eine nach der anderen.

Ein weiteres Anliegen lautete: Es müsse gelingen, jüngere, unternehmerisch und liberal denkende Personen als Anteilseigner zu gewinnen. Ein aktives, breit abgestütztes Aktionariat sei der beste Garant für die Wahrung der Unabhängigkeit des Traditionsblattes. Die IG forderte daher die NZZ-Spitze auf, ein erstklassiges Programm zur Aktionärsbindung zu starten. Die Elite des Landes müsse wieder hinter der Zeitung stehen. In der Not sei sie es, die dem Blatt finanziell unter die Arme greifen und dessen publizistische Unabhängigkeit verteidigen könne. Insofern sei auch der Aktiensplit von 2012 ein Fehler gewesen. Die NZZ-Aktie dürfe gut und gern 100 000 Franken kosten, nur so könne sie ihren Status als elitäres Papier sichern.

Auch wenn sie, wie die »Freunde« betonen, ihre Vorschläge jeweils im Vorfeld der GV mit Vertretern des Verwaltungsrates besprachen, leisteten sie sich mit ihrem forschen Auftreten einen Bärendienst. Ausserdem wirkten sie nicht wie eine homogene Gruppe, sondern eher wie ein Sammelbecken unzufriedener Aktionäre diverser Schattierungen. Mit ihrem Vorschlag, den erfolgreichen Unternehmer Urs Ledermann, den »Immobilienkönig vom Zürcher Seefeldquartier«, in den Verwaltungsrat der NZZ zu hieven, weil die Bewirtschaftung der NZZ-Liegenschaften unbefriedigend sei, lösten sie an der Falkenstrasse schrillen Alarm aus. Im Nu kursierten Gerüchte um die »wahren« Absichten dieser »Freunde«. Sie seien eine unheilige Allianz von Aktionären, die an die Substanz der NZZ zu gelangen suchten, und von SVP-nahen Kreisen, die politische Motive hätten. Die drei Gründerfiguren seien das trojanische Pferd von Christoph Blocher und der SVP. Hinter ihnen stünden dieselben Personen, die schon beim intransparenten Erwerb der »Basler Zeitung« durch SVP-Kreise den

Takt angegeben hätten. Einzelne »Freunde« seien sogar von diesen Hintermännern bezahlt, um guten Wind zu machen und die Übernahme der NZZ durch die SVP und womöglich die anschliessende Einsetzung von Roger Köppel als Chefredaktor zu erreichen. Die »Freunde« wiesen die Vorwürfe postwendend zurück:

> Die IG »Freunde der NZZ« ist immer wieder erstaunt, welche abstrusen Gerüchte im Umlauf sind bezüglich der »versteckten« Absichten der »Freunde der NZZ«. Wir schmunzeln darüber und möchten festhalten, dass die Aktionäre, die hinter der IG stehen, äusserst heterogen und nur durch ihre Sorge um die Zukunft der Gruppe verbunden sind. Wir wünschen uns ein breites Aktionariat, das sich aus liberal und unternehmerisch denkenden Aktionären zusammensetzt. (...) Solche Leute waren vor hundert Jahren wohl ausschliesslich in der FDP anzutreffen, heute findet man sie in allen Parteien, die meisten sind sogar ohne Parteibuch. Eine Aufhebung dieser Eintragungseinschränkung dient der Unabhängigkeit der NZZ Gruppe. Die Limitierung auf ein Prozent der Stimmen (...) darf beibehalten werden.[105]

Das Misstrauen an der Falkenstrasse blieb gross, auch wenn sich das gegenseitige Verhältnis mit Jornods Amtsantritt entspannte. 2014 war die IG allerdings erneut aufgebracht, als die reguläre Wiederwahl von Carolina Müller-Möhl anstand. Ursprünglich hatte die IG diese Kandidatin unterstützt, weil ihr tödlich verunglückter Ehemann Ernst Müller-Möhl dem Vermögensverwalter Erhard Lee, einem der drei Musketiere, sowie dem Financier Martin Ebner nahestand. Ähnlich wie Lee hatte auch Müller-Möhl NZZ-Aktien im grossen Stil erworben, da er diese als massiv unterbewertet, als »sleeping beauty«, einschätzte. Dabei galt schon damals: Die Unterbewertung war das Resultat der Vinkulierungsregeln. Deshalb pochten die »Freunde« auf eine Lockerung derselben. Allein, Verwaltungsrätin Carolina Müller-Möhl verteidigte zusammen mit den übrigen VR-Mitgliedern die bestehende Vinkulierung als eine Garantie für den Fortbestand einer von Partikularinteressen unabhängigen Zeitungsgruppe. Der Unternehmerin war somit das langfristige Überleben der NZZ als unabhängiges Organ wichtiger als das Erzielen von kurzfristigen Kapitalgewinnen. Damit enttäuschte sie die »Freunde«, welche an der GV umgehend Stimmung gegen die Wiederwahl dieser liberalen Verwaltungsrätin machten und so den Anlass beinahe zu einem Waterloo für diese werden liessen. Weniger als 60 Prozent aller Stimmen bestätigten Müller-Möhl im Amt, was für damalige NZZ-Verhältnisse einem Desaster gleichkam. In Anbetracht des schweren Geschützes, welches die IG ohne Vorwarnung an der GV aufgefahren hatte, dürfte Müller-Möhl mit dem Wahlergebnis dennoch zufrieden gewesen sein – vielleicht sogar zufriedener als die »Freunde der NZZ«. Deren Anträge waren samt und sonders von den NZZ-Aktionären bachab geschickt worden, Jahr für Jahr.

Dennoch: Die IG-Gründer fühlten sich mit ihren Anliegen von der NZZ-Spitze ernst genommen. Die Zeitung agierte unter Jornod viel unternehmerischer als zuvor. Ausserdem setzte der Neuenburger bereits etliche Anregungen der IG zur Aktionärsbindung um und startete beispielsweise »Road Shows« in Zürcher Wirtschaftskreisen, um neue und jüngere Aktionäre zu gewinnen. Ergo wurde es in den Folgejahren ruhig um die »Freunde«. 2017 stellten diese ihren Newsletter ein und fuhren die Bewirtschaftung ihrer Webseite herunter. Jornods Worte zur NZZ-Aktie an der GV 2019 dürften zusätzliches Wasser auf die Mühlen der IG gewesen sein:

> Die NZZ Aktie ist mit rund 5000 Franken nach wie vor stark unterbewertet, vor allem wegen der Vinkulierung. Gemäss Schätzungen aus Bankkreisen liegt ihr wahrer Wert bei

Die »Freunde der NZZ«

15 000 Franken. Wir sind zuversichtlich, dass sich der Kurs in nicht allzu ferner Zukunft in diese Richtung bewegen wird.

Was zu einem Kursanstieg »in nicht allzu ferner Zukunft« führen könnte, war aufgrund des weiter schwachen Geschäftsganges allerdings nicht ersichtlich. Vielleicht das von CEO Felix Graf grossmundig angekündigte Ziel, bis 2022 rund 200 000 zahlende User zu haben; bei erhöhter Kundenloyalität. Einer der Bausteine sollen die Newsletter sein, von denen die NZZ bereits über 20 produziert und an rund 600 000 Nutzer versendet. Der zur Zeit populärste ist »NZZ am Morgen«, der sich fast 250 000 Abonnenten erfreut und für knapp acht Prozent des morgendlichen Traffics auf der Website aufkommt. Erste Erfahrungswerte zeigen: Leser von zwei oder mehr Newslettern entscheiden sich eher für ein digitales Abonnement als Nutzer ohne oder mit bloss einem Newsletter. Anfangs 2019 zählte die NZZ rund 156 000 zahlende Abonnenten, wovon 39 000 reine Digital-Nutzer waren. Der Weg zu der 200 000er-Grenze ist somit ein langer. Trotzdem scheinen die »Freunde der NZZ« wieder Vertrauen in die Führungsmannschaft und die Zukunft der NZZ Mediengruppe zu haben. Denn im Sommer 2019 bliesen sie überraschend zum Rückzug:

> Wir haben uns seit über zwei Jahren nicht mehr gemeldet. Es ist unseres Erachtens nicht mehr nötig. Die NZZ-Mediengruppe kämpft zwar im harten Umfeld der digitalen Transformation um ihren Platz in der Zukunft, aber sie macht es unserer Meinung nach richtig. Und sie hat die notwendigen Köpfe, die unternehmerische Kraft und die materiellen Reserven dazu. (...) Seit Etienne Jornod das Präsidium übernommen hat, bewegt sich die »Alte Tante« zielgerichteter. Die meisten ursprünglichen Anliegen der »Freunde der NZZ« sind mittlerweile umgesetzt, beziehungsweise Teil der NZZ-DNA geworden. (...) So sind aus Sicht der »Freunde der NZZ« die wirtschaftlichen Vorausset-

zungen für mindestens 20 weitere Jahre unabhängige NZZ geschaffen. (…) Die Ziele unserer Interessensgemeinschaft sind damit weitgehend erreicht. (…) Diese Webseite werden wir als »historisches Zeugnis« vorläufig noch online lassen.[106]

4.4 Rotierende Rotarier

Die Ernennung eines Exponenten nationalkonservativer Gesinnung wäre in unseren Augen das Ende der Kultur einer liberalen und weltoffenen NZZ, die wir mittragen und für die wir uns Tag für Tag publizistisch einsetzen.

Aus dem Protestbrief von 60 NZZ-Korrespondenten an den Verwaltungsrat wegen der Kandidatur Somm

Machen wir einen Sprung über den Atlantik, genauer gesagt nach Chicago. Dort traf sich im Februar 1905 ein Rechtsanwalt namens Paul Harris mit drei Freunden, von denen jeder in einer anderen Branche tätig war: Kohlehändler, Bergbauingenieur und Schneider. Gemeinsam vereinbarten sie, sich einmal pro Woche zum Lunch zu treffen und dabei von einem Geschäftsdomizil zum andern zu wechseln. Aus diesem Rotationsprinzip leiteten sie später den Namen ihrer Vereinigung ab: »Rotary Club«. Die Idee erwies sich als so erfolgreich, dass bald weitere Gäste dazustiessen, ein ständiges Lokal für die Lunchbegegnung bestimmt werden musste und Rotary-Ableger in anderen US-Metropolen aufkamen – ehe die Bewegung nach Europa und auf den Rest der Welt überschwappte. 1924 wurde der »Rotary Club Zürich« aus der Taufe gehoben, der erste auf Schweizer Boden. Präsident war Hugo Prager, der Vater des späteren Mövenpick-Gründers Ueli Prager. Als Paul Harris einmal dort auftrat, soll er gesagt haben: »Wenn es nur auf dem richtigen Weg bleibt, mein Kind, und sich nicht in

Selbstgefälligkeit verliert.« Das Kind blieb auf dem richtigen Weg und entwickelte sich prächtig: zu einem globalen Netzwerk von Freundschaft, Geld und Macht. Zudem hatten die Marketing gewieften Amerikaner ihrer Bewegung das altruistische Motiv »Service above self« (»Selbstloses Dienen«) verpasst. Man wolle, so ihre Philosophie, Mitmenschen helfen, die sich nicht zu helfen wüssten: Lokal, national und international. Daran halten die Rotarier bis heute fest. Doch mit der Zeit kam es neben dem »Selbstlosen Dienen« auch zu einem »Zu-Dienen«. Will heissen: Rotarier dienten sich gegenseitig, bildeten Seilschaften und begannen als »Macht im Hinterzimmer«, wie es der »Spiegel« einmal nannte, Einfluss auf Wirtschaft, Politik und Gesellschaft zu nehmen. NZZ-Chefredaktor Fred Luchsinger war auch Mitglied beim ältesten Rotarier Club des Landes, in dem die »Zürcher Elite« einsitzt. Dort dürfe er einmal pro Woche seine lang unterdrückte Humanität entfalten, schnödete Niklaus Meienberg:

> Da wird nicht jeder goutiert. Bührle senior wurde nicht aufgenommen, der Reklamepatriot Rudolf Farner auch nicht, beide aus ethischen Gründen. (...) Man kann ja nicht kandidieren für den Rotary Club, sondern nur auf geheimnisvolle Weise hineingezogen werden, von denen die schon drin sind. (...) Also Sprüngli ist drin und Edmond de Stutz und de Weck von der Bankgesellschaft und Luk Keller von der Kreditanstalt. (...) Und so wird jeden Freitag von 12:15 Uhr bis Schlag zwei zusammengehockt im Hotel Carlton-Elite, zuerst der einfache Lunch und dann ein Vortrag im Sinne der Horizonterweiterung. (...) Politiker dürfen nicht in den Club eintreten. Die Rotarier sind streng apolitisch. Sie wissen, wo die wirkliche Macht beheimatet ist.[107]

Was Meienberg nicht hatte ahnen können, trat 2014 ein: Gleich vier Rotarier aus eben diesem Zürcher Club sassen im

Einzigartige Besitzverhältnisse

neunköpfigen Verwaltungsrat der AG für die Neue Zürcher Zeitung ein: Isabelle Welton, ehemalige Chefin von IBM Schweiz und später Chief Operating Officer der Zürich Versicherung, Rechtsanwalt Christoph Schmid und Werber Dominique von Matt, sowie Unternehmerin Carolina Müller-Möhl. Letztere war bereits 2010 im Verwaltungsrat der NZZ und wurde erst 2012 Mitglied bei den Rotariern. 2016 zog mit Matthias Reinhardt sogar noch ein fünfter Angehöriger dieses vornehmen Clubs in den neunköpfigen NZZ-Verwaltungsrat ein. Seither verfügen die Rotarier über eine Mehrheit in diesem Gremium. Jede Sitzung wird zu einem Heimspiel für sie.

Natürlich wirkt eine derart einseitige Selektion problematisch, auch wenn aus Kreisen des NZZ-Leitungsgremiums glaubhaft verlautet, jede der 2014 und danach frischgewählten Personen sei einzig aufgrund ihrer Qualifikationen in den VR gelangt – und nicht weil, sondern obschon sie im gleichen Rotarier-Club einsitzen. Dass inzwischen auch Chefredaktor Eric Gujer am Rotarier-Tisch Platz nahm, erstaunt nur insofern, als mit dem früheren NZZ-Feuilletonchef Martin Meyer und mit Ex-Chefredaktor Hugo Bütler dort bereits zwei Berufskollegen sitzen. Mit von der Partie sind zudem die ehemaligen NZZ-Präsidenten Conrad Meyer und Ulrich Bremi. Letzterer zog hie und da noch nach seinem Rücktritt hinter den Kulissen die Fäden bei der Zeitung mit. So auch im Dezember 2014, als der NZZ-VR und dessen Rotarier wortwörtlich ins Rotieren gerieten.

Was war geschehen? Gemäss Statuten kann der Verwaltungsrat einzig über die Wahl des Chefredaktors Einfluss auf die Publizistik nehmen. Deshalb ist diese von eminenter Bedeutung. Zudem sorgt sie immer wieder einmal für rote Köpfe. Vor dem definitiven Entscheid muss der Verwaltungsrat auch die Redaktion anhören. Das war schon 1968 so, als etliche von Luchsingers Mitbewerbern Sturm gegen dessen geplante Ernennung liefen. Über ein Jahrzehnt später, vor der Beförderung von Inlandredaktor Hugo Bütler ins hohe Amt, versuchten sowohl Ausland- als auch Wirtschaftsredaktion dem VR valable Gegenkandidaten schmackhaft zu machen. In ihren Augen hatte Bütler nicht das Zeug zum Chef, obschon Luchsinger ihn früh zum Kronprinzen erkoren, gefördert und vorbereitet hatte. Später nahm Luchsinger noch den ehemaligen USA-Korrespondenten Christoph Mühlemann, allerdings bloss als Aussenseiter, mit ins Rennen auf, so dass Bütler dieses gewann. Wegen des im Vorfeld aufgekommenen Widerstandes gegen Bütler sah sich Präsident Luk Keller aber genötigt, dessen einstimmig erfolgte Wahl zu rechtfertigen:

> Die wichtigste Qualifikation des Chefredaktors ist in der Sicht des Verwaltungsrates *politischer Art*: Er muss Gewähr bieten, dass er die NZZ als liberales Meinungsblatt mit hoher Informationsqualität und Kompetenz des Urteils erhalten und leiten kann. Der VR sieht diese Qualifikation in der Persönlichkeit von Dr. Bütler und aufgrund seiner bisherigen journalistischen Leistung in hohem Masse erfüllt.[108]

2006, vor Spillmanns Ernennung, war die Redaktion beziehungsweise ein völlig intransparent gebildeter mehrköpfiger Redaktionsausschuss angehört worden. Der Verwaltungsrat bestand darauf, aus mindestens zwei Kandidaten auswählen zu können, weil der machtverliebte Bütler es in seiner langen Amtszeit als Chefredaktor unterlassen hatte, einen valablen Nachfolger aufzubauen und zu fördern. So befand sich neben Markus Spillmann auch der Leiter der »NZZ Online«-Redaktion Martin Breitenstein in der Endausscheidung. Das Leitungsgremium unter Präsident Meyer entschied sich schliesslich nicht für den Onliner, wohl auch, weil dieser prophezeite, die Zukunft der NZZ liege im Digitalen, der Online-Auftritt aber noch mit Verlust arbeitete und qualitativ hinter dem Niveau des Print zurückblieb. Also fiel die Wahl auf

Einzigartige Besitzverhältnisse

Spillmann, der nun im Gegensatz zu Hugo Bütler ohne langjährige Vorbereitung auf dem Chefsessel landete. Indem der Verwaltungsrat ihn auch erneut zum Primus inter pares der Geschäftsleitung kürte, hielt er am Primat der Publizistik fest, welches inzwischen aber mehr Fluch als Segen war. Hätte der VR früher die Trennung zwischen unternehmerischer und publizistischer Leitung vorgenommen, wer weiss, Spillmann wäre vielleicht als »nur« Chefredaktor oder »nur« Publizistischer Leiter über die Jahre in sein Amt hineingewachsen.

Sein Ziel war es, eine moderne, attraktive und parteiunabhängige Zeitung zu produzieren. Zu Beginn seiner Amtszeit war ihm sozusagen als Gesellenstück ein gekonntes Facelift bei der »Alten Tante« gelungen: Das Blatt kam leichter, luftiger und lockerer daher. Anschliessend ging es aber bergab. Spillmann hatte sich schlicht viel zu viel aufgeladen: Chefredaktor NZZ, Leiter Publizistik der ganzen Gruppe sowie Mitglied der Unternehmensleitung. Mit diesem Pflichtenheft war er total überfordert. Er eilte von Sitzung zu Sitzung, trat journalistisch immer seltener in Erscheinung und schrieb seine Leitartikel oft zwischen Tür und Angel, so dass diese nicht immer den nötigen Tiefgang hatten. Politisch schien er zudem in den liberalen 1990er Jahren stehengeblieben zu sein, in der die Welt »flacher« wurde, scheinbar zu einem »globalen Dorf« schrumpfte und die Globalisierung an die Stelle von Geopolitik trat. Damals war die Hoffnung gross, dass sich dank Multilateralismus und Vereinten Nationen endlich das Korrekte, das Gute und das Wahre auf dem Globus durchsetzen werde.

Doch dem war nicht so: Nach dem Terroranschlag von 9/11 und der internationalen Finanzkrise von 2007/2008 sowie beim späteren Ansturm von Millionen Flüchtlingen aus Syrien und anderen Kriegsgebieten, kehrte der Wind. Plötzlich gewannen vielerorts konservative, populistische Strömungen an Gewicht, und das Pendel schlug in die Gegenrichtung aus. Lange Zeit reagierte die NZZ bloss zögernd auf das veränderte Umfeld. Sie war zu sehr mit sich selbst beschäftigt. Unter Spillmanns Leitung schien dem Blatt zudem der liberalkonservative Kompass abhanden gekommen zu sein. »Liberal« drohte zu »beliebig« zu werden oder gar zu »liberallalla«, wie es ein deutscher FDP-Politiker einmal benannte. Leser sprangen nicht nur vom Print ab, auch die digitale NZZ wies eine miserable Performance auf, so dass der Chefredaktor immer mehr in die Defensive geriet. Darüber hinaus erlaubte er sich Fehltritte im Privatleben, welche alles andere als »NZZ-like« waren. Ergo stand Spillmann bald mit dem Rücken zur Wand. Seine Truppe, die er in seine Strategie kaum einbezog, verweigerte ihm den Gehorsam und verharrte im Schützengraben. Als NZZ-Präsident Jornod im September 2014 gegenüber der »Finanz und Wirtschaft« erklärte, man sei bei der NZZ in Sachen Qualität noch nicht beim Maximum angelangt, hatte er zweifelsfrei Spillmann im Visier. Dessen Absetzung – dem Vernehmen nach bereits unter NZZ-Präsident Hummler angedacht – war bloss eine Frage der Zeit. Bereits im August 2014 soll Spillmann aus dem Umfeld der NZZ erste Hinweise auf das drohende Unwetter erhalten haben. Erschöpft vom hohen und oft auch physisch schmerzhaften Druck auf seinen Schultern, setzte er zu einem Befreiungsschlag an: In einem Schreiben an das NZZ-Leitungsgremium bat er anfangs September darum, man möge ihn vom Amt des Publizistischen Leiters befreien und dieses in andere Hände legen.

Damit setzte Markus Spillmann sich aber de facto selber ab und gab den Startschuss für die Suche nach einem geeigneten Nachfolger. Der mit dem Chefredaktor unzufriedene Verwaltungsrat plante nämlich, ihn aus allen Ämtern zu entlassen. Etienne Jornod, damals noch recht frisch im Amt, war als Orts-und Branchenfremder mit der Deutschschweizer Medienwelt wenig vertraut. Also suchte er sich fachkundige Ratgeber. Einen solchen fand er, neben anderen, in der Person des damaligen NZZ-Feuilletonchefs Martin Meyer. Dieser brillante und ehrgeizige Kopf war dank über 40 Jahre Mitarbeit bei der NZZ mit dem Blatt allerbestens vertraut. 2006 war auch er ein erfolgloser Kandidat für die Bütler-Nachfolge gewesen. Möglicherweise witterte er nun eine letzte Chance, doch noch Chefredaktor der NZZ zu werden oder zumindest deren Publizistischer Leiter. Folglich unterstützte er – zusammen mit Ulrich Bremi – Jornod aktiv bei der Kandidatensuche. Die Vorgabe lautete: Wir brauchen einen Chefredaktor, welcher der NZZ publizistisch wieder ein klares Profil und hohe Ausstrahlungskraft verleiht. Die Suche sollte mit höchster Diskretion erfolgen, um erstens die Evaluation möglicher Bewerber – das Feld war von Beginn überschaubar – in Ruhe und ohne mediale Begleitmusik durchführen zu können. Und um, zweitens, Markus Spillmann einen ehrenvollen Abgang zu ermöglichen.

Anfangs verlief alles nach Plan. Der neue, von Jornod handgepflückte Verwaltungsrat stellte sich geschlossen hinter den Präsidenten, so dass nichts durchsickerte. Rasch war eine »long list« mit rund einem Dutzend möglicher Kandidaten erstellt, auf der neben internen Bewerbern – wie Inlandchef René Zeller, Auslandchef Eric Gujer, Nachrichtenchef Luzi Bernet und eben Martin Meyer – auch externe figurierten: Etwa der deutsche Digitalfachmann Matthias Müller von Blumencron, Onlinechef bei der »Frankfurter Allgemeinen Zeitung« und der Chefredaktor der »Basler Zeitung« (BaZ) Markus Somm. Da man die internen Kandidaten kannte, konzentrierte man sich bei der Evaluation auf die externen. Und so lag bald eine »short list« vor, auf der Markus Somm als einziger externer Bewerber verblieb. Jornod soll früh Gefallen an Somm und dessen charismatischer Art gefunden haben, auch wenn er als Neuenburger den BaZ-Chef zuvor nicht kannte, geschweige denn von diesem viel gelesen hatte. Doch er war von Somms intellektuellen Fähigkeiten beeindruckt.

Gleichzeitig wussten er und der Verwaltungsrat aber auch um Somms Nähe zu Christoph Blocher. Doch der BaZ-Chef stand zusätzlich im Ruf, in Sachen Menschenführung ein fähiger Vorgesetzter zu sein, was ihn als Kandidaten attraktiv machte. Zumal sowohl Inlandchef René Zeller als auch Auslandchef Eric Gujer Defizite bei Sozialkompetenz und Führungsfähigkeit nachgesagt wurden. Anfänglich waren im NZZ-Verwaltungsrat vereinzelt politisch bedingte Zweifel an Somms Kandidatur laut geworden. Deshalb wurde eine besonders sorgfältige »due dilligence« nötig. In deren Rahmen befragte der Verwaltungsrat über ein Dutzend freisinnig-liberale »opinion leaders« aus der politischen und wirtschaftlichen Crème de la Crème der Schweiz: Leute wie Vreni Spoerry, Ulrich Bremi, Bundesrat Johann Schneider-Ammann, Parteipräsident Philipp Müller und andere. Ihr Echo auf Markus Somm soll durchwegs positiv ausgefallen sein, wobei auch sie vor dessen »Blocher-Connection« warnten. Solche Bedenken soll Martin Meyer jeweils eloquent und glaubwürdig mit dem Argument in den Wind geschlagen haben, Somm sei seit Jahren Mitglied der FDP und werde sich als NZZ-Chef dem liberalen Blatt anpassen. Journalisten zeigten bekanntlich hohe politische Beweglichkeit. Mit Gottlieb Höppli, Kenneth Angst und Felix U. Meisterhans habe schon Hugo Bütler drei frühere Linke in die NZZ geholt, die sich später zu überzeugten Liberalen wandelten. Warum also nicht auch den ehemals linken Somm, der inzwischen auf einen strammen SVP-Kurs eingeschwenkt war? Ähnlich klang auch Franz Steinegger, der bis April 2013 Präsident der NZZ war. Er schloss Somm nicht a priori aus, sondern forderte einfach, dieser habe sich der NZZ anzupassen – und nicht umgekehrt. Diese positiven Rückmeldungen relativierten die Zweifel im Verwaltungsrat.

Ungelöst blieb ein anderes Problem: Somms rund 30-prozentiger Anteil an der BaZ, von dem er sich offenbar nicht trennen wollte. Deshalb gerieten die Verhandlungen mit ihm

Einzigartige Besitzverhältnisse

immer wieder ins Stocken. Besonders nachdem Somms Anwalt wissen liess, die NZZ werde wegen einer Vertraulichkeitsklausel keinen Einblick in Somms Vertrag mit der BaZ, beziehungsweise mit deren Mitbesitzer Christoph Blocher erhalten. Damit stand der Deal de facto vor dem Aus. Dennoch hatte Jornod lange am Kandidaten Somm festgehalten. Für den NZZ-Präsidenten war der Braten schon fast angerichtet – wenn auch noch lange nicht gegessen. In einer Weisung an das Zürcher PR-Unternehmen Hirzel, Neef, Schmid von damals hiess es dem Vernehmen nach: »Macht Euch für den Tag bereit, an dem wir Somm als neuen Chefredaktor bekanntgeben werden.« Das entsprechende Communiqué habe versandbereit vorgelegen und Somm habe schon einen Mustervertrag erhalten.

Mit jedem Tag, mit dem die Evaluation fortschritt und immer grössere Kreise einbezog, stieg die Gefahr eines unerwünschten Lecks. Deshalb beschloss der Verwaltungsrat Ende November, Spillmann umgehend über dessen geplante Absetzung ins Bild zu setzen. Da der NZZ-Chef aber an einem Symposium in Österreich weilte, gelang das nicht sogleich. Doch als anfangs Dezember in Basel das Gerücht die Runde machte, Somm sei im Gespräch für die NZZ-Chefredaktion, entschied der VR an einer Telefonkonferenz, Spillmann sofort zu informieren. Doch auch dieser Versuch schlug fehl, weil der Chefredaktor weiterhin »incommunicado« war. Also lud Jornod ihn per SMS für Sonntagabend, den 7. Dezember, ins Hotel Gotthard nach Zürich ein. Dort soll er dem überraschten Spillmann eröffnet haben, dass man ihn aus allen Ämtern entlassen werde, dass er aber – etwa nach einer bezahlten Auszeit – einen anderen, ihm genehmen Job innerhalb der NZZ-Gruppe annehmen könne, zum Beispiel die Korrespondenz aus Washington. Ausserdem habe Jornod vorgeschlagen, Spillmann möge bis zum Jahresende im Amt bleiben, damit der VR genügend Zeit für die Suche nach einem Nachfolger erhalte.

Rotierende Rotarier

Doch der aufgewühlte NZZ-Chefredaktor gab sich trotzig. Er zeigte Grösse und liess sich nicht mit einem Trostpreis abspeisen, zumal dieser ihm gar nicht in seine familiäre Situation passte. Spillmann verzichtete auf »Schweigegeld« und akzeptierte zähneknirschend seine Entlassung. Gleichzeitig bestand er darauf, diese möglichst rasch der Redaktion mitteilen zu können. Damit machte er Jornod einen fetten Strich durch die Rechnung. Der NZZ-Präsident hatte die Situation und den Menschen Spillmann offensichtlich falsch eingeschätzt. Und so wurde bereits am Dienstagmorgen, den 9. Dezember 2014, Hals über Kopf informiert, dass Spillmann als erster Chefredaktor in der jüngeren Geschichte der NZZ per Ende Jahr unfreiwillig von seinem Posten zurücktreten werde. Als Grund wurden, wie immer in solchen Momenten, »unterschiedliche Vorstellungen« genannt. Zwar sei man sich über die Stossrichtung der angepeilten Veränderungen einig gewesen, nicht aber über deren konkrete Umsetzung. Von der Nachfolge war noch keine Rede. Eine von langer Hand auf Dienstagnachmittag anberaumte Mitarbeiterinformation zum Geschäftsgang wurde nun zum Informationsanlass zu Spillmanns Abgang umfunktioniert. Die Anwesenden bombardierten Jornod mit Fragen nach den wahren Gründen für Spillmanns Entlassung, doch der Romand blieb Antworten schuldig und verwies nur auf die Medienmitteilung. Auf eine Frage, ob Markus Somm als neuer NZZ-Chefredaktor vorgesehen sei, antwortete er dagegen kategorisch mit nein und betonte, die Suche nach einem Nachfolger sei erst angelaufen.

Dieser Aussage widersprach aber ein explosiver Artikel, der am folgenden Wochenende in der »Schweiz am Sonntag« erschien. Darin hiess es, der Chefredaktor der »Basler Zeitung« sei tatsächlich als Spillmann-Nachfolger im Gespräch. Somm habe sogar gegenüber Vertrauten erklärt, in der Poleposition für den NZZ-Chefposten zu sein. Ausserdem habe er seine Teilnahme an der Aufzeichnung der TV-Sendung »BaZ-

Einzigartige Besitzverhältnisse

Standpunkte« abgesagt und sich geweigert, TV-Termine für 2015 einzuplanen. Laut Bekannten war er »völlig von der Rolle«. Gemäss den Recherchen des Blattes aus dem AZ-Verlag, welches seine Informationen unter anderem von einer anonymen Quelle aus der NZZ erhalten haben will, sei folgender Plan ausgeheckt worden: Spillmann werde als Chefredaktor durch Markus Somm ersetzt und parallel dazu Martin Meyer als »Leiter Publizistik« inthronisiert. Dank diesem Zweierticket, so das Blatt, hoffe der Verwaltungsrat, den zu erwartenden Aufschrei über die Berufung des Blocher nahen Somm dämpfen zu können.

Die Nachricht schlug wie eine Bombe ein. Sie brachte nicht nur das Feuer in den schweizerischen Medien zum Lodern, sondern auch die Journalisten der NZZ auf die Barrikaden. In zwei offenen Briefen appellierten zunächst alle Korrespondenten und Korrespondentinnen und danach auch 163 Redaktoren und Redaktorinnen an den Verwaltungsrat, unter gar keinen Umständen einen »Exponenten nationalkonservativer Gesinnung« zum Chefredaktor zu küren. Die neu eingesetzte Interims-Chefredaktion – bestehend aus Nachrichtenchef Luzi Bernet, Inlandchef René Zeller und Print-Bereichsleiterin Colette Gratwohl – drohte gar mit sofortiger Kündigung, falls Somm ihnen vor die Nase gesetzt werden würde. Mit seinem Kommentar »Einen Freisinn Blocherscher Prägung gibt es nicht« schlug Felix E. Müller, Chefredaktor der »NZZ am Sonntag« und bekennender Blocher-Gegner, einen vielbeachteten publizistischen Pflock ein. Seine Stellungnahme – die »NZZ am Sonntag« wich dazu von ihrem Standard-Layout ab – war ein direkter Angriff auf Markus Somm, auch wenn der Autor keine Namen nannte. Die zentrale Aussage von Müllers Philippika lautete: Die Ausrichtung der SVP – isolationistisch, gesellschaftspolitisch konservativ und modernisierungsfeindlich – sei unvereinbar mit den liberalen Werten von FDP und NZZ. Damit erteilte er auch

»Weltwoche«-Herausgeber und SVP-Nationalrat Roger Köppel eine klare Abfuhr. Dieser hatte in den Tagen zuvor der NZZ-Spitze einen »Freisinn Blocherscher Prägung« empfohlen. Die Nerven lagen blank an der Falkenstrasse. Ein Sturm der Entrüstung fegte auch durch die Öffentlichkeit. Vorwurfsvolle Anrufe, Mails von empörten Aktionären, Lesern und aufgeschreckten FDP-Politikern setzten den Verwaltungsrat zusätzlich unter Druck. Er soll daher entschieden haben, die Suche nach einem neuen Chefredaktor abzubrechen und zu einem späteren Zeitpunkt fortzusetzen, beziehungsweise neu aufzugleisen. Am folgenden Montag meldete der »Blick« bereits, Somm selbst habe sich aus dem Rennen genommen, worauf Jornod den BaZ-Chef kontaktierte und ihm vorschlug, gemeinsam ein Communiqué zu publizieren. Doch Somm kam ihm mit einer eigenen Verzichtserklärung zuvor, in welcher er bestätigte, von der NZZ für den Chefredaktorposten angefragt worden zu sein. Auf diese Weise konnte Somm den Eindruck erwecken, seine Kandidatur nach »reiflicher Überlegung« aus eigenem Antrieb zurückgezogen zu haben. Der NZZ-Verwaltungsrat und dessen Rotarier standen abermals im Regen.

Gemäss Jornod war die Ernennung Somms nie wirklich in trockenen Tüchern gewesen, insbesondere weil er dem NZZ-VR keinen Einblick in seine Verträge bei der BaZ geben wollte. Dieser Punkt sei neben anderen so umstritten geblieben, dass er schliesslich zum Dealbreaker wurde. »Es gab Dinge, die nicht zusammenpassten, in der Sache und in den Erwartungen. Deshalb wurden die Gespräche über die Kandidatur beendet«, verkündete die offizielle Medienmitteilung. Die Redaktion dagegen wies diese Darstellung zurück. Ihrer Überzeugung nach zog der VR diese rote Linie erst im Nachhinein. Der wahre Dealbreaker sei der Sturm der Entrüstung gewesen, den der Name Somm in und ausserhalb der NZZ verursachte. Zudem war die Redaktion erbost darüber, dass der Verwaltungsrat es ihrer Ansicht nach verpasst hatte, rechtzeitig ihre Meinung zur Spillmann-Nachfolge einzuholen, wie es die Statuten fordern. Das oberste Gremium habe Regeln verletzt und mit verdeckten Karten gespielt.

Das war auch der Tenor der unzähligen Artikel, die zu diesem Thema im »Tages-Anzeiger«, in den AZ-Medien sowie im übrigen Blätterwald erschienen. Alle urteilten unisono: Somms Ernennung sei so gut wie sicher gewesen. Etliche der »opinion leaders«, welche sich zuvor noch für den BaZ-Chef ausgesprochen hatten, stimmten nun mit ein in den Chor der Empörung – oder gingen auf Tauchstation. Ergo wurde der Version des Verwaltungsrates weder Glaube noch Gehör geschenkt. Etienne Jornod und Martin Meyer standen auf völlig einsamem, um nicht zu sagen, verlorenem Posten. Sie hatten die politische Dimension ihres Handels sowie die im Haifischbecken Medienwirtschaft lauernden Gefahren unterschätzt. Ihnen war zu wenig bewusst gewesen, wie sehr Markus Somm in Redaktion und Öffentlichkeit als Statthalter Blochers betrachtet wurde. Und dass mit seiner Wahl der Eindruck entstanden wäre, Blocher habe bei der NZZ, wenn auch nicht das Sagen, so doch ein Wort mitzureden. »Perception is reality.«

Für die Gegner einer Kandidatur Somms war es sowieso unverständlich, ja geradezu unverantwortlich, dass der NZZ-Verwaltungsrat den BaZ-Chef überhaupt in Erwägung ziehen konnte. Dem Leitungsgremium habe das nötige politische Fingerspitzengefühl gefehlt. Die NZZ sei eben kein rein wirtschaftliches Unternehmen wie Galenica, sondern auch eine politische Stimme und eine Institution von nationaler Bedeutung. Solche Überlegungen waren für den Verwaltungsrat, in dem auch die rechtsfreisinnige spätere Bundesrätin Karin Keller-Sutter sass, offensichtlich von untergeordneter Bedeutung. Vor allem nachdem die Umfragen im FDP-Lager zur

Rotierende Rotarier

Kandidatur Somm – ein entscheidender Punkt – keinerlei negative Rückmeldungen gezeigt hatten. Jornod begründete sein Festhalten an Somm später wie folgt: Als unternehmerisch und nicht politisch agierender VR-Präsident sei es für ihn undenkbar gewesen, einen klugen und fähigen Kopf wie Markus Somm aus politischen Überlegungen a priori auszuschliessen.

Kopfschütteln löste auf der Redaktion zudem Jornods Reise nach Fernost aus. Der NZZ-Präsident hatte am Dienstag, unmittelbar im Anschluss an die Bekanntgabe von Spillmanns Absetzung, eine von langer Hand geplante, teils geschäftlich – für das Biotech-Unternehmen Vifor – bedingte, teils private dreiwöchige Asienreise angetreten. Wegen der Krise bei der NZZ musste er diese allerdings kurz darauf wieder abbrechen und nach Zürich zurückkehren. Dort war die Stimmung auch wegen der geplanten Schliessung der NZZ-Druckanlagen in Schlieren kämpferisch. Im Bemühen die Wogen zu glätten, hatten Vertreter des Verwaltungsrates bereits das Gespräch mit den Spitzen der Redaktion gesucht. Dabei wurde diesen ihr statutarisch verbrieftes Anhörrecht bei der Chefredaktorsuche explizit zugesichert. Ausserdem entschuldigte sich Jornod nach seiner Rückkehr bei den Journalisten und gab die Schaffung eines Beirates zur Qualitätskontrolle bekannt; wohl auch, um künftig ähnliches Unheil zu vermeiden. Leiter dieses Ausschusses wurde Martin Meyer – ein Trostpflaster für dessen abermaliges Nicht-Erreichen höherer Weihen.

Im Übrigen beharrte Jornod gegenüber der Redaktion darauf, dass der Ernennungsprozess mit Somm nicht abgeschlossen, sondern abgebrochen worden sei. Diese von den NZZ-Journalisten und Journalistinnen als wenig glaubhaft empfundene Aussage belastete deren Verhältnis zum Präsidenten noch lange. Einige ehemalige Redaktoren, die als die »wahren Freunde der NZZ« auftraten, erwarben sogar Aktien, um an der GV vom April 2015 dem VR einen Denkzettel zu verpassen. Bereits vor dem Kongresshaus verteilten sie Flugblätter an die Aktionäre, in denen sie der Führungscrew in harschem Ton vorwarfen, das Flaggschiff der Schweizer Presse in eine Krise geführt, der Lächerlichkeit preisgegeben und unverantwortbaren Risiken ausgesetzt zu haben. Drinnen an der GV stellte Ex-Auslandredaktor Reinhard Meier den Antrag, Jornod aus folgendem Grund abzuwählen:

> Schon die Idee, einen erklärten Anhänger und Satrapen des nationalkonservativen Bannerträgers Christoph Blocher als Redaktionsleiter der urfreisinnigen NZZ einzusetzen, muss man als Anschlag auf die weltoffene Seele unseres Blattes einstufen. Dabei geht es (...) um das politische Signal, das mit der Berufung eines Publizisten ausgesendet wird, der gewiss nicht zufällig von der SVP-Eminenz Blocher als Chefredaktor der von ihm kontrollierten »Basler Zeitung« inthronisiert wurde. (...) Wenn keine Konsequenzen aus dem Somm-Debakel gezogen werden, würde das als Zeichen der Gleichgültigkeit seitens der Aktionäre gedeutet. Die hellwache NZZ-Redaktion hat kräftigere Signale aus unseren Reihen verdient.

Doch die Angreifer blitzten ab. Wer in diesem illustren Kreis erfolgreich putschen will, muss Monate im voraus lobbyieren, antichambrieren und Verbündete finden. Selbst dann besteht keine Erfolgsgarantie, wie zuvor bereits die IG »Freunde der NZZ« mehrfach hatte erfahren müssen. Eine grosse Hürde bildet alleine schon der offizielle Stimmrechtsvertreter, der, sofern nicht anders beauftragt, mit dem Verwaltungsrat stimmt. Somit können die Amtsinhaber meist auf bis zu 40 Prozent aller Stimmen zählen und Angriffen relativ gelassen entgegensehen. Das allerdings war im April 2015 nicht wirklich der Fall. Vielmehr stimmten auch die im Saal anwesenden Aktionäre zu fast 90 Prozent für den Antrag des Verwaltungsrates und somit gegen Jornods Abwahl. Mit 20 738 »Ja« und nur 3583 »Nein« bei 1722 Enthaltungen wurde der Neuenburger überraschend klar wiedergewählt. »Ein Denkzettel sieht anders aus«, hiess es danach auf Twitter. Jornod selber hatte nicht mit einem derart guten Abschneiden gerechnet. Der Orkan der Entrüstung, der über ihn wegen der »Affäre Somm« hinweggefegt war, hatte ihm arg zugesetzt. Das überwältigende Votum zu seinen Gunsten dürfte deshalb Balsam auf seine Seele gewesen sein. Dennoch: Die »Affäre Somm« befleckte sein Image. Vielleicht war der NZZ ja unter ihm und seinem österreichischen CEO tatsächlich ein Stück lokale Verankerung abhanden gekommen, wie dies Medienkolumnist Kurt W. Zimmermann behauptete, als er schrieb, die Venus im Zürcher Dreigestirn von NZZ, Sechseläuten und Kronenhalle sei heimatlos geworden:

> Sichtbarstes Zeichen dieser Abkehr von Blauweiss ist die Führungsspitze des Hauses. NZZ-Präsident ist der Neuenburger Etienne Jornod. CEO ist der Grazer Veit Dengler. Auch im neunköpfigen Verwaltungsrat sind die Zürcher in der Minderheit. Man stelle sich einmal vor, der Präsident des Sechseläuten-Komitees wäre ein Romand und sein Zugchef ein Österreicher. Der Böögg würde sich weigern, zu brennen.[109]

Kapitel 5: Eintauchen in die digitale Welt

5.1 »NZZ Online«: erste Gehversuche

> Die Zeitungsverlage wurden durch die digitalen Medien ungefähr so überrascht wie eine beliebige mitteleuropäische Stadtverwaltung durch den alljährlichen Wintereinbruch.[110]
>
> Veit Dengler,
> CEO NZZ-Meiengruppe (2013–2017)

»Weisst du noch (…)?«, überschrieb Daniel Weber, Leiter von »NZZ-Folio«, im Juni 2007 seine Retrospektive zu einem Jahrzehnt NZZ-Präsenz im Netz. Es war ein Blick zurück in die digitale Steinzeit, wie das 1996 zu diesem Thema erschienene »Folio« belegt. Lesern, die sich damals ins Internet wagen wollten, empfahl das Magazin einen Computer mit 8 Megabyte Arbeitsspeicher, vorzugsweise mit Farbbildschirm, ein Modem mit 14 400 Baud und eine ordentliche Portion Geduld, weil sich das Modem oft erst nach mehreren »busy«- und »redialing«-Meldungen beim Provider einwählte. Eine Verbindung ins Netz konnte bis zu 30 Sekunden dauern. Nur ganz wenige Zeitungen leisteten sich einen Online-Auftritt, obschon absehbar war, dass das Internet für sie zur Bewährungsprobe des 21. Jahrhunderts werden würde. Bei der NZZ erkannte man das rechtzeitig. Trotz ihres »Alte Tante«-Images war sie technologisch schon immer gut aufgestellt und oft gar in einer Pionierrolle: Korrespondenten, die das wollten, konnten bereits in den frühen 1980er Jahren ein Handkoffer grosses

Gerät namens »Scrib« der Lausanner Firma Bobst beziehen. Auf diesem klobigen Vorläufer des PC liessen sich Artikel schreiben und via »Radio Schweiz« direkt ins elektronische Redaktionssystem der NZZ übermitteln. Vorbei das lästige Diktieren am Telefon oder die umständliche Übermittlung per Fax oder Telex. Es war ein gewaltiger Produktivitätsschub. Bis sich dieser auf der ganzen Redaktion durchsetzte, vergingen aber Jahrzehnte. Denn dort gehörte es zum guten Ton, allem Neuen erst einmal mit Ablehnung und Verachtung zu begegnen. Chefredaktor Bütler hatte bis zu seinem Abgang im Jahre 2006 nie einen Computer in seinem Büro, und Verlagsleiter de Stoppani, auf dessen Pult zwar ein solcher stand, soll diesen auch nur selten benutzt haben. Zu einem geflügelten Wort wurde Bütlers Wunsch, wenn er etwas von »NZZ Online« lesen wollte: »Drucken Sie mir bitte das Internet aus.«

Innerhalb des Führungstrios war Finanzchef Jean-Philippe Rickenbach der einzige Technologiebegeisterte. Er hatte mit dafür gesorgt, dass die NZZ noch vor der Jahrtausendwende mit »NZZ Global« eine im Netz abrufbare, aktuelle Tagesausgabe im Angebot hatte. Mit der Finanzplattform »Finfox« erhielt die Zeitung zudem ein Instrument aus der heutigen Robo-Finance in die Hand, das seiner Zeit voraus war. Später wurde dieses aber unter Conrad Meyer wieder abgestossen. Schwer tat sich in diesem Umfeld auch Wolfgang Frei, der Mitte der 1990er Jahre dazu stiess, um die Zeitung mit »NZZ-Format« in die Welt der Television zu führen. Rückblickend meinte er einmal:

> Man kann sich heute nicht mehr vorstellen, wie schwer es damals war, Fernsehen in der NZZ zu machen. Am Anfang haben wir vor allem nach Innen gesendet, um in der Redaktion Aufmerksamkeit und Verständnis für dieses neue Medium zu gewinnen, das niemanden interessierte. Erst als Kommentare kamen wie »Meine Frau hat ihre Sendung gesehen und gut

»NZZ Online«: erste Gehversuche

gefunden«, wussten wir, dass wir auf dem richtigen Weg waren und dass auch unsere Redaktionskollegen unsere Sendungen anschauten.[111]

»NZZ-Format« wurde zum Vorläufer von »NZZ Online«. Es hatte 1995 eine Sendung zum Thema Internet ausgestrahlt und dazu einen eigenen Onlineauftritt erarbeitet zusammen mit der längst verschwundenen Firma Internet Access, einer der ersten Provider in der Schweiz. Ein Jahr später doppelte »NZZ-Folio«-Chef Daniel Weber mit dem Heft »Vernetzte Welt« sowie einer dazu passenden Website nach. Damit war bewiesen, dass man bei der NZZ hohe technologische Kompetenz besass. Frei und Weber waren vom Alter her zwar »Digital Immigrants,« benahmen sich aber fast wie »Digital Natives«. Ergo lud die NZZ-Spitze das Duo ein, mit einer IT-Gruppe ein Online-Projekt für die Zeitung zu erarbeiten: besser und eleganter als die Handvoll digitaler Medienauftritte, die es damals gab.

Gemessen an den Webseiten von »NZZ-Format« und »NZZ-Folio« erwies sich der »NZZ Online«-Auftritt von schwindelerregender Komplexität. Am 23. August 1996 war es aber soweit: Bei einer Sitzung mit dem Verwaltungsrat stellte Weber den Prototyp vor. Danach sollte der VR ja oder nein dazu sagen. Die Übung erfolgte unter Live-Bedingungen, was Mut benötigte, weil damals das System noch regelmässig abstürzte. In diesem Fall lief aber alles rund: Weber konnte ungestört referieren und sich durch die vorbereiteten Seiten klicken. Die Verwaltungsräte – lauter Internet-Greenhorns – zeigten sich beeindruckt und erteilten »NZZ Online.ch« ihren Segen. Zwar verstrich noch fast ein Jahr, ehe die News-Website im Juni 1997 startete. Trotzdem war die NZZ in Sachen Digitalpräsenz in der Schweiz früh dran. Das war auch mit das Verdienst von NZZ-Redaktor Thomas Häberling, der in seiner späteren Funktion als »Zuständiger für Spezialaufgaben«

zur grauen Eminenz hinter Hugo Bütler avanciert war, zum einflussreichen »man behind the man«. Er, der bereits bei der Lancierung von »NZZ-Folio« und »NZZ-Format« eine wichtige Rolle gespielt hatte und später auch beim Aufbau der »NZZ am Sonntag« prominent beteiligt sein würde, stellte sich hinter den geplanten Internetauftritt. Häberling war ein Macher und hatte grossen Einfluss auf den stets abwägenden und zurückhaltenden Bütler. Die beiden Männer telefonierten oft stundenlang miteinander.

Parallel zur Lancierung von »NZZ Online.ch« wurde eine Zwei-Mann-Online-Redaktion auf die Beine gestellt, welche der Journalist und Sinologe Martin Hitz leitete. Deren Arbeit bestand im Aufbereiten von Printartikeln zu online-gerechten Inhalten. Das Duo lancierte zudem mit dem IT-Team Dienstleistungen, die bis heute zu den beliebtesten gehören: Börsenkurse und Wetterinfos, ein Newsticker sowie Online-Games. Der Mix schlug ein. Ab 1998 zählte »NZZ Online.ch« zu den meistbesuchten Schweizer Medien-Sites. Es hatte sich vom Nebenprodukt zu einem Kerngeschäft gemausert. Daher verabschiedete der Verwaltungsrat das Strategiepapier »Internet 2000«, welches Wolfgang Frei entworfen hatte und das alles enthielt, was man hätte machen sollen und können. Primär ging es darum, die Chancen des Internets zu nutzen, um aktuell digital zu berichten. Das junge Online-Team wurde auf 16 Personen verdoppelt, nicht länger nur mit Hochschulabsolventen, sondern auch mit Allroundern, die Spass an dem neuen Medium hatten. Sie wurden Teil einer Nachrichtenredaktion, die Martin Breitenstein leitete, welcher aus der NZZ-Inlandredaktion kam. Er hoffte, seinen Personalbestand mittelfristig auf 50 Personen ausbauen und einen Aussenposten in den USA eröffnen zu können, der, während Europa schlief, das Online Portal verwalten würde. Erstmals erhielten die Onliner das Recht, eigenständig Artikel zu verfassen und auf »NZZ Online.ch« aufzuschalten. Es wurden Bildstrecken ein-

»NZZ Online«: erste Gehversuche

geführt und die Website bekam ein Facelift, so dass sie optisch schön und aufgeräumt daherkam. Der Einstieg in die digitale Welt war geglückt! Die Pioniere hatten grossartige Arbeit geleistet.

Doch dann kam das Krisenjahr 2002 und machte alle Expansionspläne zu Makulatur. Ein drastischer Werbeschwund löste ebenso drastische Sparmassnahmen aus. Also musste auch »NZZ Online« Federn lassen. Seine explosive Expansion wurde gestoppt, teils sogar rückgängig gemacht und die Crew unter Martin Hitz 2003 mit der Nachrichtenredaktion verschmolzen, worauf dieser die Zeitung verliess. Drei Mitarbeitern wurde gekündigt, die anderen auf 80-Prozent-Pensen herabgesetzt. Dennoch: Von 2001 bis 2006 besass die NZZ eine relativ schlagkräftige Digitaltruppe. »NZZ Online.ch« war sehr beliebt, weil man das Gewicht auf News, News und nochmals News legte. Diese Phase dauerte bis 2006, bis Spillmann zum neuen Chefredaktor gewählt wurde und Breitenstein als unterlegener Mitbewerber für diesen Posten das Haus verliess. Damit begann ein neues Kapitel in der Geschichte von »NZZ Online«, nicht aber ein glücklicheres. Denn mit jedem Tag, mit dem der Digitalbereich wuchs, wuchs auch der Graben zwischen Print und Online. Es entstand eine Zweiklassengesellschaft: Auf der einen Seite die traditionellen Printjournalisten mit hohem Fachwissen und auf der anderen die vor allem auch technisch versierten »Onliner«, jedoch meist ohne viel Dossierkompetenz. Weil die NZZ-Führung es verpasste, die beiden Lager rechtzeitig einander anzunähern, begann es in der Redaktion zu brodeln. Dieser Konflikt dauerte mehrere Jahre an und brachte die Zeitung intern auf Schlingerkurs.

5.2 Print contra Online

Heute ist ein Journalist aus dem Printzeitalter fast in der Position des katholischen Klerus des 15. Jahrhunderts, der plötzlich mit den Druckerzeugnissen der Protestanten konfrontiert wurde, die damals das neue Medium darstellten.[112]

Peter Sloterdijk,
Deutscher Philosoph

Am 8. Juni 2012 machten NZZ-Leser grosse Augen. Die Frontseite ihres Leibblattes erschien erstmals und einmalig im Binärcode, also mit Einsen und Nullen, dem Alphabet jeder Computersprache. Der Grund für dieses Kuriosum, welches Wellen bis in die USA schlug: Ab sofort bot die NZZ die ganze Qualität und Tiefe der gedruckten Tagesausgabe auch in digitaler Form an, ständig aktualisiert für Tablet, Smartphone und Computer.»Mit der Lancierung der neuen Digitalstrategie bleibt die älteste Zeitung der Schweiz auch nach 232 Jahren höchst aktuell«, verkündete der PR-Text, und eine neue Werbekampagne provozierte mit der Schlagzeile: »NZZ-Leser brauchen kein Papier.« Was in der Öffentlichkeit bestenfalls Verwunderung ausgelöst haben mag, wurde von der NZZ-Printredaktion als Affront empfunden, welcher die Kluft zwischen ihnen und den »Onlinern« vertiefte: Hier die gründlich und gemächlich arbeitende, ausgiebig reflektierende und bewusst unaufgeregt handelnde alte Garde klassischer NZZ-Redaktoren mit hohem Fachwissen und eigenem Büro. Dort die im Grossraum angesiedelten Newcomer, meist Allrounder, die rasch agieren mussten und für die es nie aufregend genug sein konnte. In ihren Augen waren die Printleute Ewiggestrige, die schnarchend den Medienwandel verschliefen. Für diverse »Printler« dagegen war das ganze »Online-Zeug« völlig überflüssig. Folglich war das gegenseitige Miss-

Print contra Online

trauen kolossal, zumal beide Lager in einem Konkurrenzkampf um dieselben Themen standen. Meist machten die schnellen »Onliner« das Rennen, wenn auch ohne die Tiefe der gedruckten Zeitung und häufig mit zahlreichen grammatikalischen und Flüchtigkeitsfehlern, da ihnen kein Korrektorat zur Seite stand. So waren bei einem Artikel zum Halbjahresergebnis 2009 der Grossbank UBS Millionen und Milliarden verwechselt worden. Als ich die Online-Redaktion telefonisch auf den Fehler aufmerksam machte, erhielt ich eine Abfuhr: »Keine Sorge, unsere Leser verstehen das schon richtig!« Kritik aus dem Print kam nicht gut an, weil die »Onliner« sich von den Printleuten nicht ernstgenommen fühlten.

Immer wieder passierte es, dass die Digitalredaktion Themen zu bearbeiten begann, welche die NZZ-Aussenposten bereits in Angriff genommen hatten. Ehe der Korrespondent sein vertieftes Elaborat ausgefertigt hatte, war die vergleichsweise knappe Onlinestory längst aufgeschaltet. Dieser Konflikt ebbte auch mit dem Entscheid der Unternehmensspitze aus dem Jahr 2006 nicht ab, »NZZ Online« zum dritten eigenständigen publizistischen Standbein neben den NZZ-Wochentagsausgaben und der »NZZ am Sonntag« aufzuwerten. Die darin inhärente Botschaft lautete: Die Zukunft der NZZ-Gruppe hängt stark von deren Erfolgen in der digitalen Welt ab. Doch das junge Pflänzlein Online hatte neben der alten Eiche Print einen schweren Stand. Umso beachtlicher war es, dass die Nutzerzahlen kräftig stiegen und Spitzenwerte erreichten. Damit war »NZZ Online« im neuen Jahrtausend eines der führenden Newsportale der Schweiz, hinter denjenigen von »20 Minuten« und »Tages-Anzeiger«. Der erhoffte finanzielle Erfolg liess allerdings auf sich warten. Im Gegensatz zu Bauern, Bäckern oder Bankern boten Verleger ihre Produkte und Dienstleistungen über ein Jahrzehnt lang kostenlos im Netz an, in welchem allerdings seit eh und je eine Gratiskultur herrschte. Für die Verlage erwies sich diese bald als bedrohlicher Bumerang, der die journalistische Arbeit entwertete. Es war ein kollektiver Sündenfall, an dem praktisch alle Verlage der Welt beteiligt waren. Sie waren deshalb nicht nur Opfer. Sie waren auch Täter.

Vielleicht hätte »NZZ Online.ch« ja eine Erfolgsstory werden, beziehungsweise bleiben können. Doch nach Jahren des Aufbaus und des Experimentierens setzte ein Lavieren ein. Zwar schneiderte man der Webseite nochmals ein neues Gewand, doch wegen ständiger Sparrunden sowie personeller Fehlbesetzungen dümpelte »NZZ Online« nach 2007 publizistisch vor sich hin. Die Innovationsfreude war just zu einer Zeit erlahmt, da Konkurrenten wie Tamedia und die öffentlich-rechtliche SRG kräftig ins Netz investierten. Zudem übernahm Markus Spillmann auch die Leitung von »NZZ Online«. Wolfgang Frei, der als Chef »Neue Medien« die Aktivitäten der NZZ in Sachen Fernsehen und Internet aufgebaut hatte, konzentrierte sich fortan und auf eigenen Wunsch auf die Leitung der TV-Sendung »NZZ-Format« und auf das VR-Präsidium der »Presse TV AG«. Doch weder Spillmann noch Fredy Greuter, der neue Chefredaktor von »NZZ Online«, der von der Print-Börsenredaktion kam, verfügten über wirklich genügend Erfahrung in der digitalen Welt und über das nötige Herzblut. »Gestandene ›Onliner‹ wurden von ›Greenhorns‹ verdrängt«, klagte etwas überspitzt Marc Böhler in einem Rückblick auf seine elfjährige Tätigkeit bei der NZZ-Digitalredaktion.

Die neuen Verantwortlichen schrieben sich nun das Modewort »cross-medial« auf die Fahnen. Will heissen: Alle Redaktoren und Redaktorinnen, egal ob von Print oder Online, sollten gemeinsam für beide Bereiche arbeiten. Doch mit diesem Vorgehen sattelte man das Pferd von hinten auf. Anstatt vorab vertrauensbildende Massnahmen zu ergreifen, wie Spillmann dies ansatzweise mit der Durchführung von »Innovationslabors« tat, bei denen »Onliner« und »Printler« gemeinsam neue Projekte schmieden durften, verlief der heikle Prozess der »Cross-Medialität« viel zu technokratisch und viel zu sehr »top down«. Spillmann setzte auf ein kommandomässiges Vorgehen, welches in eine Sackgasse führen musste, weil eine Redaktion nun mal alles andere als eine Kaserne ist. Sein »Management Speak« – »Wir organisieren uns künftig nach Inhalts- und Kanalkompetenzen« – vermochte die Truppe nicht zu begeistern. Selbstironisch bezeichnete sie sich fortan als »Kanalarbeiter«. Und so scheiterte »cross-medial« am anhaltenden Lagerdenken, am passiven Widerstand von Printleuten, sowie an fehlender Fachkompetenz von Onlinern.

Wie problematisch Letzteres war, zeigte sich mir anlässlich eines Hintergrundgespräches mit dem CEO von »Interhome«. Als Verantwortlicher für die wöchentliche Tourismusseiten (Print) hatte ich das Treffen eingefädelt. Der »Interhome«-Chef galt als ausgewiesener Fachmann in Sachen Buchungsverhalten (online/offline) in der Reisebranche. Da mir das Thema ideal für eine Online-Story erschien, lud ich einen Kollegen aus der Nachrichtenredaktion ein, mich zu begleiten und danach eine Geschichte für den Digitalauftritt zu verfassen. Ich sah mich bloss als »Türöffner«. Doch im Laufe des Interviews wurde mir klar, dass mein Kollege mit der Materie nicht vertraut war, obschon ich ihm Unterlagen zur Vorbereitung zugestellt hatte. Also führte ich das Gespräch massgeblich alleine. Es war so ergiebig, dass wir »Interhome« mit einem Sack spannender Informationen verliessen. Um so schockierter war ich, als mir der »Onliner« gestand, er habe nicht immer verstanden, worum es gegangen sei und könne unmöglich einen Artikel verfassen. Damit lag der Ball bei mir. Doch weil ich ausgelastet war und zudem als »Print-Grufti« wenig Lust verspürte, zusätzlich für Online in die Tasten zu greifen, liess ich die Finger davon. Und so wurde das Interview nie publiziert. Was hat sich wohl der CEO gedacht? Ich habe es nicht fertiggebracht, ihm die Wahrheit zu sagen.

Eintauchen in die digitale Welt

Die »cross-mediale« Arbeit führte auch zu einem verschwommeneren Digitalauftritt. Statt weiterhin eine klare Übersicht über die aktuelle Nachrichtenlage zu liefern, stellte man vermehrt Hintergrundartikel ins Netz. Damit verscheuchte man viele bisherige News-Nutzer, die sich fortan anderen Portalen zuwandten und so den Traffic auf »NZZ Online.ch« abflauen liessen. Damit war klar: Nach mehreren »defensiven« Jahren, in denen die NZZ digital ins Hintertreffen geraten war, musste etwas geschehen. Und dieses »etwas« war die Anstellung von Peter Hogenkamp, einem Digitalcrack der ersten Stunde. Seine Ernennung war umstritten. Der polternde, hemdsärmelige und reformfreudige Deutsche war das pure Gegenteil der zurückhaltenden, eitlen und konservativen Schweizer Zeitung. Er benahm sich in deren Haus als sei diese ein »Start-up«. Mit seinem losen Mundwerk und seiner grobschlächtigen Sprache war Hogenkamp zudem ein rotes Tuch für klassische NZZ-Print-Redaktoren; vor allem, nachdem sich abzeichnete, dass »NZZ Online« auch unter seiner Leitung weiter qualitativ hinter der gedruckten Zeitung herhinkte. Da half es wenig, dass Hogenkamp schnell und eigenmächtig über ein Dutzend exklusiv für Online schreibende Journalisten einstellte. Im Gegenteil: Die Unzufriedenheit auf der Redaktion nahm erst recht zu, weil alles drunter und drüber zu gehen schien und völlig unklar war, wer eigentlich für den Onlinebereich verantwortlich zeichnete. Das Chaos war perfekt. Daher verpufften auch die gebetsmühlenartig vorgebrachten Appelle des Oberkommandos, die Redaktion denke und arbeite noch zu sehr im Printmodus, die Spielregeln der analogen Welt seien in der digitalen nutzlos.

»Wir müssen das Change-Management beschleunigen und interne Entscheidungen und Abläufe verbessern. Wir müssen weniger verwalten, dafür offener und mehr kommunizieren. Wir brauchen mehr Mut zum Experiment«, mahnte CEO Stäheli. Allein, der Ozeandampfer NZZ war nicht so rasch auf neuen Kurs zu bringen. Deshalb erliess die Geschäftsleitung, in die bald einmal auch Hogenkamp aufgestiegen war, eine neue Maxime: Wo NZZ draufsteht, solle auch NZZ drin sein! Oder im Fachjargon: »NZZ-Qualität auf allen Kanälen. Eine Marke, ein Leistungsversprechen und ein Preis.« Das bedeutete nicht nur das Aus von »cross-medial«, sondern auch das Ende der Onlineredaktion. Markus Spillmann rechtfertigte diese Kehrtwende mit unverdeckter Kritik an der Qualität des Digitalauftritts. Würde man »NZZ Online« weiter als eigenständiges Produkt verstehen, mit einer eigenständigen Positionierung im Nutzer- und im Werbemarkt, würde absehbar die Strahlkraft der Marke NZZ gefährdet. Das aber sei um jeden Preis zu vermeiden.

Das neue Zauberwort hiess »Konvergenz«, offiziell die Fusion von Print-und Onlineredaktion, inoffiziell die feindliche Übernahme von Online durch Print. Die Digitalredaktion wurde zerschlagen und deren Mitarbeiter wurden auf verschiedene Redaktionen verteilt. Ein halbes Dutzend stiess zu den grossen Ressorts, wie Inland, Wirtschaft und Ausland. Anfänglich wussten die dortigen Chefs nicht immer, was mit den Neuzuzüglern anzufangen sei. Auf der Auslandredaktion etwa durften diese gut ein Jahr lang praktisch nur Kurzmeldungen verfassen und am Dienstpult die Zeitung verwalten. Der Frust stand ihnen, die zuvor selbständig auf »NZZ Online« publiziert hatten, ins Gesicht geschrieben.

Anders, aber nicht immer unbedingt besser, erging es denjenigen »Onlinern«, für die sich kein neuer Abnehmer fand. Sie wurden Teil einer neuen Nachrichtenredaktion, wo sie vor allem die Nacht- und die Morgenschicht für NZZ.ch verwalten mussten und für die Herstellung multimedialer Elemente verantwortlich waren. Das Team wurde mit jungen, wenig erfahrenen – und daher schlechter entlöhnten – Kräften aufgestockt. So liessen sich zwar personelle Lücken schliessen, doch bei unerwarteten Grossereignissen kam oft erhebliche Verunsicherung auf, zumal man am Prinzip von »Learning by doing« festhielt. Immerhin wurde Online endlich ans Korrektorat angeschlossen. Wie sehr die Konvergenz, besonders anfangs, Frustration und Blessuren erzeugte, zeigt der Protestbrief von 200 »Tages-Anzeiger«-Redaktoren und Redaktorinnen vom November 2013. Darin wurden Missstände angesprochen, wie sie eins zu eins auch an der Falkenstrasse und in anderen Medienhäusern anzutreffen waren – und teils noch immer sind:

> Profilierte Kolleginnen und Kollegen kündigen oder suchen sich eine andere Stelle, die Atmosphäre auf der Redaktion ist häufig bedrückt oder gereizt, manche klagen über eine Arbeitsbelastung weit über das korrekte Mass hinaus. Es gibt zu viele Sitzungen und zu wenig Diskussionen, Tempo geht vor Sorgfalt, Klicks werden wichtiger, die Blattkritik kommt zu kurz, die inhaltliche Debatte sowieso. (…) Die Konvergenz sollte Abläufe vereinfachen. Die Strukturen sollten klarer, schlanker werden, und Synergien genutzt werden. Das Gegenteil ist eingetroffen, es ist vieles komplizierter geworden, die Abläufe sind weniger transparent (…) Statt alles immer weniger gut zu machen, müssen wir uns auf das beschränken, was wir am besten können. Und zwar so, dass beide Seiten der Konvergenz voneinander lernen und einander ergänzen. Nicht alle können alles gleich gut, aber jede und jeder kann bestimmte Dinge besonders gut.
> Niemand auf der Redaktion bestreitet, dass die Konvergenz nicht nur nötig ist, sondern auch eine gute Sache. Die Kolleginnen und Kollegen arbeiten gerne zusammen oder möchten es, aber der Stress, die vielen Absprachen, der mitunter barsche Befehlston führen dazu, dass die inhaltliche Diskussion darunter leidet – immer noch das wichtigste Kriterium für eine gute Zeitung. Die Konvergenz hat die Kolleginnen und Kollegen zusammengebracht, aber sie hat kein Gefühl des Aufbruchs vermittelt.[113]

Soweit der Auszug aus dem Schreiben. Seither hat sich die Lage entspannt, auch bei der NZZ. »Niemand foutiert sich mehr um Online. Die Zusammenarbeit funktioniert viel besser als in Zeiten von ›cross medial‹«, stellte Spillmann bereits nach fünf Wochen Konvergenz fest. Doch der Schein trügte. Dem Wunsch des Verwaltungsrates, es dürfe qualitativ keinen Unterschied zwischen Online und Print mehr geben, war nicht leicht nachzukommen, zumal der Widerstand der Printleute – einschliesslich einzelner Ressortleiter – gegenüber Online weiterhin beträchtlich war. Zur Erreichung der VR-Vorgabe hätte Spillmann wahrscheinlich die Ressort-Grafschaften aufbrechen müssen, was ihm nur in sehr beschränktem Umfang gelang. Dass sein Verhältnis zu den einzelnen Ressortleitern teilweise belastet war, zeigte sich im sogenannten »Bastelclub«, eine einmal in der Woche stattfindende Sitzung der Bereichsleiter mit dem Chefredaktor. Zu Luchsingers Zeiten war der »Bastelclub« eine Instanz, in welcher der Chef Dampf ablassen und über den Geschäftsgang oder anstehende Probleme informieren konnte. Dabei hatte »Luchs« meist schon im Vorfeld eine Entscheidung getroffen, die er dann in diesem Gremium kommunizierte. Unter Hugo Bütler wurde dort viel diskutiert. Weil Bütler sich mit Entscheiden schwertat, suchte er im »Bastelclub« Unterstützung für seine Vorhaben. Allerdings liessen die Ressortleiter auch schon ihn ihren Wunsch nach Unabhängigkeit spüren. Kein Wunder also, dass Spillmann mit dem »Bastelclub« nie richtig warm wurde, zumal dort gleich drei Kollegen sassen, die ihm bei der Wahl zum Chefredaktor unterlegen waren. Anfangs nahm Spillmann noch an den Sitzungen teil, später liess er sich entschuldigen oder vertreten, ehe er dieses Gremium, dem Vernehmen nach, schliesslich abschaffte. Seit der Chefredaktor der »NZZ am Sonntag«, Felix E. Müller bei der NZZ-Chefredaktorwahl seinem ehemaligen Auslandchef Markus Spillmann unterlegen war, gingen sich auch diese beiden

Männer aus dem Weg und redeten kaum mehr miteinander. Kurzum: Es brodelte an der Falkenstrasse.

Die Konvergenz schritt dennoch voran. Inzwischen betreuen viele ehemalige Printleute den Onlineauftritt der NZZ mit. Man arbeitet in Schichten und mit einem Early Bird. Dieser, häufig ein Allrounder, bestückt NZZ.ch in der Früh. Dabei greift dieser – weil er es nicht anders kann – zum grossen Pinsel, so dass den frühmorgendlichen Beiträgen mitunter der erwünschte Tiefgang fehlt und die Zeitung ihr Ziel, NZZ-Qualität konstant und auf allen Kanälen zu liefern, noch nicht immer erreicht. Das ist insofern problematisch, als sich der Medienkonsum verändert hat. Während die gedruckte Tageszeitung früher vor allem morgens, aber auch tagsüber und oftmals sogar erst abends gelesen wurde, weist Online im Morgengrauen die höchste Besucherfrequenz auf. Das ruft nach Arbeitszeiten, wie sie zuletzt in den 1960er Jahren Usanz waren, als die NZZ noch dreimal am Tag erschien. Allein, ein so tiefgreifender Wandel benötigt Zeit. Viel Zeit. Eine neue Devise heisst zudem »Online first«. Praktisch die ganze NZZ ist laufend digital abrufbar und als Faksimile und als e-Paper kostenpflichtig verfügbar, so dass die gedruckte Ausgabe de facto nur noch ein Nebenprodukt von Online ist. Das Redaktionssystem nimmt alle Artikel entgegen und danach wird entschieden, was, wann und wo erscheinen soll. Das führt zu einer gewissen Industrialisierung des Zeitungsmachens. An Sitzungen und Stehungen wird geplant und koordiniert, um Doppelspurigkeiten zu vermeiden und Zufälligkeiten zu reduzieren, ohne auf Perlen verzichten zu müssen. Ohne gründliche Planung gehe das nicht, meinte bereits der branchenfremde Dengler:

> Heute gibt es vier Tagesleiter, von denen drei stellvertretende Chefredaktoren sind. War die Position des stellvertretenden Chefredaktors früher in erster Linie ein Ehrentitel, so ist sie

heute eine Funktionsbezeichnung. Heute braucht jeder Kanal seine eigene Führungsverantwortlichen. Das hat nichts mit Bürokratisierung zu tun, sondern mit der Tatsache, dass wir jetzt vier bis fünf Produkte bespielen, und nicht wie früher bloss eines: die Tageszeitung.[114]

Das Pflichtenheft der Aussenposten wandelte sich ebenfalls. Zürich setzt zunehmend die Prioritäten und steuert die Korrespondenten von der Zentrale aus. In Zeiten des Internets erfährt ein Korrespondent von einem Vorgang in seiner Umgebung gelegentlich weniger rasch als die weit entfernte Stammredaktion. Gleichzeitig gibt es Momente, in denen die Fernsteuerung schwierig ist. Ein solcher war die Maidanbewegung im Februar 2014 in der Ukraine. Die NZZ hatte ihren Osteuropa-Korrespondenten nach Kiew entsandt, wo ihn die Nachrichtenredaktion umgehend bestürmte, er möge doch bis Mittag für Online ein Resümee verfassen. Dieser antwortete, dass er dafür die nächsten Stunden im Hotel verbringen und Agenturen sichten müsste. Er habe aber geplant, mit Menschen auf der Strasse zu reden und bis am Abend eine Reportage für die gedruckte Zeitung zu liefern. Also verzichtete die Nachrichtenredaktion auf seine Mitarbeit. Letztlich wäre es für ihn wohl unmöglich gewesen, vorab einen Schnellschuss für Online zu liefern, diesen anschliessend regelmässig zu aktualisieren und überdies noch einen Stimmungsbericht zu verfassen. Die omnipotente und omnipräsente, eierlegende Wollmilchsau gibt es auch im Journalismus nicht, pflegte Markus Spillmann zu sagen.

Für Dengler dagegen schritt der Wandel zu langsam voran. Als Branchenfremder sah er keinen Gegensatz zwischen Qualität und Geschwindigkeit. Gerade ein Leitmedium brauche Redaktoren, die rasch – will heissen innert höchstens zwei Stunden – Kommentare schreiben können. Als negatives Beispiel führte er die im Juni 2015 erfolgte Wahl von Tidjane

Eintauchen in die digitale Welt

Thiam zum neuen CEO der Credit Suisse an. Damals habe die NZZ eine schlechte Figur abgegeben. Der Entscheid zugunsten des ivorisch-französischen Managers und ehemaligen Ministers der Elfenbeinküste war um 20 Uhr abends in New York gefallen, also um zwei Uhr morgens in Zürich. Einmal mehr waren News betreffend eine Schweizer Institution in Manhatten den Medien ausgehändigt worden. Die »FT« brachte die Meldung sofort online, und um fünf Uhr morgens servierte sie in ihrer »Lex«-Kolumne einen Kommentar dazu. Auf der Webseite des »Tages-Anzeiger« fand sich am folgenden Morgen ebenfalls eine kleine Story, weil eine Mitarbeiterin an der US-Westküste dieses Thema noch im Laufe ihres Arbeitstages aufgreifen konnte. Und die NZZ? Sie brachte den ganzen Vormittag nur die nackte Notiz. Mehr nicht. Dies obwohl die Tagesleitung schon früh einen ersten Bericht bei der »Wirtschaft« bestellt habe. Gegen Mittag sei der zuständige Redaktor, ein klassischer Printjournalist, zufällig beim Tagesleiter vorbeigekommen, der ihn sogleich bestürmte: »Wo bleibt denn Dein Text zur CS?« Die Antwort sei gewesen: »Ich geh jetzt Mittagessen. Danach sende ich ihn Dir.«[115]

Die Konvergenz bleibt »work in progress«, auch wenn seither gewaltige Fortschritte erzielt wurden und der Fall Thiam sich inzwischen gewiss nicht mehr in dieser Art abspielen würde. Im Mai 2015 machte Dengler seine Landsmännin Anita Zielina zur neuen Digitalchefin. Doch nach Denglers Abgang im Juni 2017 musste auch sie vier Monate später den Hut nehmen. Ausser sehr viel Spesen nichts gewesen, hiess es danach an der Falkenstrasse. Mit jedem neuen Chef – im Oktober 2018 fand bereits der fünfte Wechsel an der Spitze von NZZ Digital statt – kam es zu neuen Arrondierungen. Fazit: Zwei Jahrzehnte nach seiner Premiere war der NZZ-Digitalbereich weiterhin ein Labor und ein für die Zukunft der Zeitung enorm wichtiges. Denn der Leserschwund bei den bezahlten, gedruckten Tageszeitungen hält an. Das zeigten auch die jüngsten, im September 2019 von der AG für Werbemedienforschung Wemf publizierten Daten, welche einer »Statistik des Grauens«[116] gleichkamen: Zwischen 2009 und 2019 fiel die Zahl der Print-Abonnenten bei der NZZ von 144 000 auf 104 000 und beim »Tages-Anzeiger« von 212 000 auf 130 000. Noch drastischere Rückgänge hatten »Blick«, »Basler Zeitung« und »Weltwoche« hinzunehmen. Deren Zahlen stürzten von 218 000 auf 107 000, beziehungsweise von 88 000 auf 40 000 und von fast 82 000 auf 41 000 ab. Nur noch knapp die Hälfte der Schweizer Wohnbevölkerung konsumiert Printprodukte. Dagegen legte der Zugriff per Smartphone massiv zu. Bereits 2012 gab es in der Schweiz mehr Smartphone-Nutzer als täglich Zeitungen gedruckt wurden. Hält dieser Trend an, dann dürfte, so eine Prognose der »Werbewoche«, im Jahr 2045 in Helvetien die letzte gedruckte Zeitung erscheinen. In den USA hat sich der Verband der Zeitungsverleger (Newspaper Association of America) bereits in »News Media Alliance« umgetauft und das Wort Newspaper fallengelassen. Dagegen hält die »New York Times« weiter an ihrem traditionellen Slogan auf der Frontpage fest: »All the News That's Fit to Print.«

5.3 Wissen, was Leser lesen

Wer den Lesern nachläuft, wird sie nicht gewinnen. Wer den Lesern vorausgeht, der wird Gefolgschaft finden.[117]

Matthias Döpfner,
Chef des Axel Springer Verlags

»Sex sells!« Diese Binsenwahrheit gilt auch für die NZZ. Als im September 2007 in deren Reiseteil eine Reportage über die indischen Tempelanlagen von Khajuraho erschien, die vor allem wegen ihrer explizit erotischen Wandreliefs berühmt sind, konnte sich »NZZ Online« dem Nutzeransturm kaum erwehren. Innert Kürze waren an die 25 000 Visits zu verzeichnen. Die überwältigende Mehrheit der Besucher war aber auf der Suche nach etwas ganz anderem als nach erotischer Kunst aus dem 11. Jahrhundert. Ergo wandte sie sich nach wenigen Sekunden wieder von der NZZ-Webseite ab. Dennoch: Die Tempelstory war in Sachen »Klicks« ein Hit. Auch wenn die NZZ nicht mit Volldampf um Reichweite bolzt, wie dies andere Blätter tun, verfolgt sie sehr aufmerksam, wie häufig welche Beiträge angeklickt werden, welche Geschichten die Leser interessieren und welche nicht. Letztere werden überarbeitet, erhalten einen neuen Titel, einen neuen Einstieg oder eine neue Bebilderung. So leistet sich inzwischen auch die NZZ einen Mitarbeiter, der neben anderem vor allem Titel modifiziert. Würde das nicht gemacht, stünde NZZ.ch nicht auf Augenhöhe mit der Konkurrenz, heisst es dazu. Aktuelle Untersuchungen, wie die des dänischen Professors Kim Christian Schrøder scheinen dies zu bestätigen:

> Living in a news-saturated culture, people often feel sufficiently informed about major ongoing news stories; just reading the headline can be enough to bring people up to date about the latest events.[118]

Verpackung und Verteilung sind somit ebenso wichtig wie Inhalt. Wahrlich ein Novum für die »Alte Tante«. Digitalnutzer verhalten sich zudem wie Nomaden. Sie ziehen von einer Webseite zur anderen und picken sich die für sie relevanten Stücke heraus. In einer Welt endloser Newsangebote erscheint es ihnen sinnlos, Loyalität zu einem einzigen Titel zu haben. Einer dieser Nutzer brachte es einmal wie folgt auf den Punkt:

> Als Internetuser nutze ich die Vielfalt. Die NZZ kann ich bei der WOZ gegenlesen, Tages-Anzeiger, Blick und 20 Minuten für

Sport nutzen, Spiegel, Zeit, Süddeutsche, FAZ für Deutschland. Sogar die New York Times. In Sekunden habe ich die Weltinfos. Aber will ich dafür 10 mal ein Abo lösen? Das würde mich ruinieren.[119]

Schrøders Studie gelangte zudem zum Schluss, die Zahl von »Klicks« sei gar kein aussagekräftiger Seismograph für das wahre Leserinteresse. Nutzer würden auch Dinge anklicken, von denen sie im Voraus wüssten, dass diese sie gar nicht interessierten. Mit dem Klicken suchten sie nur, ihre Meinung zu bestätigen. Laut interen NZZ-Aufzeichnungen verweilt der Gelegenheitsnutzer von NZZ.ch gerade einmal 10–15 Sekunden auf einem Beitrag, danach steigt er aus. Ganz anders die treuen Leser der gedruckten Zeitung. Gemäss einem Readerscan aus dem Jahr 2017 liessen diese sich bei der Lektüre überdurchschnittlich viel Zeit: 60 Minuten für die Wochentagsausgabe und 100 Minuten für die »NZZ am Sonntag«. Das waren rekordverdächtige Werte. Derselbe Readerscan brachte aber auch Ernüchterung. Er zeigte, dass Leser nicht nur sehr wählerisch in den Themen waren, sondern auch schnell wieder aus einem Artikel ausstiegen. »Lesequoten im einstelligen Prozentbereich sind nicht selten und die 50 Prozent fast unerreichbar«, lautete das Fazit.

Anstelle des im Print verwendeten Readerscans werden im Onlinebereich Computer eingesetzt, die das Leserverhalten minutiös erfassen. Die Technik hat in der Medienwelt gewaltig an Bedeutung gewonnen. Bei der »Washington Post« etwa arbeiten gleich mehrere Dutzend Entwickler mit den Journalisten zusammen. Sie analysieren, welche Inhalte wie genutzt werden, und helfen mit, Geschichten multimedial und interaktiv zu erzählen. Die dazu nötige Technologie wurde meist »in-house« erstellt; besonders seit das Blatt dem Amazon-Boss Jeff Bezos gehört. Seither geht technologisch bei der »Post« die Post ab. Auch andere grosse Player, wie Twitter, Buzzfeed oder die Online-Zeitung »Huffington Post« beschäftigen im Mittel bald zwei Drittel ihrer Belegschaft im Technologiebereich, während dieser Anteil in klassischen Medienbetrieben maximal 20 Prozent erreicht und in den weitaus meisten Fällen noch im einstelligen Bereich liegt.

Der Wandel ist ungeheuerlich: Technologie, einst ein Support-Prozess im Hintergrund, avancierte zu einem Bestandteil des zentralen Nervensystems der Zeitung. Produktentwicklung, Datenanalysen und Social-Media-Distributions-Systeme müssen heute ebenso stark sein, so heisst es, wie der Journalismus. Sonst überlasse man das Feld »Clickbait«, Facebook-Posts und Fake-News. Bereits 2005 meinte der damalige Finanzchef Jean-Philippe Rickenbach vorausschauend, der gewerblich-industrielle Betrieb NZZ befinde sich auf dem Weg zu einem Hightech-Unternehmen. Für den 2012 erfolgten Relaunch der Webseite, die Verbesserung des E-Paper, die Entwicklung eines eigenen CMS (Content Management System) und zur Schaffung einer Bezahlschranke im Netz (Pay wall) stellte Digitalchef Hogenkamp eine 23-köpfige IT-Mannschaft auf die Beine. 15 davon kamen aus der Ukraine. Sie arbeiteten in Kiew, waren aber auch ein- bis zweimal im Jahr in Zürich. Die Chefredaktoren aus der Zeit des Kalten Krieges, Willy Bretscher und Fred Luchsinger, dürften sich im Grab umgedreht haben: Techniker aus der früheren UdSSR gingen plötzlich an der Falkenstrasse ein und aus!

Die ursprüngliche Bezahlschranke, welche die Online-Lektüre von einzelnen Artikeln aus der gedruckten Zeitung zahlungspflichtig machte, erwies sich allerdings als Flop, und wurde wieder eingestellt. Der Hauptgrund für das Scheitern: Im Online gibt es ein Massengeschäft, das gratis ist und eine Nische, für die bezahlt werden muss. Die NZZ stand dazwischen. Sie verfügte über zu wenig Masse und war zu unspezifisch für die Nische. Möglicherweise hätte sie ja eine Chance gehabt, Geld mit hochstehenden Informationen zu Wirtschafts- und Finanzthemen zu verdienen, doch mehrere entsprechende Projekte verliefen im Sand. Ob nun mit dem anfangs 2019 getätigten Erwerb eines 40-prozentigen Anteils an »The Market«, einem kostenpflichtigen Finanzportal, das ehemalige Mitarbeiter der »Finanz und Wirtschaft« betreiben, der erhoffte Erfolg eintreten wird, stand im Herbst 2019 noch in den Sternen. So oder so hatte die Zeitung bereits 2012 einen neuen Anlauf genommen und ein Digitalabonnement lanciert, ohne welches Nutzerinnen und Nutzer keinen Zugang mehr auf die volle NZZ-Website haben. News und »zugewandte Orte«, wie Wetter oder Börse, blieben zwar weiterhin kostenlos, sowie zehn Artikel pro Monat. Und ebenso Zugriffe von gewissen Social-Media-Diensten. Doch alles Übrige war zahlungspflichtig. Die Sache liess sich gut an. Die Anzahl verkaufter Digitalabos übertraf die Erwartungen, so dass es vorübergehend gelang, den Rückgang bei den Printlesern teilweise zu kompensieren. Auch die Online-Werbung warf steigende Erträge ab. Weil diese aber wertmässig Lichtjahre hinter denjenigen der Printwerbung zurückblieben, waren sie von untergeordneter Bedeutung. Als Zeitung lässt sich mit Onlinewerbung kaum Geld verdienen. Dagegen gewinnt die Zahlungsbereitschaft der Kunden enorm an Bedeutung. Und mit ihr die Frage: Wieviel sind Leser bereit, für die Lektüre der Zeitung – oder Teilen davon – auf den Tisch zu legen? Hogenkamps Antwort lautete: Über 40-Jährige viel, unter 30-Jährige nichts! Der gute Absatz von Digitalabos war ein erneuter Beweis dafür, dass das Gros der NZZ-Leser nicht aus dem Lager der Jugendlichen kommt.

Das aber war nur die eine Seite der Medaille, die andere war eine Katastrophe: Gemäss Aufzeichnungen des Internetwächters »Net-Metrix« waren die Benutzerzahlen für NZZ.ch nach dem im Sommer 2012 erfolgten Relaunch auf ein Rekordtief abgesackt. Hatten sich die User im Dezember 2011 noch 50 Millionen Mal durch das Angebot geklickt, waren es ein Jahr später nur noch etwa 38 Millionen. Der Umfang an Unique Clients, der besonders bei der Bezahlschranken-Strategie zählt, nahm ebenfalls dramatisch ab, so dass CEO Stäheli im März 2013 gegenüber den NZZ-Mitarbeitern Klartext sprach:

> Mit unserer Online-Strategie produzieren wir am Markt vorbei. Über die letzten zwei Jahre erzielten wir kaum Wachstum, und seit einem Jahr sind unsere Visits sogar rückläufig. Dagegen explodieren sie beim »Blick« und bei »20 Minuten«. Wir haben noch immer 80 Prozent unserer Erlöse aus dem Zeitungsprint, 10 Prozent aus dem Druck und bloss 10 Prozent aus Digital. Vielleicht müssen wir zurück zum Mainstream, vielleicht ist das für uns der Benchmark. Auf jeden Fall müssen wir aus unseren Fehlern lernen und uns rasch neu aufstellen.[120]

Sein Nachfolger Veit Dengler erbte diese Hypothek. Deshalb warnte er gleich nach Amtsantritt, dass der Stress im Betrieb weiter zunehmen werde und man beim Tempo noch einen Zacken zulegen müsse. »Es werden viele Projekte parallel hochgefahren werden. Der Druck wird so schnell nicht abnehmen, vielleicht gar nie mehr«, lautete seine Botschaft. Und er malte eine rote Zahl an die Wand: 0,6. Gerade einmal so viele (oder sollte es eher heissen: so wenige) Artikel lese im Mittel pro Besuch ein Nutzer von NZZ.ch. Damit gab Dengler den Startschuss für eine Aufholjagd, welche die Zeitung noch immer auf Trab hält und deren Ziel es ist, möglichst viele neue Digitalabonnenten zu gewinnen. Deshalb wird das Netz im digitalen Ozean sehr weit ausgeworfen und auf Reichweite geachtet. Die Erfahrung hat gelehrt, dass von den Online-Usern sich bloss weniger als drei Prozent für die kostenlose Registrierung entscheiden, und von den Registrierten dann wiederum auch nur wenige Prozent ein NZZ-Digitalabo zum Preis von 240 Franken pro Jahr erwerben.

Gleichzeitig wurde klar, dass das Datenmanagement zur Kernkompetenz eines jeden Medienhauses gehört. Nur wer seine Kunden à fond kennt, kann massgeschneiderte Produkte anbieten und zielgerichtet wirtschaften, lautet das neue Mantra. Nicht alle Kunden wollen alles lesen. Deshalb will die NZZ in Zukunft vermehrt personalisierte Angebote entwickeln, für welche sie glaubt, Geld verlangen zu können. Inzwischen ist man zudem wieder abgekommen vom starken Fokussieren auf »Klicks«. Inzwischen gilt: Relevanz ist wichtiger als Reichweite. Deshalb steht die Verweildauer der User im Mittelpunkt. Diese lässt sich technisch ebenfalls detailliert erfassen und abbilden. Und so werden laufend Charts produziert, die zeigen, wie lange sich Online-Leser (nur sie werden erfasst) auf einzelnen Artikeln aufhalten. Jeden Montag macht im Hause NZZ eine Liste mit den 25 Artikeln die Runde, welche in der Vorwoche die grösste kumulierte User-Verweildauer erreichten. Ab 5000 Minuten gilt ein Text als »anständig«, ab 10 000 Minuten als »gut« beachtet und ab einem Wert von über 30 000 Minuten zieht er in die Liga der Top-25-Artikel ein. Die einzelnen Ressorts erhalten ausserdem eine Aufstellung der zehn Beiträge mit der jeweils höchsten sowie der zehn Beiträge mit der jeweils niedrigsten Verweildauer ihres Bereiches. Die Spannbreite ist enorm, und die einzelnen Werte hängen auch stark von der Platzierung ab. Während Artikel auf der Startseite generell viel Beachtung erhalten, werden Beiträge weiter unten im Digitalauftritt weniger gelesen. Ein grosser Teil der Online-User gelangt allerdings gar nicht mehr über die Startseite auf »NZZ Online«-Texte, sondern über die sozialen Netzwerke, mittels denen NZZ-Artikel verbreitet werden.

Die Datenanalyse dient nicht nur dazu, die Präferenzen der User zu erfassen, sie ist auch als Ansporn für die Redaktion gedacht. Diese begegnet den Auswertungen allerdings noch mit gemischten Gefühlen, auch wenn CEO Graf in seinem »Management Speak« beteuert, die Daten seien keine »firing list«, sondern Teil eines »Continous Improvement Process«. Auf der Redaktion dagegen wird teilweise noch befürchtet, dass der Schritt vom »Wissen, was Leser lesen (wollen)« hin zu »Schreiben, was Leser lesen (wollen)«, nur ein kleiner ist, einer, der sich aber für ein Blatt wie die NZZ unter Umständen fatal auswirken könnnte.

Man sei nicht Sklave dieser Statistiken, hielt der für den newsroom zuständige Stellvertretende Chefredaktor Andreas Schürer im August 2019 im Gespräch dagegen und verwies auf eine Aufstellung der 100 Artikel mit der höchsten Verweildauer des Jahres 2018. Auf dieser Liste fänden sich fast ausschliesslich Berichte, Kommentare, Portraits, Geschichten und Multimedia-Beiträge, die qualitativ dem Anspruch der NZZ in jeder Hinsicht gerecht wurden. Denn: Inzwischen schenken auch Online-User NZZ-typischen und relativ langen Artikeln hohe Beachtung. Also Beiträgen, die unter keinerlei Diktat von »Schreiben, was Leser lesen (wollen)« entstanden sind. Letztlich gilt weiter, was Hugo Bütler einmal betonte: Auf Dauer gibt es keine gute Zeitung ohne gute Leser.

Bei der Neukundengewinnung geht es ebenfalls um Daten. Die Zeitung verfügt inzwischen über ein dynamisches, datengetriebenes Marketing, ein ausgeklügeltes System, welches das Nutzerverhalten hinsichtlich 100 bis 150 verschiedener Kriterien aufzeichnet. Daraus leitet die Maschine die Bedürfnisse der einzelnen User ab, und erst dann geht die »Bezahlschranke« runter, werden Nutzer und Nutzerinnen aufgefordert, sich in einem ersten Schritt zu registrieren und in einem zweiten ein Digitalabo zu lösen. Dabei wird rücksichtsvoll vorgegangen: Wenn Nutzer frühmorgens auf dem Weg ins Büro mit ihren Smartphones auf NZZ.ch surfen, werden sie, weil der Zeitpunkt ungünstig ist, kaum eine Registrierungs- oder Zahlungseinladung erhalten. Dagegen taucht eine solche auf, wenn sie tagsüber NZZ-Artikel digital lesen und sich online in ein Thema vertiefen möchten. Dank diesem Vorgehen sei es zu deutlich mehr Registrierungen gekommen und zu einem erhöhten Verkauf von Digitalabonnenten, erklärte der ehemalige NZZ-Marketingdirektor Steve Neubauer. Die Medienlandschaft wandelte sich eben von einem Angebots- zu einem Nachfragemarkt. Nie zuvor stand der Menschheit ein reichhaltigeres Informationsangebot zu Verfügung, als wie im 21. Jahrhundert. Dennoch: Bei der Datenmenge, die man bei der NZZ erhebt, ist es nicht immer einfach, die richtigen und relevanten Schlüsse zu ziehen. Was nützt es, beispielsweise zu wissen, dass Politik mehr gelesen wird als Wirtschaft und dass Beiträge zu Österreich und Osteuropa auf ein vergleichsweise tiefes Interesse stossen? »Noch stochern wir mitunter im Nebel«, erklärte im Frühjahr 2019 Peter A. Fischer, der Chef der NZZ-Wirtschaftsredaktion und fügte an: Als Folge der Datenanalyse habe man aber weit weniger Illusionen hinsichtlich Beachtung der eigenen, redaktionellen Arbeit.

Die NZZ Gruppe befindet sich also weiterhin auf einem Pfad von »Trial and Error«. In Zeiten des Umbruchs seien Fehler unvermeidbar. Man werde hie und da etwas falsch machen, doch gelte es daraus zu lernen, hatte schon Veit Dengler bei seinem Amtsantritt betont. Wohl nicht ahnend, dass am Ende zu viele Fehler auch ihm zum Verhängnis werden würden.

Kapitel 6: Wechseljahre

6.1 Die Revolution frisst ihre Kinder

> *Gegen den Stallgeruch der NZZ*
> *kann sich niemand wehren.*[121]
>
> Albert P. Stäheli,
> NZZ-CEO (2007–2013)

Manchmal geht es ja schnell. Selbst bei der »Alten Tante«. Nachdem der für den NZZ-Digitalbereich zuständige Geschäftsleiter Peter Hogenkamp am 2. Oktober 2013 gegenüber dem Branchenmagazin »persoenlich« noch zuversichtlich erklärt hatte, die Arbeit mache ihm Spass, er habe in vielen Belangen das Gefühl, dass es jetzt erst richtig losgehe, kam es wenige Tage später zur Scheidung. Wie ein Blitz aus heiterem Himmel. Und erst noch zu einem Zeitpunkt, da die neusten Wemf-Auflagezahlen Hogenkamp einen durchschlagenden Erfolg attestierten. Schwarz auf Weiss stand dort zu lesen: Keine andere Schweizer Zeitung verkaufte so viele neue Digitalabos wie die NZZ. Doch das war nur die halbe Story. Mit der fast zeitgleichen Ankunft von Veit Dengler hatte der Wind gedreht. Hogenkamp verdankte seinen kometenhaften Aufstieg bis hinauf in die NZZ-Unternehmensleitung vor allem Denglers Vorgänger Polo Stäheli. Bestenfalls ein »Digital Immigrant«, zeigte sich dieser von dem deutschen IT-Mann beeindruckt, zumal Hogenkamp rasch viel Aktivismus an den Tag legte und an zahlreichen Fronten gleichzeitig zupackte. Er sei der fähigste Kopf im Land für diesen Job, pflegte der CEO zu sagen und schutzvoll seine Hand über den Deutschen zu legen. Er sei vor allem ein Schwätzer, der nicht lieferte, was man von ihm erwartetete, meinte später einer der NZZ-Redaktoren, der für Hogenkamps Anstellung mitverantwortlich gewesen war.

Was war geschehen? »Hogi«, wie er in der Szene freundschaftlich genannt wird, und sein IT-Team waren beim Bau eines neuen Redaktionssystems (CMS, Content Management System) in eine Sackgasse und zeitlich und technisch massiv ins Hintertreffen geraten. Am Ende musste die Plattform für teures Geld modifiziert werden. Er habe im Vorfeld die Komplexität unterschätzt und den Fehler gemacht, einen Termin zu kommunizieren, ohne dass er das Projekt (einschliesslich einer Bezahlschranke) überblicken konnte, meinte der stets energiegeladene Digitalexperte im Rückblick. Ohne ein gut funktionierendes CMS könne der Laden gar nicht richtig laufen, wetterte dagegen Veit Dengler. Der neue CEO war zudem über den Krebsgang bei NZZ.ch tief beunruhigt. Die Schuld dafür lag allerdings auch beim Chefredaktor. Dieser hatte den Auftrag zum Redesign von NZZ.ch derselben Agentur erteilt, die in den Jahren zuvor für das Facelift beim Print verantwortlich gewesen war, aber kaum Digitalerfahrung besass. Und so konzipierte diese Firma eine neue Website, die zu statisch, zu grossflächig und auch viel zu aufgeräumt daherkam. Zudem war sie wenig nutzerfreundlich, so dass viele User absprangen. Es war ein GAU für eine NZZ im Aufholmodus. Also musste ein Sündenbock her, und Peter Hogenkamp wurde, zumindest teilweise, zum Bauernopfer. Am 8. Oktober gab die Zeitung bekannt, ihr Digitalchef wolle wieder unternehmerisch tätig sein und werde im gegenseitigen Einvernehmen per 1. Dezember 2013 die NZZ verlassen.

Reingepasst hatte er in diese nie wirklich. Mit seinem forschen Auftreten (»Hoppla, hier komme ich«) provozierte er viel offene und noch mehr versteckte Kritik. Doch Hogenkamp, der einen Absturz einer Crossair-Maschine überlebt hatte, war alles andere als eine Mimose. Kritik sei ein Schmiermittel für gute Qualität, meinte er und fügte an: Bei einem dermassen radikalen Changeprozess, wie er bei der NZZ ablaufe, brauche es eben jemanden wie ihn, der polarisiere. In der Onlineredaktion war man aber über »Hogis« Weggang erschüttert. Dort hatte man seine Offenheit, seine versteckte Liebenswürdigkeit, seinen Enthusiasmus und den frischen Wind, den er ins Haus brachte, als äusserst wohltuend empfunden. Der Rest des Unternehmens dagegen foutierte sich weitgehend über Hogenkamps Arbeit. Ergo hiess es, die Revolution habe ihr erstes Kind gefressen.

Trotz dieses Bauernopfers lasteten die Rückschläge im Online schwer auf dem Chefredaktor, der sich in der digitalen Welt nicht wirklich heimisch fühlte. Ab sofort war Spillmann stark exponiert, weil nach Hogenkamp kein weiteres Bauernopfer mehr möglich war. Auf operativer Ebene, wo es teilweise drunter und drüber ging, wartete ein Berg von Problemen auf eine rasche Lösung. Zuerst gab es den Newsroom, dann Crossmedial und schliesslich die Konvergenz. Die Veränderungen waren so rasant und so zerstörerisch, dass man glauben konnte, in der NZZ habe ein digitaler Tsunami gewütet, welcher auch Spillmann arg zusetzte. Trotz grosser Investitionen in die Technologie, wirkte vieles – und nicht zuletzt das wichtige Redaktionssystem – stets wie Flickwerk. Entweder war das System auf Arbeiten im Print ausgerichtet, dann reklamierten die Onliner wegen umständlicher Handhabung; oder es war auf die Bedürfnisse der Digitalredaktion zugeschnitten, dann fluchten die Printleute über fehlende Benutzerfreundlichkeit. Zusehends auf sich alleine gestellt, trat Spillmann die Flucht nach vorne an. Er umgab sich mit einem Stab von loyalen Leuten, die aber die Zeitung auf dem Weg in die digitale Zukunft auch nicht viel weiter brachten. Er, der 2006 eine wahre Herkulesaufgabe angetreten hatte, klagte, eine Organisation vorgefunden zu haben, die sich in den letzten 50 Jahren kaum verändert habe. Diese zu modernisieren erforderte nicht weniger als eine Revolution. Doch wegbrechende Werbung, wirtschaftliche Talfahrt und ständige Sparrunden rangen dem Chefredaktor enorm viel Energie ab. Ergo herrschte auf der Redaktion grosse Verwirrung, was auch in den Ergebnissen einer Mitarbeiterbefragung aufschien: Spillmann erhielt schlechte Noten. All das führte letztlich dazu, dass die NZZ-Gruppe sich im Advent 2014 von ihm trennte. Die Revolution frass somit ihr zweites Kind.

Als Spillmann vor versammelter Redaktion und den Tränen nahe seinen Rücktritt bekanntgab, war auch CEO Veit Dengler anwesend, aber auffallend still. Er, der seine Aufgabe darin sah, Dinge in der NZZ in Unruhe zu versetzen, verhielt sich ruhig. Natürlich hatte er von der geplanten Absetzung Spillmanns gewusst und sogar schon Gespräche mit dessen möglichem Nachfolger Markus Somm geführt. Doch die Art von Spillmanns Abgang missfiel ihm. Monate später erklärte er, er hätte sich eine Lösung vorstellen können, bei der Spillmann an Bord geblieben wäre. Er selbst, so fügte er an, wolle die Früchte der eingeleiteten Veränderung noch sehen. Allein, das sollte ihm verwehrt bleiben. Im Juni 2017 schickte Jornod auch den Österreicher, den er selber ausgewählt und angestellt hatte, »auf die Guillotine«. In einer »ersten Etappe« sei Dengler ein durchaus entscheidender Erfolgsfaktor gewesen, erklärte Jornod gegenüber dem Medienportal »persoenlich«. Er habe genau die richtigen Talente an Bord geholt. Ohne ihn wäre der Digitalauftritt der NZZ mit Sicherheit nicht so weit und so erfolgreich vorangekommen, wie er es war. Doch das Unternehmen stehe inzwischen an einem anderen Punkt. Der nächste CEO werde die angestossenen Projekte und Innovationen realisieren, priorisieren und weiterentwickeln müssen. Und so frass die Revolution mit Veit Dengler bereits ihr drittes Kind.

Denglers Abgang kam nicht völlig überraschend. Zwar hatte Jornod nicht einmal andeutungsweise erkennen lassen, dass er an dessen Absetzung denke. Doch der Österreicher meinte im Rückblick, er habe das Ende kommen sehen, die Spannungen zwischen ihm und dem Verwaltungsrat hätten zugenommen. Beobachter sahen in Denglers brüskem Abgang vor allem eine Reaktion auf dessen missglücktes Austria-Abenteuer, auch wenn Jornod dies stets bestritt. Doch was hatte es mit der Expansion der NZZ in Denglers Heimat eigentlich auf sich? Das Projekt war von Beginn weg umstritten. »Schnappsidee« hiess es nicht nur in der Redaktion, sondern teilweise auch auf der Teppichetage. Zwar leugnete niemand, dass es nötig war, sich dem Fluch des kleinen Marktes – von bloss fünf Millionen Deutschschweizern – durch eine Expansion in den übrigen deutschsprachigen Raum mit seinen fast 100 Millionen Menschen zu entziehen. Das tat die Zeitung bereits mit ihrer internationalen Printausgabe, die allerdings nur noch rund 6000 Abonnenten zählte und tendenziell weiter schrumpfte. Wegen des Sparkurses kam auch sie ständig ausgedünnter daher und wirkte inhaltlich immer unattraktiver. Kein Wunder gingen die Leserzahlen zurück. Weil mit dem Internet keine Druck- und Vertriebskosten mehr anfielen, müsste es doch möglich sein, argumentierte Dengler, die Auslandpräsenz der NZZ auf 20 000 Nutzer zu steigern. Mit diesem Argument gelang es ihm, den Verwaltungsrat zu überzeugen: Und so gab dieser grünes Licht für ein digitales Experiment in Österreich. Gesprochenes Budget: drei Millionen Franken. Angepeiltes Ziel: 10 000 zahlende Digitalabonnenten.

Wer nun glaubte, es gehe darum, mehr Abonnenten für NZZ.ch zu gewinnen, irrte. Dengler schwebte etwas völlig anderes vor: eine Art Zeitungsklub. Ein Experiment eben. Und so brach NZZ.at mit fast allem, was dem Schweizer Mutterhaus lieb und heilig war. Es gab keine Ressorts, dafür drei Rubriken: Nachrichten, meist von einem Algorithmus zusammengestellt, Phänomene, von der Redaktion bestückt, sowie einen Club, in dem auch Leser zu Wort kommen und sich mit den Journalisten austauschen konnten. Leserbriefe erhielten – sofern sie es formell verdienten – denselben Stellenwert wie redaktionelle Beiträge. Reklameflächen und Banner wurden täglich nur einem einzigen Werbekunden verkauft. Und weil Geld keine Rolle zu spielen schien, konnte die Redaktion in Wien ohne Rücksicht auf Verluste losstürmen. Innert kürzester Zeit hatte Dengler einen Stall mit rund zwei Dutzend Mitarbeitern auf die Beine gestellt. Doch Geschwindigkeit beim Auf- und Ausbau reichte alleine nicht aus. Das Produkt musste auch (s)einen Markt finden. Dabei zeigte sich rasch, was kritische Stimmen von Anfang an befürchtet hatten: In Österreich hatte niemand auf die kostenpflichtige NZZ.at gewartet. Ergo harzte der Aboverkauf – 14 Euro pro Monat – vom ersten Tag an. Rasch verhärtete sich in Zürich der Eindruck, NZZ.at diene mehr dem persönlichen Interesse des CEO als dem der Zeitung. Doch Dengler liess keine Kritik zu. Er, der bei McKinsey gearbeitet hatte, gab sich beratungsresistent. Auch noch zu einem Zeitpunkt als sich bereits abzeichnete, dass das Budget längst Makulatur und NZZ.at zu einem Fass ohne Boden geworden war. Der Verwaltungsrat zog die Reissleine erst, nachdem das Defizit auf sechs Millionen Franken zusteuerte. Offensichtlich waren Jornod & Co. dem Charme – oder dem Schmäh – des Österreichers erlegen. Am Ende tröstete man sich, das Experiment habe viele neue Erkenntnisse gebracht, von denen man in Zürich profitiere. Ein viel zu kostspieliges Abenteuer, hiess es dagegen auf der Redaktion, der es lieber gewesen wäre, man hätte dieses Geld in die NZZ investiert, anstatt es an der schönen blauen Donau in den Sand zu setzen. Im Frühling 2017 wurde das zwei Jahre zuvor begonnene NZZ.at beerdigt. Still und leise.

Dengler verstand es, beeindruckende Strategien zu produzieren. Er habe viele notwendige Dinge angerissen, doch sich

Die Revolution frisst ihre Kinder

danach nicht wirklich auch für deren Umsetzung interessiert, hiess es im Rückblick. Mit seiner Vision, jedes Quartal ein neues Produkt zu lancieren, brachte er zudem so viel frischen Wind ins Haus, dass am Schluss alle – auch er selbst – im Durchzug standen. Mit seinem tollkühnen Vorschlag, einen Teil der Redaktion aus Spargründen nach Ostdeutschland auszulagern, bewies er, dass er eigentlich nie wirklich an der Falkenstrasse angekommen war und nie das richtige Gespür für die »Alte Tante« entwickelte. Gleichzeitig ging er mit deren Geld grosszügig um. Kurz nach seinem Eintritt im Oktober 2103 stockte er die Unternehmensleitung von sieben auf elf Personen auf, und später sogar auf zwölf. Das verursachte nicht nur eine Million Franken höhere Kosten, sondern führte auch zu immer hierarchischeren und komplexeren Strukturen. Allein in der ehemaligen Personalabteilung, inzwischen in Human Resources (HR) umbenannt, arbeiteten an die 30 Personen, mehrheitlich mit Teilzeitpensen. Die Bilanz von Denglers Amtszeit könnte lauten: Viel Licht und viel Schatten. Selber meinte er: »Ich war ehrlich genug, zu sagen, ich weiss nicht, wohin die Reise geht. Das kam aber nicht gut an, weil man von mir klare Antworten und Sicherheit erwartete.«[122] Unter Finanzchef Jörg Schnyder, der anschliessend als Interims-CEO waltete, kehrte wieder wohltuende Ruhe an der Falkenstrasse ein. Der von Dengler aufgebaute Wasserkopf hält sich aber, obschon etliche Personen aus seiner Seilschaft die Zeitung inzwischen wieder verlassen haben. Selbst Ende 2019, als die Regionalzeitungen schon lange in das neue Joint Venture namens »CH Media« eingebracht waren, leistete man sich bei der verbliebenen NZZ Mediengruppe den Luxus einer achtköpfigen Unternehmensleitung, die zudem alles andere als Kontinuität ausstrahlte. Zeitweise schien es, als gäben sich Manager und Managerinnen die Türklinke in die Hand. Als Beispiele seien hier Karin Carpentier und Monica Dell'Anna erwähnt, die beide bedeutende Funktionen innehatten, diese

239

aber bereits nach zwei bis drei Jahren wieder verloren. Carpentier leitete ab 2014 die neu gegründete zentrale Verkaufsorganisation NZZ Media Solutions AG und wurde in dieser Funktion auch Mitglied der Unternehmensleitung, ehe man sich 2016 wieder von ihr trennte. Dell'Anna, die 2016 zur Gruppe stiess, war für die wichtige Sparte der Business Medien verantwortlich, der die NZZ-Konferenzen, das Zürcher Filmfestival sowie Moneyhouse angehören. Per 1. Januar 2019 wurde ihr zudem die Verantwortung für den Bereich Produkte und Produkteentwicklung übertragen. Doch keine drei Monate später hiess es Ende März 2019 überraschend, sie werde das Haus per 1. April wieder verlassen. Die Revolution frass somit weitere Kinder. Fortsetzung folgt.

6.2 Die NZZ ist tot! – Es lebe die NZZ!

*Früher war der Leser das Mittel zum Zweck:
Werbung in der NZZ zu verkaufen. Heute ist
der Leser der Zweck der Zeitung.*[123]

Felix Graf,
CEO »Neue Zürcher Zeitung«

Die Geste von Felix Graf anlässlich der Generalversammlung vom 6. April 2019 dürfte den Aktionären eingefahren sein. Der NZZ-CEO präsentierte zwei Exemplare der »Neuen Zürcher Zeitung«: Neben dem tagesaktuellen ein altes aus dem Jahr 2000. Der Unterschied hätte krasser nicht sein können. Dort das fette Produkt aus einer Zeit, als die Sonne noch im Zenit über der Medienwelt lachte: 91 Seiten voller Reklame, eingebettet in 750 Gramm Papier. Hier das aktuelle, dünne im Zeichen des Sonnenuntergangs: 250 Gramm Papier und nur noch 13 Seiten Werbung. Die Differenz sagte mehr aus als tausend Worte. Sie spiegelte den brutalen Wandel, dem das

Die NZZ ist tot! – Es lebe die NZZ!

Haus NZZ in den letzten zwei Jahrzehnten ausgesetzt war und weiterhin ist. Zwischen den beiden Zeitungen lagen Welten. Ihnen waren praktisch nur noch Format und Titelschrift gemein. Fast alles andere hatte sich verändert. Das Blatt, wie man es noch zur Jahrtausendwende produzierte, war schon lange tot. Es hatte zu über 60 Prozent von der Werbung und zu weniger als 40 Prozent vom Lesermarkt gelebt. Die Einnahmen aus dem Zeitungsverkauf deckten nur den Materialaufwand für das unbedruckte Papier, also nicht einmal die erheblichen Vertriebskosten. Ergo waren die Inserenten die Kunden, und Kundenanlässe waren Events mit Werbenden und Werbevermittlern. Dank diesen erhielten die Leser ihre Zeitung stark subventioniert.

Ab 2003 kam alles anders. Die Print-Werbung ging massiv zurück und die Nutzerzahlen sanken. Seither sind die Leser und die Leserinnen die Kunden. Sie – und nicht mehr die Werbewirtschaft –, finanzieren nun massgeblich die Zeitung. Eine vergleichsweise ausgedünnte zwar, aber dennoch eine, die leserfreundlich, luftig, stilvoll bebildert und zeitgemäss daherkommt. Und keineswegs mit viel weniger Qualität, seit Chefredaktor Eric Gujer dem Blatt wieder mehr Profil verpasst hat. Von etlichem Kleinkram und Kurzfutter entrümpelt, versteht sich der neue Print vor allem als Begleitung und Hintergrund zum Onlineauftritt, obschon praktisch sämtliche Printartikel auch online abrufbar sind. Weil die gedruckte Zeitung aber noch immer über 50 Prozent des Umsatzes erbringt, wird ihr weiterhin Sorge getragen. Denn noch bietet die Print-Ausgabe werbungsmässig Einnahmechancen, wie man sie im digitalen Sektor wohl nie erreichen wird. Kaum ein digitales Medienprodukt rentiert, gab auch NZZ-Medienredaktor Rainer Stadler einmal zu bedenken.

Trotzdem: Seit Beginn der Strategie von »digital/mobile first« gilt die gedruckte NZZ als Nebenprodukt des Onlineauftritts. Sie wird sogar als Auslaufmodell gehandelt.

Chefredaktor Gujer liest, wie er verkündete, die NZZ nur noch auf dem Smartphone. Und Hansi Voigt, der Begründer des nach wie vor defizitären Online-Portals »Watson« stellte 2015 fest: »Vor zehn Jahren standen Pendler mit einer Tageszeitung am Bahnhof, vor fünf Jahren mit einer Pendler-Zeitung und nun mit dem Smartphone.«[124] Die Zukunft sei eben digital. Man müsse in diese investieren und nicht die Vergangenheit subventionieren, hatte schon Dengler die Schliessung der NZZ-Druckerei gerechtfertigt. Somit gilt: Die NZZ ist tot – Es lebe die NZZ!

Es war dies ein klassischer Fall von »Schöpferischer Zerstörung«. So nannte der österreichische Ökonom Joseph Schumpeter (1883–1950) den Prozess der innovationsgetriebenen Disruption. Seine These lautete: Der Kapitalismus sei da, um Gewinne zu erschaffen. Blieben diese aus, komme es zur »Schöpferischen Zerstörung«. Diese wiederum führe zu Innovation und zu einem Neubeginn. NZZ-Präsident Conrad Meyer war mit dieser Theorie bestens vertraut:

> Die schöpferische Zerstörung (...) trifft den Kern des Begriffs Innovation. (...) Das Bessere ist der Feind des Guten. Dem einzelnen Menschen widerstrebt aber das Unbekannte in der Regel unwillkürlich. Deshalb ist es so schwierig, Innovationen durchzusetzen Oder etwa einem Konzern einen neuen Kurs aufzuzwingen. Das einzige erfolgversprechende Rezept lautet, offen zu kommunizieren und den Wechsel zur besseren Strategie zu erläutern. Neuerungen und Veränderungen müssen immer wieder erklärt werden. Zu allererst sind aber die Neugier und die Begeisterungsfähigkeit zu wecken.[125]

Solch »Schöpferische Zerstörung« hielt also auch an der Falkenstrasse Einzug. Vieles was bis dahin die NZZ ausgemacht hatte, stand plötzlich zur Disposition, nachdem die Zeitung im jungen neuen Jahrtausend tief in die Verlustzone abge-

Die NZZ ist tot! – Es lebe die NZZ!

rutscht war und auch danach finanziell schwächelte. Plötzlich gab es keine Tabus mehr. Man legte die Druckerei still und trennte sich von den dortigen Räumlichkeiten. Andere Immobilien – vor allem bei den Regionalzeitungen in St. Gallen und Luzern – wurden ebenfalls versilbert, ehe man diese Blätter abstiess, beziehungsweise in ein Joint Venture mit dem AZ-Verlag einbrachte. Man trennte sich von dem einst sehr rentablen Diät-Portal »eBalance«, welches in guten Zeiten bei einer Umsatzrendite von gut 40 Prozent rund eine Million Franken Gewinn erzielt haben soll. Und man beerdigte das Studentenmagazin »NZZ Campus«, stiess über einen Lizenzvertrag den Buchverlag »NZZ-Libro« ab und verabschiedete sich von »Adwebster«, einem auf die Optimierung der Werbeauslastung auf Webseiten spezialisierten Jungunternehmen. Man lagerte die Annoncenabteilung bei »Publicitas« aus, um sie ein paar Jahr später wieder zurückzuholen. Man beteiligte sich an den Zürcher Landzeitungen, ehe man diese an Tamedia weiterreichte. Man entliess langjährige Mitarbeiter und ersetzte diese durch neue und vom Umbruch unbelastete Kräfte. Man baute das Mutterhaus um und aus, und übersiedelte die Redaktion der »NZZ am Sonntag« von der Mühlebachstrasse an die Falkenstrasse. Anschliessend verkaufte man deren früheren Standort. Auch der Korrespondentenstab musste Federn lassen. Last but not least schickte man den NZZ-Chefredaktor in die Wüste und bald darauf auch den CEO.

Das Personalkarussell drehte sich so geschwind, dass 2019 der Controller Christian Arnold und die Direktionssekretärin Sabine Betschart praktisch die einzigen Mitarbeiter auf der Teppichetage waren, welche die alte NZZ-Zeit noch erlebt hatten. Alle anderen waren später dazugestossen. Ähnlich sah es auf der Redaktion aus, wo eine Handvoll Altgedienter ausharrte – oft ungeduldig auf die Pensionierung wartend. Der tiefgreifende Umbruch, der zudem im Galopp daherkam, hatte ihnen viel Motivation geraubt. »Wir sind heute keine Lehrstuhlinhaber mehr, sondern Athleten«, beschrieb der neue Feuilleton-Chef René Scheu einmal die Veränderung. Selbst in seinem Ressort könnten die Mitarbeiter nicht mehr losgelöst arbeiten, sondern müssten ihre Arbeit straff planen und klar strukturieren. Journalismus à la Maupassants Romanhelden »Bel Ami«, wie er teilweise noch in versteckten Büros der alten NZZ betrieben wurde, war endgültig passé.

Man begehe Selbstmord aus Angst vor dem Tod, hiess es mitunter sorgenvoll. Solche Sorge war berechtigt. Mehr als einmal trieb die »Schöpferische Zerstörung« Unternehmen oder deren Produkte in den Untergang. Air Berlin, Publicitas und die »Financial Times Deutschland« überlebten die Disruption nicht. Der finnische Verwandlungskünstler Nokia schlitterte mehrmals am Abgrund vorbei. Und Sony wurde zum Paradebeispiel dafür, was passiert, wenn einer Firma der Sinn für »Schöpferische Zerstörung« fehlt, wie »Spiegel online« 2012 darlegte:

> In den 1980er Jahren hatte das Unternehmen mit dem Walkman für Kassetten einen Welterfolg. (…) Die Organisation verpasste es aber, die Bedrohung durch Apple richtig zu erkennen, geschweige denn darauf mit aller vorhandenen Marktmacht zu reagieren. 2007 vermeldete Apple, 100 Millionen iPods verkauft zu haben, und die Presse sprach vom »Walkman des 21. Jahrhunderts«.[126]

Der entthronte Sony Walkman symbolisierte, was der CEO der Westschweizer IT-Firma »Logitech« – von der »Schöpferischen Zerstörung« ebenfalls durchgerüttelt – einmal sagte: Das Schlimmste, was einem Unternehmen passieren könne, sei, dass es ihm zu lange zu gut geht. Logitech war es zu lange zu gut gegangen, doch letztlich schaffte das Unternehmen die nötige Metamorphose ebenso wie dies der Firma Lego, der

»Washington Post« und in etwas anderer und abgeschwächter Form auch dem FC Bayern im Jahre 2018 glückte.

Und die NZZ? An der Falkenstrasse hielt man Schumpeters Theorie stets hoch: Allerdings vor allem im Hinblick auf andere Unternehmen und nicht für die NZZ. Dank einem florierenden Geschäftsgang und vinkulierten Aktien mit restriktiven Erwerbsbedingungen wägte man sich in Sicherheit vor Schumpeterschen Stürmen. »Gefahrlos konnte man innerhalb der Festung an der Falkenstrasse von der ›Schöpferischen Zerstörung‹ (...) schwadronieren«, spottete einmal der »Tages-Anzeiger«.[127] Diese Unbekümmertheit sollte sich aber rächen: Als der Sturm der Medienkrise zum Orkan anwuchs und auch die NZZ nicht verschonte, war der Schaden derart gross, dass es fast an ein Wunder grenzte, dass die Zeitung diesen überlebte. Sie schaffte es dank ihrem Renommee, den enormen Reserven, welche die Vorfahren in den fetten Jahren angelegt hatten, dank den Aktionären, die das Unternehmen seit eh und je mit viel Langmut begleiten, und dank Unternehmensleitung und Redaktion, die nach anfänglichem Zögern schliesslich den Stier bei den Hörnern packten. Unter garstigsten Umständen gelang es ihnen, schrittweise Herr des Wandels zu werden und diesen in relativ geordnetere Bahnen zu leiten. So dass das zerstörerische Element zugunsten des schöpferischen langsam in den Hintergrund trat. Dennoch: Die Lage blieb ungemütlich und fragil. »Noch ist nichts gewonnen«, erklang es wieder und wieder aus der Kommandozentrale.

Das hat seinen Grund: Als beinahe einzige Schweizer Zeitung blieb die NZZ ihrem Kerngeschäft, der Herausgabe einer Qualitätszeitung, treu. Und als fast einzige Schweizer Zeitung investierte sie inmitten der epochalen Transformation weiter in die Publizistik. Sie folgte damit dem Beispiel von »New York Times«, »The Guardian« und der »Washington Post«, wobei die amerikanischen Vorbilder in einem 60mal grösseren Heimmarkt agieren als die NZZ. Dennoch setzt man beim Schweizer »Weltblatt« darauf, dass auch in Zukunft eine genügend grosse Nachfrage nach einem »von Sonderinteressen unabhängigen politischen, wirtschaftlichen und kulturellen Organ von hoher Qualität« besteht, wie dies die Statuten des Blattes fordern.

Doch das dürfte nur die halbe Wahrheit sein. Man entschied sich für diese Strategie wohl auch aus der Not heraus, nachdem es Verwaltungsrat und Management in der Vergangenheit verpasst hatten, als es noch erschwinglich war, in neue Geschäftsfelder, wie Online-Werberubriken oder Handelsplattformen, zu investieren und so ein zusätzliches Standbein zu schaffen. Zwar bemühte sich CEO Stäheli später, das Verpasste nachzuholen, indem er ein eigens dazu geschaffenes Team von Onlineaffinen auf Jagd in die digitale Welt schickte. Doch dessen Beute blieb überschaubar. Mehr noch: Als sich etwa beim Engagement in die Ausbildungsplattform »glubal.com« in Berlin zeigte, dass diese ein Non-valeur war, zog Stäheli rasch den Stecker. Solch unternehmerisches Handeln war in der NZZ bis dahin unbekannt. Und der Verwaltungsrat unter Conrad Meyer stoppte in letzter Minute beispielsweise einen von Stäheli und Finanzchef Schnyder schon weit vorbereiteten Plan, zusammen mit Ringier das Stellen-Portal »jobs.ch« zu erwerben, für welches die NZZ damals gut 190 Millionen Franken hätte hinblättern müssen. Meyers Begründung für sein »njet« soll gelautet haben: Es sei alles andere als sicher, dass der Markt für Online-Stelleninserate in ein paar Jahren noch lukrativ sein und den astronomisch hohen Preis für »jobs.ch« rechtfertigen werde. Es sei vielmehr mit beträchtlicher Konkurrenz zu rechnen, angefangen von Karriereportalen wie »LinkedIn«, über Suchmaschinen bis hin zu neuen Start-ups. Zudem dürfe man nicht alle Eier in einen Korb legen.

Erwiesenermassen tat sich die NZZ-Gruppe in der Vergangenheit schwer mit der Integration von grossen Zukäufen. Die Beteiligung am defizitären Berner »Bund« hatte über die

Die NZZ ist tot! – Es lebe die NZZ!

Jahre hinweg 50 Millionen Franken an Verlusten gebracht. Das monatliche Wirtschaftsmagazin »Swiss Equity Medien«, welches man 2011 erwarb und ab 2012 als »Equity« neu lancierte, wurde nach zweijähriger Leidensphase per Ende 2014 wieder eingestellt. Die Liste liesse sich fortsetzen. Einiges von dem, was unter Stäheli erworben wurde, stiess das Team Jornod/Dengler wieder ab oder integrierte es in den Bereich »Business Medien«, wie das dritte Standbein neben NZZ-Titeln und Regionalmedien neu heisst. Mit dem noch von Stäheli eingefädelten Erwerb des »Swiss Economic Forum« sowie des Zürcher Filmfestivals und anderen Konferenz-Foren betrat die NZZ-Gruppe viel Neuland – und wie es derzeit aussieht, mit Erfolg und mit einer Vision: Die Marke NZZ soll anders als bisher auch live erlebbar gemacht werden. So finden jährlich bereits über 100 Veranstaltungen für Leser, Aktionäre und zugewandte Orte statt: von politischen, kulturellen philosophischen und wirtschaftlichen Debatten zu Weinseminaren, Museumsbesuchen und Stadtrundgängen. In Zürich, in der übrigen Schweiz, im deutschsprachigen Ausland und in Ausnahmefällen sogar auch schon in Brüssel. Und das Echo ist hervorragend. Die NZZ Mediengruppe hat somit auf dem Weg der Innovation ein beachtliches Stück zurückgelegt. Bittere Jahre »Schöpferischer Zerstörung« brachten eine total gewandelte Firma hervor: Eine straff organisierte mit neuen Arbeitsweisen und -abläufen und einer völlig veränderten Firmenkultur. Standen früher die Journalisten im (Selbst-)Verständnis an oberster Stelle, so teilen sie heute ihre Position mit Technikern und Marketingverantwortlichen. Als Jeff Bezos zum ersten Mal die »Washington Post« besuchte, habe er sich, so weiss NZZ-CEO Felix Graf mit Gusto zu berichten, sofort an den Produkte-Verantwortlichen gewandt und erst danach an den Chefredaktor. Will heissen: Der gefühlte, schleichende Bedeutungsverlust der Redaktion innerhalb der Falkenstrasse ist somit keineswegs Einbildung.

Wechseljahre

Der Abbruch der alten NZZ erfolgte zudem brutal und schuf lange ein Klima von Unsicherheit, Frustration und Angst. Chefredaktor Gujer beflügelte dieses mit einem mitunter als autoritär und unberechenbar empfundenen Führungsstil. Zwar gelang Gujer mit der »Holzhammer-Methode«, was seinem Vorgänger nicht gelungen war: Er schwächte die traditionellen Ressortgrafschaften und räumte Widerstände – personeller wie organisatorischer Natur – ohne langes Federlesen aus dem Weg. Doch positiv wurde die Stimmung im Hause damit nicht; wenngleich die NZZ von aussen gesehen wieder kohärenter als zuvor wirkte. Sehr viel Veränderung wurde allerdings von oben herab verordnet. Häufig ohne die von Conrad Meyer empfohlene offene Kommunikation, ohne ständiges Erklären und nur selten mit dem Erwecken von Neugier und Begeisterungsfähigkeit. Unter dem Titel »Die Angst geht um an der Falkenstrasse« zeichnete die linke »Wochenzeitung« (WOZ) im Februar 2018 ein düsteres Bild. Die halbe Inlandredaktion sei gegangen und das Feuilleton personell umgepflügt worden. Neben diversen NZZ-Mitarbeitern, die anonym bleiben wollten, kam auch der frühere Inlandchef der NZZ, René Zeller, zu Wort. Dieser kurz darauf im Alter von nur 55 Jahren Verstorbene hatte bereits von der NZZ zur »Weltwoche« gewechselt, nachdem er im Rennen um den NZZ-Chefredaktorposten zweimal auf der Strecke geblieben war, zuerst hinter Spillmann und danach hinter Gujer. Sein Blick mag von persönlicher Enttäuschung getrübt gewesen sein, dennoch dürfte sein WOZ-Kommentar zu den ersten und stürmischen Jahren der Ära Gujer des Pudels Kern getroffen haben:

> Unter der neuen Rennleitung verflüchtigte sich der offene Geist rasch. Die Redaktion wurde engmaschiger geführt, dadurch veränderte sich die Betriebskultur massiv. Ich hatte das Bedürfnis, aus dem immer enger werdenden Korsett auszubrechen.[128]

Ausserdem hätten ihm die vielen »strammen Entscheide« in der Personalpolitik nicht behagt. Was Letztere angeht, war bereits unter Polo Stäheli und danach auch unter Veit Dengler ein »Unternehmensleitbild«, ein typisches Produkt der modernen Managerkaste, ausgearbeitet worden. Darin hiess es etwa, man lege sowohl im Kontakt mit Kunden und Geschäftspartnern wie auch gegenüber den eigenen Mitarbeitenden grossen Wert auf eine professionelle und respektvolle Zusammenarbeit. Zudem habe sich die Unternehmensleitung vorgenommen, diese Werte vorzuleben. »Wirklich leben werden sie erst, wenn alle von uns sie mit unseren Kolleginnen, Kollegen und Kunden leben. Bei allem, was wir tun, kommt es nicht nur darauf an, was wir tun, sondern auch wie wir es tun«, hiess es in einem internen Memo von CEO Dengler. Allein, die Realität war mitunter eine ganz andere. Das bemängelte auch Dario Bonomo, der unverdächtige langjährige Leiter Konzernfinanzen, Treasure & Tax, der die NZZ-Gruppe 2017 auf eigene Initiative verliess. Anlässlich seines Abschiedscocktails sprach er Klartext:

> Danke an alle, die heute Abend gekommen sind, ich bin überwältigt. Das nenne ich Wertschätzung, ein Wort, das in diesem Haus von »oben« zwar grossgeschrieben, aber leider (mit Ausnahmen) von den meisten mit Füssen getreten wird.[129]

Wie sehr sich das Betriebsklima in der NZZ verändert hat, verrät etwa der Spruch, den Silvia Fleck, die inzwischen wieder ausgeschiedene Chefin von »NZZ-Format« auf ihrem Pult stehen hatte: »Nett kann ich auch, bringt aber nix.« Auch wenn er spasshaft gemeint sein sollte, kam er der Realität doch sehr nahe.

Dabei gilt nach wie vor: Eine gute Story ist eine gute Story. Und für eine solche benötigt man gute Journalisten und Journalistinnen. Gleichzeitig bedarf es inzwischen aber viel Expertise in anderen Bereichen, um den Erwartungen der Leser gerecht zu werden. Letztlich braucht es auch Leser, die bereit sind, für die Zeitungslektüre einen angemessenen Preis zu zahlen. Möglicherweise wird eine weitere Runde »Schöpferischer Zerstörung« nötig, eine, die den Glauben der »Netizens« zunichte macht, Hintergrundinformationen könnten digital auf immer und ewig gratis zu haben sein. Bereits herrscht in der Medienbranche weltweit ein Trend, Geld für über reine News hinausgehende Artikel zu verlangen. Deshalb betonte Etienne Jornod bereits im fünften Jahr seiner Präsidentschaft mit Zuversicht: »Wir werden es langfristig schaffen, mit der Publizistik Geld zu verdienen.« Gleichzeitig erteilte er einer Diversifikation in medienfremde Bereiche, wie sie Ringier und Tamedia betreiben, eine klare Absage:

> Wenn Sie in verschiedene Geschäftsbereiche diversifizieren, wird früher oder später der schwächste Bereich geopfert. Das ist die Regel. Wir können und wollen auf keinen Fall das Risiko eingehen, dereinst unsere Publizistik zu opfern. Wenn aber die Publizistik das Kerngeschäft des Unternehmens ist, fokussieren alle auf dieses strategische Geschäft. So werden wir unser Wachstum mit neuen und besseren publizistischen Angeboten erreichen. Das ist unsere unternehmerische Vision.[130]

Gemäss aktuellen wissenschaftlichen Untersuchungen haben die Newsformate der grossen Schweizer Medienkonzerne allen Verwerfungen zum Trotze im Online die Nase vorn. Sie ziehen mit Abstand die meisten Nutzer an. Deshalb kommt der im Herbst 2019 erfolgten Gründung einer gemeinsamen Digital-Allianz grosse Bedeutung zu. Darin einigten sich über 20 Deutschschweizer Medientitel von CH Media, NZZ-Mediengruppe, Ringier und Tamedia, künftig hiesige Online-Nutzer einzuladen, sich freiwillig zu registrieren, um weiterhin Zugang zu den Informationsplattformen zu erhalten. Auch wenn die SRG und Watson dieser Allianz noch nicht beitraten,

Die NZZ ist tot! – Es lebe die NZZ!

schafft diese ein Stück »level playing field«, gleiche Bedingungen für die Allianzpartner.

Die Entwicklung von NZZ.ch seit 2018 und besonders im ersten Halbjahr 2019 darf sich sehen lassen: Besucherzahlen, Verweildauer und Anzahl gelesener Texte – alles war im Aufwind und erreichte gegenüber derselben Vorjahresperiode Zuwachsraten von 30–40 Prozent. Das Life-Style-Online-Portal »NZZ Bellevue«, das vielleicht einzige Reichweitenprodukt aus dem Hause NZZ, brillierte im Oktober 2019 laut eigenen Angaben mit einem Besucherrekord von über 640 000 Usern. An der Falkenstrasse hofft man, dass dieser Aufwärtstrend sich früher oder später in bare Münze niederschlagen wird. Zudem will die Zeitung vermehrt mit auf die individuellen Leserinteressen zugeschnittenen Angeboten punkten. Kunden seien bereit, für solche Inhalte zu zahlen, versicherte im Juni 2019 auch der Marketing-Guru Jim Cridlin von der weltweit tätigen Mediaagentur »Mindshare« mit Sitz in London und New York. Gleichzeitig prophezeite er, dass Disruption die neue Normalität werden könnte in einer sich rascher als je zuvor wandelnden Welt.[131]

Für die NZZ heisst das: Der Abbruch ist geschafft, der Umbruch in vollem Gange, doch der Aufbruch lässt noch auf sich warten. Die Wette auf eine wirtschaftlich erfolgreiche Zukunft bleibt eine ungewisse und die NZZ ein Produkt auf der Suche nach genügend zahlenden Klienten. Ihr Geschäftsmodell sei bloss ein Modell, aber kein Geschäft, lästern kritische Stimmen. Und Marc Walder, der CEO von Ringier, stellte 2017 besorgt fest:

> Es ist eine traurige Tatsache, dass die Schweizer Medienbranche in den letzten fünf Jahren 600 Millionen Franken an Werbeeinnahmen im Print verloren hat und nur gerade 16 Millionen Franken Zuwachs an Werbegeldern im online Geschäft schaffen konnte.[132]

Das Ziel, künftig genügend Geld mit der Publizistik zu verdienen, ist und bleibt also ambitiös. Ob man es je erreichen wird, steht in den Sternen. Andernfalls besteht theoretisch die Möglichkeit, die NZZ oder Teile davon in eine unabhängige Stiftung einzubringen. Eine Idee, die bisher an der Falkenstrasse wenig Begeisterung auslöste, die aber vielleicht in Zukunft einmal mehrheitsfähig sein könnte. Als Alternative zum Untergang.

6.3 Vom Leuchtturm zur Laterne

> *Die Leuchttürme (der öffentlichen Kommunikation) leiden. Sie sind teilweise baufällig geworden. Sie müssen repariert werden.*[133]
>
> Roger Blum,
> Schweizer Medienwissenschafter

»Wir sind der unbestrittene Referenztitel des Landes«, verkündet der NZZ-Chefredaktor: »Mögen ›WOZ‹ und ›Weltwoche‹ manchmal hyperventilieren, die NZZ bleibt sich treu.«[134] Dagegen urteilt die »WOZ«, der Leuchtturm NZZ bringe immer weniger Licht ins Dunkel.[135] Und in der »Weltwoche« heisst es, die »Alte Tante« irrlichtere unsicher durch die Nacht, seit sie nicht mehr die Plattform des alten Zürcher Wirtschaftsfreisinn ist, die sie jahrzehntelang war.[136] Dass Innen- und Aussenwahrnehmung divergieren, ist an sich nicht erstaunlich. Vielleicht haben die Kritiker ja aber Recht, die glauben, der NZZ sei in den letzten Jahren viel von ihrer früheren uneingeschränkten Lufthoheit im bürgerlichen Lager abhanden gekommen. Vielleicht sind im liberalen Leuchtturm der Schweiz tatsächlich einige Lichter ausgegangen, so dass dieser nur noch einer Laterne gleich leuchtet.

Wer nach den Ursachen für den diagnostizierten Strahlungsverlust forscht, wird rasch fündig: Das einst homogene bürgerliche Lager ist nicht mehr. Seit die SVP die FDP an der Urne abgehängt hat, zieht sich eine tiefe Furche durch den konservativen Block. Dieser öffnete sich 1992 anlässlich der EWR-Abstimmung und gewann besonders nach der Swissair-Pleite weiter an Bedeutung. Mit dem Sturz des ehemaligen FDP-Politikers Eric Honegger – gleichzeitig Präsident von SAir Group und NZZ – wurde die Zeitung in den Strudel von Konflikten zwischen den beiden bürgerlichen Rivalinnen hineingezogen. Seither sitzt sie, bildlich gesprochen, auf der Bruchlinie zwischen FDP und SVP. Eine ungemütliche Position: Jedes Mal, wenn das Blatt etwas nach links schwenkt, läuft es Gefahr, Leser im rechten SVP Lager zu verlieren. Umgekehrt drohen Freisinnige abzuspringen, sobald die Zeitung sich SVP-Positionen nähert. Während Jahren verharrte das Blatt in dieser Klemme. Es musste zusehen, wie der FDP die Felle davonschwammen und die SVP zur stärksten bürgerlichen Kraft im Lande avancierte. Und es musste mitverfolgen, wie der Graben zwischen den beiden Parteien immer breiter wurde.

Natürlich gab und gibt es Schnittstellen: Etwa beim Eintreten für das freie Wirtschaften und für die wirtschaftspolitischen Spielräume der Kantone sowie bei der Finanzpolitik. Doch beim Verhältnis der Schweiz zu Europa und zur Welt, bei der Landwirtschaftspolitik oder hinsichtlich der Stellung der Frau, scheiden sich die Geister. Die SVP setzt auf die konservativ-patriotisch-nationale Karte: Bauernschutz, Gewerbeprotektion, Fremdenabwehr, Unabhängigkeit um jeden Preis, traditionelles Familienbild und nationale Mythenpflege sind die Pfeile in ihrem politisch-populistischen Köcher. Die FDP steuert dagegen einen politisch, wirtschaftlich und gesellschaftlich liberal-konservativen und weltoffeneren Kurs, der aber im Volk oft als zu wirtschaftsfreundlich und zu weich wahrgenommen wurde und wird. Besonders krass unterscheiden sich die zwei Parteien in Auftritt und Ton. Während die SVP bewusst Ängste im Volk schürt und legitime Sorgen der Bürger überspitzt und oftmals mit dem Holzhammer bewirtschaftet, tritt die FDP vornehmer, differenzierter, aber eben auch abgehobener auf. Die Personifizierung dieser Linie war FDP-Parteichef Fulvio Pelli. Der galante Tessiner wirkte gegenüber dem fleischigen und volksnahen Christoph Blocher geradezu blutleer.

Gab es bis zu Beginn des neuen Jahrtausends noch Ansätze einer Annäherung von SVP und FDP zur Eindämmung der Linken, so verschwanden diese in den Jahren danach. Die NZZ bedauerte das. Ihrer Ansicht nach hätte die Erkenntnis reifen müssen, dass die Grabenkämpfe zwischen Rechts und Mitte-Rechts früher oder später in Eigengoals münden könnten. Allein, statt Kooperation kam es zu vermehrter Konfrontation, so dass man auch an der Falkenstrasse herausgefordert wurde. Wie umgehen mit dem polternden Christoph Blocher und dessen relativ antiliberal auftretender Partei, welche sich mit ihrem häufigen Opponieren erst noch in die Rolle »eine gegen alle« manövrierte? Die Antwort war nicht einfach. Der frühere Chefredaktor Hugo Bütler, der als Historiker stets Berührungsängste mit rechts aussen hatte, meinte einmal im Rückblick:

> Die SVP, wie sie durch Christoph Blocher geprägt ist, passt oftmals überhaupt nicht zum freisinnigen Selbstverständnis. Ihre teils ausländerfeindliche Haltung und ihr Angriff auf internationale Verträge wie die Bilateralen markieren erhebliche Unterschiede. SVP-Bundesrat Ueli Maurer will sogar die Menschenrechtskonvention aufkündigen. Einen solchen Kurs kann und soll die NZZ publizistisch nicht mittragen.[137]

Unter Bütlers Führung tat sie dies auch nicht.

Markus Spillmann verhielt sich scheinbar pragmatischer. Das hatte wohl auch damit zu tun, dass ihm mit Inlandchef René Zeller ein Mann fürs Grobe zur Seite stand, welcher anderen Parteien, besonders aber der SVP und der ihr zugewandten »Weltwoche« regelmässig und mit Gusto die Leviten las. Obschon Zeller in Sachfragen mitunter rechts der Mitte stand, gebärdete er sich parteipolitisch als überzeugter Liberaler. Mit dem kometenhaften Aufstieg der SVP war die Grenze zwischen Rechtsfreisinn und gemässigter SVP durchlässig geworden, sodass bisherige FDP-Wähler ihre Stimme der SVP gaben oder gar ihr beitraten. Unter Spillmann überschritt die NZZ diese Grenze selten, dafür einmal umso spektakulärer. 2011 empfahl der NZZ-Chefredaktor den SVP-Kandidaten Blocher für eine Wahl in den Ständerat. Und zwar als zweiten Vertreter des Kantons Zürich neben dem bisherigen Amtsinhaber Felix Gutzwiller, einem FDP-Urgestein, und an Stelle der damaligen Ständerätin Verena Diener von den Grünliberalen. Unter dem Titel »Lieber keinen als diesen einen?« argumentierte Spillmann:

> Die Freisinnigen bemühen sich richtigerweise, ihr Profil als einzige liberale Kraft zwischen einer fragmentierten Tuttifrutti-Mitte und der rechtskonservativen SVP zu schärfen. Die FDP hat daher früh entschieden, mit der SVP keinen Pakt mehr einzugehen; und sie ist auch nicht bereit, die Kandidatur Blocher offiziell zu unterstützen. (...) Es gibt insbesondere bei Gesellschaftsthemen, in der Ausländerfrage und im Dossier Bilateralismus deutliche Differenzen zur liberalen Position Gutzwillers. Diese müssen aber nüchtern aufgerechnet werden gegen Einigkeit in der Finanz- und Wirtschaftspolitik. Es gilt, einer überbordenden Regeldichte, um sich greifender Staatsgläubigkeit oder einer forcierten Umverteilung zulasten individueller Verantwortung die Stirn zu bieten. (...) In diesen Fragen sind alle anderen zur Auswahl stehenden Kandidaten keine verlässlichen

Partner. Die Devise, lieber keinen wählen als diesen einen, ist daher kurzsichtig. Denn sie schwächt per saldo die bürgerlich-liberale Politik.[138]

Nicht nur auf der Redaktion, sondern auch in Leserkreisen rieb man sich ungläubig die Augen. Während im FDP-Lager Enttäuschung herrschte, frohlockte die SVP. Spillmann rechtfertigte seinen Sololauf damit, dass Verena Diener in Wirtschaftsfragen keine wirklich Liberale sei und dass es der NZZ schlecht angestanden hätte, mit Gutzwiller bloss einen Kandidaten für die zwei Zürcher Sitze im »Stöckli« zu unterstützen. Weil auf der zuständigen Redaktion »Zürich« aber niemand bereit gewesen sei, die Wahl Blochers zu empfehlen, habe er eben dieses heisse Eisen angefasst.

Eigentlich hatte Spillmann die NZZ in dem nicht klar definierten politischen Mittelfeld verankert, und zwar als progressive und liberale Stimme der Vernunft. Das bedeutete aber stetes Abwägen und ständiges Abgrenzen gegenüber Links und Rechts, wodurch das Blatt tendenziell profillos wirkte. Ein Mitttelkurs ist weit weniger spektakulär als eine pointierte Ausrichtung auf Links oder Rechts. Pragmatisch gab sich Spillmann auch in Bezug auf die EU, indem er das bewährte Motto vertrat »beitrittsfähig bleiben, um nicht beitreten zu müssen«. Damit grenzte er sich klar vom Kurs der SVP ab. Das vielleicht grösste Problem waren aber die herausfordernden Grossbaustellen innerhalb der NZZ-Gruppe. Diese absorbierten soviel Kraft und Einsatz, dass kaum noch vertieft über die politische Ausrichtung der NZZ diskutiert wurde. Spillmannn sah es dennoch als deren Pflicht an, gegen das zunehmende Schwarz-Weiss-Denken – wie es auch die SVP praktiziert – aufzutreten:

> Im Zeitalter der Bits und Bytes bestimmt der binäre Code auch unser Denken und Handeln. Gut trifft auf böse, richtig auf

falsch. Es gibt nur eine Wahrheit, die eigene – alles andere ist erlogen, ja muss es sein.¹³⁹

Das waren treffliche Worte aus seinem Abschiedsartikel, in welchem Spillmann zu Höchstform auflief. Allerdings zu spät. Der Verwaltungsrat hatte ihn unter anderem abgesetzt, weil der Leuchtturm NZZ unter seiner Ägide matter und matter zu leuchten schien. Das spielte, wie sich bald zeigen sollte, indirekt auch der SVP in die Hände. Blocher und seine Anhänger träumten, auch wenn sie es bestritten, schon lange davon, wenigstens einen Fuss in die NZZ zu bekommen und so Einfluss auf deren redaktionelle Linie nehmen zu können. Denn bei der SVP fühlte man sich von den Medien im Land schlecht behandelt. Doch auch für diese Partei gilt: So wie man in den Wald hineinruft, so schallt es zurück. Ergo begann der Milliardär aus Herrliberg über den Erwerb von Titeln wie »Weltwoche« und »Basler Zeitung« sowie später auch der Zehnder Gratisblätter Gegensteuer zu geben. Weil diese aber nicht über die nationale Ausstrahlung einer NZZ verfügen, schielte die SVP weiterhin auf die Falkenstrasse, wie auch der »Tages-Anzeiger« bemerkte:

> Auf dem Marsch an die Spitze der bürgerlichen Schweiz haben die Rechtskonservativen den Freisinn nach einem langen Kampf gedemütigt und gebrochen. Da ist nichts mehr. Nur noch die NZZ. Sie ist das letzte Stückchen, das dem »Freisinn Blocherscher Prägung« noch fehlt.¹⁴⁰

Als der NZZ-Verwaltungsrat einen neuen Chefredaktor mit Biss und klarem politischen Profil suchte, berücksichtigte er sogar jemanden wie Markus Somm. Dessen mögliche Ernennung scheiterte erst auf der Zielgeraden und erschütterte die NZZ zutiefst. Die »Handelszeitung« sah damals bereits »Blochers Geist im Hause NZZ« und die »Schweiz am Sonntag«

Wechseljahre

glaubte zu wissen, dass Kreise um Thomas Matter, NZZ-Aktionär, SVP-Nationalrat und Teilhaber der Neuen Helvetischen Bank, gezielt NZZ-Titel im grossen Stil erworben hätten. Allein die SVP-Rechnung, wenn es denn eine solche gab, ging nicht auf – zur Enttäuschung von Blocher, der später gegenüber der deutschen Wochenzeitung »Die Zeit« meinte, er hätte der NZZ einen guten Chefredaktor gegönnt; und zum Ärger der »Weltwoche«, die wegen der Nicht-Wahl Somms kein gutes Haar mehr an der NZZ liess. Mit ihrem SVP-freundlichen Kurs, ihren Attacken auf die NZZ und ihrer systematisch konträren Meinung versucht dieses Wochenmagazin, sich als »rechte« Anti-NZZ zu positionieren. Genau so wie die »Wochenzeitung« (WOZ) für sich beansprucht, die »linke« Anti-NZZ zu sein. Zudem entwickelte sich Köppels Medium zu einem Auffangbecken für NZZ-Mitarbeiter und Mitarbeiterinnen, die, aus was für Gründen auch immer, der Falkenstrasse den Rücken kehrten oder kehren mussten. Mittlerweile sind es bereits knapp ein halbes Dutzend, Tendenz steigend. Der wohl spektakulärste Überläufer war Ex-NZZ-Inlandchef René Zeller. Seinen Seitenwechsel erklärte er mir einmal mit »faute de mieux«, dem Fehlen besserer Alternativen.

Unter NZZ-Chefredaktor Eric Gujer steuert die NZZ einen klar erkennbaren, liberal-konservativen Kompass. Ähnlich wie sein Vorgänger stellte auch Gujer einmal fest:

> Schienen nach dem Fall der Berliner Mauer die Begriffe »rechts« und »links« an Bedeutung zu verlieren, bilden sich nun an den Rändern neue Lager. Sie haben mit dem traditionellen Rechts-links-Schema wenig zu tun, auch wenn wir sie der Einfachheit halber so nennen. (...) Beide Lager operieren mit autoritären Sprach-Codes und verlieren die Fähigkeit zur Differenzierung. Kritik ist nicht mehr Kritik, sondern »Bashing«. (...) Wer das

Falsche sagt, wird aus der Gemeinschaft der Demokraten exkommuniziert, und man verweigert jede Diskussion. (...) In diesem Überbietungswettbewerb verkommt jedes Argument zur Beleidigung, Denunziation oder Stigmatisierung.[141]

Doch was bedeutet »liberal« im jungen 21. Jahrhundert? In einer Zeit, da es der Liberalismus sehr schwer hat und das Adjektiv »liberal« geradezu inflationär – von links- und rechtsliberal über grün- und national-liberal bis hin zu sozialliberal – genutzt wird? Und was bedeutet liberal für eine Redaktion, wie diejenige der NZZ? Deren rechtsfreisinniger Kurzzeit-Präsident Hummler lieferte einmal folgende Antwort:

(...) dass aller Anmassung von Macht mit reflexartiger Skepsis zu begegnen ist. Das ist das, was wir von unseren Redaktionen verlangen dürfen bzw. müssen. (...) Wir müssen die Welt so darstellen, wie sie ist, und nicht so, wie jemand sie gerne hätte. Der grassierenden Schönrednerei, die auch dann nicht innehält, wenn Atommeiler schmelzen und das Bankgeheimnis ausgehöhlt wird und ein halber Kontinent pleite ist, diesem inhärenten Euphemismus ist entschlossen entgegenzutreten. (...) Der Medienproduktion mit freiheitlicher Werteorientierung kommt hier eine wesentliche Korrekturfunktion zu: Sobald der Journalismus die Machtaffinität des Mainstreams abstreift, wird er interessanter, ja, er wird unverzichtbar für das Publikum.[142]

Klassische Links- und Rechts-Positionen unterscheiden sich somit vor allem hinsichtlich Staatsgläubigkeit: Links will mehr Staat, Rechts weniger. Deshalb warnte Hummler die NZZ explizit vor zu viel Staatsnähe und Machtaffinität. Eine solche stehe einem Blatt, das sich in seinen Statuten zum Liberalismus bekennt, nicht an: »Was habe ich davon, wenn mein Leibblatt die gleiche Meinung wie der Direktor des Bundesamts für Gesundheit vertritt? Das ist unheimlich langweilig.«[143]

Eine zusätzliche Grenze verläuft entlang der »Political Correctness«. Im Denken des Mainstream existieren immer mehr Tabuzonen, die zu betreten sich aus politischer Korrektheit nicht ziemt. Die NZZ unter Gujer scheut sich nicht, genau das zu tun und eben diese »Political Correctness« zu hinterfragen und, falls nötig, als Heuchelei zu entlarven. Gujer, der aus den Fehlern Spillmanns gelernt haben dürfte, lässt regelmässig anti-etatistische Meinungen in der Zeitung zu Worte kommen und sorgt dafür, dass politische Korrektheit möglichst aussen vor bleibt. Damit gelang es ihm, der NZZ wieder Profil zu verleihen und den Leserschwund nicht nur zu stoppen, sondern sogar rückgängig zu machen, was Anerkennung verdient. In einer Zeit, in welcher der Liberalismus nicht mehr mehrheitsfähig ist und mit liberalen Thesen wirtschaftlich kein Fortkommen garantiert ist, müsse eben die Ausrichtung der NZZ etwas modifiziert werden, glaubt inzwischen auch Markus Spillmann:

> Es gehört tatsächlich zur DNA der »Neuen Züricher Zeitung«, dass man sich an ihr und ihrer Professionalität und Kohärenz reiben kann. Im Moment sieht es aber eher so aus, dass sie einen Kurs steuert, bei dem die Ideologie vorwiegend pekuniären Überlegungen gehorcht. Das kann und mag in einer Zeit solch fundamentalen Wandels durchaus notwendig sein.[144]

Weil Eric Gujer in hohem Mass auf Deutschland fokussiert ist, richtete er auch die NZZ stark auf den nördlichen Nachbarn aus. Das löst bei einzelnen angestammten schweizerischen NZZ-Lesern Kopfschütteln aus. Dafür wird die NZZ in Deutschland nicht nur online gehörig angeklickt, sondern auch der Verkauf von Digitalabonnementen zum Schnäppchenpreis von 10 Euro im Monat steigt stetig an. Über Tausend Neuabonnenten sollen es alleine im Juli 2019 gewesen sein. Damit vermochte die Zeitung, ihre Auslandreichweite auf deutlich mehr als 15 000 zahlende Nutzer auszudehnen. Im Gegensatz zur missglückten Expansion zum östlichen Nachbarn scheint derjenigen zum nördlichen Erfolg beschieden zu sein. Wobei die bisherigen Erfahrungen auch mit einer Illusion aufräumten: der Illusion, die »Neue Zürcher Zeitung« sei in Deutschland weiterum ein Begriff. Dem ist nicht so. Trotzdem soll die »Frankfurter Allgemeine Zeitung« als Abwehrreaktion auf die Digital-Avancen des Schweizer Blattes ihre Zusammenarbeit mit der NZZ im weltweiten Korrespondentenstab aufgekündigt haben. In deutschen Medien war die NZZ wegen eines diagnostizierten Rechtsrutsches regelmässig ein Thema, was de facto einer Gratiswerbung gleichkam. Einzelne Stimmmen bezichtigen die »Alte Tante« sogar, mit Rechtsaussen zu flirten, im Umfeld der AfD auf Abonnentensuche zu gehen und als Plattform für rechts-populistisches Gedankengut zu dienen.

Was ist an diesen Vorwürfen dran? Sicherlich trifft es zu, dass Gujer das Blatt wieder eindeutig rechts der Mitte positioniert hat, also dort, wo es bis zum Ende des Kalten Krieges stand. Ansonsten machen er und die NZZ in Deutschland vor allem eins: In politische Tabuzonen vordringen. Indem sie etwa die AfD als das wahrnehmen, was sie ist: die grösste Oppositionspartei im Bundestag. Indem sie mit einem Anti-Etatismus auftreten, in einem Land, dessen Bevölkerung traditionell stark auf Vater Staat vertraut. Und indem sie deutsche Publizisten zu Worte kommen lassen, die in gegen Merkels Flüchtlingspolitik sowie gegen den Islam polemisieren und damit dem in der deutschen Politik und in den Medien weit verbreiteten »Wir schaffen das« widersprechen.

Gujer rechtfertigt seinen Deutschland-Kurs auch damit, dass man in der Schweiz weniger Tabuzonen kenne. So ist etwa das Thema Immigration in Helvetien schon seit Jahrzehnten ein politischer Zankapfel, über den kontrovers diskutiert und abgestimmt wird. Dagegen sei Zuwanderung im grossen Stil in Deutschland ein relativ neues Phänomen. Bundeskanzler Kohl konnte noch erklären, Deutschland sei kein Einwanderungsland. Seine Nachfolgerin dagegen öffnete 2015 die Grenzen für gut eine Million Flüchtlige aus Syrien und anderen Kriegsgebieten. Das führte zum Protest von längst nicht nur, aber besonders auch der gesellschaftlich »Abgehängten«. Daher mahnte Gujer im August 2019:

> Die politische Mitte kann es sich auf Dauer nicht leisten, grosse Segmente der Gesellschaft rechts oder links liegen zu lassen. Dazu gehört auch, dass sie sich ernsthaft bemüht, die Probleme zu lösen, statt Klientelpolitik zu betreiben und die Bürger mit Platitüden wie »Guter Lohn für gute Arbeit« abzuspeisen. (…) Wenn das politische Zentrum die Debatte und die Themen Trump und seinen europäischen Pendants überlässt, hat es verloren.[145]

Weil die »Abgehängten« in den traditionellen Parteien oft kein Ohr mehr finden, geben sie aus Protest der AfD ihre Stimme. Doch die wenigsten dieser benachteiligten Kreise lesen die NZZ oder interessieren sich für eine Zeitung aus dem Ausland. Deshalb trifft wohl der Vorwurf nicht zu, die »Neue Zürcher Zeitung« fische im AfD-Milieu neue Abonnenten. Zutrifft dagegen, dass sie für ihre Deutschlandstrategie bisher hauptsächlich von rechter Seite Anerkennung erhielt, während es von Links meist Schelte hagelte. So erteilte ihr die »Basler Zeitung« hohes Lob, als sie schrieb: Die »Alte Tante« sei vor vier Jahren in die Kirche geplatzt und störe seither den deutschen Gottesdienst. Denn sie verzichte darauf, jedes Mal, wenn sie über Trump, Salvini, Le Pen oder Weidel schreibt, den moralischen Imperativ zu benutzen. Was ihr deswegen an Hass und Kritik entgegenschlägt, dürfe sie als Bestätigung ihres Kurses sehen, sozusagen als Ritterschlag für ihren Einsatz für mehr Debatte in Deutschland.[146]

Vom Leuchtturm zur Laterne

Ob Andersartigkeit als Alleinstellungsmerkmal für eine nachhaltige Erschliessung des deutschen Marktes genügt, wird die Zukunft weisen. Im derzeitigen politischen Klima kommt sie jedenfalls gut an. Das beweist auch der von Gujer im Wochenrythmus für die nördlichen Nachbarn verfasste Newsletter »Der andere Blick«, der sich dem Vernehmen nach in Deutschland wachsender Beliebtheit erfreut. Dort steht etwa zu lesen, der »hässliche Deutsche« trage keinen Stahlhelm mehr, er belehre die Welt aber moralisch. Oder versöhnlicher:

> Selbstverständlich glauben die meisten Deutschen, dass Asylbewerber mit einem anderen kulturellen Hintergrund, mit anderen Normen und religiösen Vorstellungen (…) sich (…) in einem bestimmten Ausmass anpassen müssen. Aber deswegen sind die Deutschen (und alle anderen Europäer) keine Rassisten.

Es gebe in Deutschland eine Lücke für eine Stimme, die so deutlich für die Rechte des Individuums eintritt, wie die NZZ, ist Gujer überzeugt.

Diese gewann in jüngster Zeit auch in der Schweiz an Einzigartigkeit und nationaler Ausstrahlung: Seit der »Tages-Anzeiger« 2019 seine eigene Redaktion auflöste und Artikel zu Wirtschaft, Politik und Gesellschaft von einem zentralen Redaktions-Pool für sämtliche Blätter des Tamedia-Konzerns bezieht. In der Auslandberichterstattung übernimmt er zudem vor allem Artikel aus der »Süddeutschen Zeitung«. Damit ist er – anders als die NZZ – keine wirklich unverwechselbare Marke mehr. Die Stärke der NZZ wurzelt also auch in der relativen Schwäche der Mitbewerber. Dabei hiess es an der Falkenstrasse immer, ein starker »Tages-Anzeiger« sei notwendig als Ansporn für eine starke eigene Leistung. Allein, Tamedia und die NZZ-Mediengruppe verfolgen inzwischen entgegengesetzte Strategien, wie Kurt. W. Zimmermann darlegt:

Der »Tages-Anzeiger« geht ein publizistisches Risiko ein, weil das Blatt verwechselbar wird. Das kommerzielle Risiko hingegen sinkt, weil man dadurch tiefere Kosten hat. Die NZZ geht kein publizistisches Risiko ein, weil das Blatt unverwechselbar bleibt. Das kommerzielle Risiko hingegen steigt, weil man dadurch höhere Kosten hat.[147]

Ein Fazit könnte lauten: Die NZZ hat beste Chancen, das unangefochtene publizistische Leitmedium, der liberale Leuchtturm der Schweiz zu sein und zu bleiben. Zumal sie sich inzwischen von dem schmerzhaften Generationenwechsel der letzten Jahre erholen und etliche vielversprechende junge Journalisten an Bord holen konnte. Zudem blühten nach dem Weggang der alten Garde auch diverse gestandene Redaktoren auf, wie Urs Bühler von der Redaktion Zürich, Roman Bucheli vom Feuilleton oder Thomas Fuster von der Wirtschaftsredaktion, um nur einige zu nennen. Das zumindest war meine Wahrnehmung, mit der ich nicht alleine dastand. Wobei auch hier gilt: Perception is reality.

Im Zeitalter des Internet, heisst es zudem, sei die Rolle der NZZ als medialer Leuchtturm – selbst bei matterer Leuchtkraft – wichtiger denn je. In einer Epoche, in der beispielsweise die chinesische Regierung allein im Jahre 2015 rund 500 Millionen Postings in sozialen Netzwerken in Auftrag gegeben haben soll, braucht es einen vertrauenswürdigen ruhigen Pol, auch als Gegensatz zu den regelmässigen Entrüstungsstürmen im Netz. Bereits Veit Dengler hatte gemahnt: Wer einen kritischen Artikel über Russland aus der NZZ in den sozialen Medien teilt, müsse damit rechnen, innert Kürze von bezahlten Trolls als Lakai Washingtons oder naiver Kalter Krieger beschimpft zu werden.[148] Von Fake news ganz zu schweigen.

6.4 Zurück auf Feld eins

> *Beiersdorf produziert »Nivea« für die Masse und »La Prairie« für ein zahlungskräftiges Publikum. CH Media ist wie »Nivea«, die NZZ wie »La Prairie«.*
>
> Etienne Jornod,
> NZZ-Verwaltungsratspräsident

Richtiges Timing ist alles. Wer im richtigen Moment handelt, erhöht die Chancen auf Erfolg. Ein Blick auf die jüngste Vergangenheit der NZZ-Gruppe lässt aber den Eindruck entstehen, diese habe mehr als einmal das gute Timing verpasst. Umso glücklicher schätzt sie sich, dass es ihr 2018 noch rechtzeitig gelungen war, die Regionalzeitungen in ein 50:50-Prozent Joint Venture mit der AZ-Gruppe des Aargauer Verlegers Peter Wanner einzubringen. Rechtzeitig insofern, als sich seither auch in der Regionalpresse ein dramatischer Werbeschwund und ein dramatischer Rückgang bei den zahlenden Lesern bemerkbar macht. Mit diesem fertig zu werden und die nötigen Einschnitte vorzunehmen, ist nun in erster Linie Aufgabe des AZ-Verlages. Dieser stellt bei CH Media, wie das Joint-Venture heisst, mit Axel Wüstmann den CEO, also den für das operative Geschäft Verantwortlichen. Die NZZ-Gruppe ist dagegen mit Chefredaktor Pascal Hollenstein sowie mit dem stellvertretenden CEO Jürg Weber präsent. Darüber hinaus sitzen NZZ-Kaderleute, wie etwa CEO, Finanzchef und Generalsekretär im Verwaltungsrat von CH Media. Dort hiess es schon nach dem Start im Herbst 2018, in den nächsten 24 Monaten müssten 45 Millionen Franken – 10 Prozent der Kosten – eingespart und 200 Vollzeitstellen abgebaut werden. Erste Opfer waren die »Zentralschweiz am Sonntag« und die »Ostschweiz am Sonntag«, welche eingestellt wurden. Damit zog sich die CH-Media-Gruppe aus dem

Sonntagsmarkt zurück, was ihr die etablierten Sonntagsblätter, wie die »NZZ am Sonntag«, zweifellos danken. Mit CH Media entstand zudem ein neuer Branchenriese: 2000 Mitarbeiter, 500 Millionen Franken Jahresumsatz, 80 verschiedene Marken, von »Aargauer Zeitung« (AZ) bis hin zu »Zuger Medien«, davon 20 Bezahlzeitungen in 13 Kantonen. NZZ-Präsident Jornod und AZ-Patron Peter Wanner sprachen deshalb nicht nur von einem strategisch historischen Schritt, sondern auch von einer »Liebeshochzeit«. Zweifellos verfügt die Aargauer Gruppe über mehr Herzblut für die Regionalpresse als die NZZ und deren Verwaltungsrat zusammen. Die auf die Masse ausgerichteten regionalen Titel wollten nie wirklich zu dem in der Nische operierenden Zürcher »Weltblatt« passen. Dass die Trennung problemlos gelang, verdankt Zürich auch der mittlerweile untergegangenen »Publicitas«. Diese hatte, weil unter hohem wirtschaftlichen Druck stehend, der NZZ ihren fast 25-prozentigen Anteil an der »Freie Presse Holding« (FPH) zurückverkauft, und zwar für, wie es heisst, vergleichsweise günstige 53 Millionen Franken. Seither sass die NZZ wieder allein im FPH-Cockpit und konnte den Deal mit der AZ ohne Rücksicht auf Minderheitsaktionäre abschliessen. An der Falkenstrasse herrschte Erleichterung darüber, dass man die regionalen Töchter weder an einen ausländischen Verlag noch an Christoph Blocher verkaufen musste. Auch deshalb war von Liebeshochzeit die Rede, wobei die Liaison ohne rosarote Brille betrachtet eher einer Vernunftehe gleicht. Zumal man bereits bei der Hochzeit die Bedingungen für eine spätere Scheidung vereinbarte. So enthält der Vertrag eine Put-Option für die NZZ, dank welcher diese ihre 50-prozentige Beteiligung an CH-Media an die AZ Gruppe zu einem festgelegten Preis – von vermutlich mindestens 200 Millionen Franken – unter bestimmten Bedingungen abstossen kann; spätestens in zehn Jahren, allenfalls auch früher. Allerdings gaben die beiden Jungvermählten keine Einzelheiten dazu bekannt. An der Falkenstrasse heisst es bloss: Solange anständige Erträge aus dem Joint Venture zur NZZ fliessen, wird diese ihre Put-Option nicht einlösen. Wobei auch hier gilt: »Never say never!« Grundsätzlich besteht zudem die Möglichkeit, dass auch Tamedia eines Tages ihre Regionalzeitungen (»Bund« und »Landbote«) bei CH Media einbringen und die Situation sich nochmals verändern wird. Beim Startschuss zählte CH Media laut offiziellen Statistiken rund 934 000 Leser, also etwas mehr als der Tamedia-Konzern, welcher es auf eine Reichweite von 899 000 Lesern brachte.

Für die NZZ-Gruppe kommt das Joint Venture einem Befreiungsschlag gleich, welcher ihren strategischen Handlungsspielraum vergrössert. Rein theoretisch könnte sie nun für eine eminente Akquisition, für einen zukunftsträchtigen Coup, über 400 Millionen (und unter Einschluss der Immobilien sogar noch mehr) locker machen. Das birgt enorme Chancen, aber auch enorme Risiken und dürfte deshalb eine theoretische Alternative bleiben. Dagegen verbesserte sich die Ausgangslage für das Flaggschiff NZZ. Als praktisch einzige überlebende Qualitätszeitung von eigenständigem Charakter und mit nationaler und internationaler Ausstrahlung hebt sie sich nun erst recht vom übrigen helvetischen Medienangebot – manchmal etwas vorschnell als »Einheitsbrei« verschrien – ab. Gleichzeitig lauern aber auch Gefahren: Mit dem Wegfall der Regionalmedien sind NZZ, »NZZ am Sonntag«, NZZ.ch sowie die NZZ-Magazine auf sich selbst gestellt. Als mittelständisches Unternehmen mit nur noch rund 200 Millionen Franken Umsatz pro Jahr und an die 350 Mitarbeitern wandert diese gestutzte Einheit nun auf einem schmalen Grat ohne grosse Auffangnetze. Wahrscheinlich ist der Zusatzbereich »Business Medien« noch nicht so rasch in der Lage, einen wirklich substanziellen Beitrag ans Ebit der NZZ-Gruppe zu leisten. Und CH Media wird wegen der akuten Werbeflaute und der daraus resultierenden Konsolidierung möglicherweise mehr Zeit als ursprünglich geplant benötigen, um die (hoch) gesteckten Gewinnziele zu erreichen. NZZ & Co. sind deshalb gefordert und müssen mit weiteren Kostenanpassungen rechnen. Gelingt es etwa, den von Dengler hinterlassenen administrativen Wasserkopf den verringerten Bedürfnissen anzupassen, könnten wahrscheinlich spürbare Einsparungen resultieren.

Mit anderen Worten. Die NZZ Mediengruppe durchquert auf ihrem Marsch in die Zukunft weiterhin anspruchsvolles Terrain. Zudem gehen die Meinungen über das Morgen und Übermorgen der helvetischen Medien auseinander. Der Präsident des Schweizerischen Verlegerverbandes Pietro Supino, seines Zeichens auch oberster Chef von Tamedia, zeichnete sich beim Swiss Media Forum von 2017 durch Zurückhaltung aus. Die Chancen seien so gross wie die Herausforderungen, diagnostizierte er.[149] Sein Pendant bei der NZZ, Etienne Jornod, gibt sich dagegen eine Spur optimistischer: Man habe bei der NZZ in den letzten Jahren strategisch richtige und wichtige Weichenstellungen vorgenommen, welche früher oder später Früchte tragen würden. Tatsächlich konnte die NZZ in den letzten Monaten öfters als in den Jahren zuvor mit guten Nachrichten aufwarten. Mit Erstaunen stellte der NZZ-Präsident auch fest, dass in Zürichs Establishment jedermann, »le tout Zurich«, zu wissen glaube, wie das Traditionsblatt erfolgreich in die Zukunft zu führen sei. So meint etwa der freie Medienunternehmer Pierre Rothschild, man werde an der Falkenstrasse klein und fein arbeiten müssen. Eine gedruckte Patek Philippe eben. Und der ehemalige CEO Dengler prophezeite: Die Zeitung müsse im Lesermarkt nachhaltig wachsen. Das bedeute hohe Qualität zu liefern in einer Zeit, da fast jedes Medium, selbst die Gratispostille »20 Minuten«, von sich behauptet, Qualität zu erbringen. Parallel müsse der Bereich »Business Medien« zulegen. Wenn beides gelingt und die Kapitalkosten verdient werden können, werde es die

NZZ auch in 237 Jahren noch geben. Ähnliche Zuversicht versprühte Polo Stäheli, der orakelte, die NZZ werde nie und nimmer im Museum enden.

Dank ihren vorhandenen Reserven – ein Verkauf des NZZ-Gebäudes würde die Kassen schlagartig füllen – steht dem Blatt das Wasser noch nicht am Hals. Im Gegenteil: Die »Alte Tante« kann, sofern sie nicht allzu übermütig wird, noch auf Jahre hinaus weiterkämpfen. Schliesslich befindet sie sich in einem epochalen Umbruch, der sie auf Trab und fit hält. Vielleicht trifft ja auch auf die AG für die Neue Zürcher Zeitung das Fazit des britischen Naturforschers Charles Darwin zu, das besagt: Es ist nicht die stärkste Spezies, die überlebt, auch nicht die intelligenteste, sondern eher diejenige, die am ehesten bereit ist, sich zu verändern.

Literaturverzeichnis

AG FÜR DIE NEUE ZÜRCHER ZEITUNG: 150 Jahre Neue Zürcher Zeitung. 1780–1930, Zürich 12. Januar 1930

BLUM, ROGER ET AL.: Krise der Leuchttürme öffentlicher Kommunikation. Vergangenheit und Zukunft der Qualitätsmedien. VS Verlag, Wiesbaden 2011.

BETSCHON, WILLY: Spannungsfeld Kalter Krieg. Neue Zürcher Zeitung 1945–1967. Verlag NZZ, Zürich 1991

BRETSCHON, STEFAN: In den Echokammern des Internets. Vontobel Stiftung, Zürich 2018

CLASEN, NICOLAS: Der digitale Tsunami. Das Innovator's Dilemma der traditionellen Medienunternehmen. 2013

RISSO-GIL, CHRISTOPHER: There is always something to do. The Peter Cundill Investment Approach. McGill-Queens University Press, Canada 2011

FOPPA, DANIEL: Max Frisch und die NZZ. Dissertation, NZZ Buchverlag, Zürich 2003

HÄBERLING, THOMAS: Werte schaffen. Gespräche mit Ulrich Bremi. Unternehmer und Politiker. NZZ Libro, Zürich 2009

IMHASLY, BERNARD: Friendship in Diversity. Sixty years of Indo-Swiss Relations. Universities Press (India) Private Limited 2008

Korner, Marcel: Positionierungspotentiale überregionaler Tageszeitungsmarken: Prozess identitätsorientierter Markenbildung am Beispiel der »Neuen Zürcher Zeitung« und Schweizer Hochschulstudierender. Südwestdeutscher Verlag für Hochschulschriften, 2010

Luchsinger, Fred: Realitäten und Illusionen. NZZ Leitartikel zur internationalen Politik 1963–1983. Verlag Neue Zürcher Zeitung, Zürich 1983

Luchsinger, Fred: Abschied von der Redaktion. Abschiedsansprache des Chefredaktors beim Abendessen in der Personalkantine der NZZ am 29. Dezember 1984. Sonderdruck NZZ Zürich

Lüönd, Karl: Der Fall »Publicitas«. Sonderdruck der Zeitschrift Persoenlich, 2016

Meienberg, Niklaus: Das Schmettern des gallischen Hahns. Reportagen aus Frankreich. Luchterhand Verlag, *Darmstadt und Neuwied 1976*

Meienberg, Niklaus: Grosse Tiere. Reportagen. Limmat Verlag, Zürich September 2018

Müller, Ralph (Hrsg.): Literatur und Zeitung. Fallstudien aus der deutsch-sprachigen Schweiz. Chronos Verlag, Zürich 2016

Meyer, Werner A. (Hrsg.): Abbruch – Umbruch – Aufbruch. Globaler Medienwandel und lokale Medienkrisen. Nomos, Baden-Baden 2017

Meyer, Werner A. et al. (Hrsg.): Gehen in den Leuchttürmen die Lichter aus? Was aus den Schweizer Leitmedien wird. Lit Verlag, Wien und Zürich 2012

NEUE ZÜRCHER ZEITUNG: Blutspur der Gewalt. Verlag Neue Zürcher Zeitung, Zürich 1980

NEUE ZÜRCHER ZEITUNG: 200 Jahre Neue Zürcher Zeitung 1780–1980. Sonderdruck vom 12. Januar 1980

RIBI, THOMAS (HRSG.): Das 20. Jahrhundert im Spiegel der Neuen Zürcher Zeitung. Verlag Neue Zürcher Zeitung, Zürich 2001

RUSS-MOHL, STEPHAN: Kreative Zerstörung. Niedergang und Neuerfindung des Zeitungsjournalismus in den USA. UVK Universitätsverlag Konstanz, Konstanz 2009

SCHÄFER, PIERO: Falkenschloss. Erlebnisse eines Medienwanderers. Eigenverlag, Zürich 2012

SEIBT, CONSTANTIN: Der Swissair Prozess. Echtzeit Verlag, Basel 2007

STILLHARD, CHRISTOF: Meienberg und seine Richter. Vom Umgang der Deutschschweizer Presse mit ihrem Starschreiber. Limmat Verlag, Zürich 1993

STRAUHOF: Reader zur Ausstellung: Frischs Fiche und andere Geschichten aus dem Kalten Krieg. 10. Juni – 20. August 2017. Zürich 2017

VOGT, WERNER (HRSG.): Im Jurassic Parc des Journalismus. Die alte NZZ-Auslandsredaktion als Lebensschule. Privatdruck. Verlag Neue Zürcher Zeitung, Zürich 2015

WISKEMANN, ELIZABETH: A great Swiss newspaper. The story of the Neue Zürcher Zeitung. Oxford University Press, London and Toronto 1959

ZIMMERMANN, KURT W.: Schlagzeilen. Skandale. Sensationen. Wie Medien und Journalisten heute agieren. Orell Füssli Verlag, Zürich 2011

Quellenverzeichnis

1. Hans Magnus Enzenberger: Verdruss und Verdacht machen sich breit in Europa, in: NZZ vom 12.9.2018
2. Kurt Imhof (1956–2015), Professor für Soziologie und Publizistikwissenschaft an der Universität Zürich in der Radiosendung »SRF Kulturplatz« vom 27.11.2012.
3. NZZ Sonderbeilage NZZ-Umbau – Neue Perspektiven am Stadelhofen vom 23.10.2008
4. Constantin Seibt: Der Swissair Prozess, Echtzeit Verlag, Basel 2007
5. Kommentar von NZZ-Ressortleiter Wirtschaft, Gerhard Schwarz, in: NZZ vom 3.10.2001
6. Christoph Blocher im »Tages-Anzeiger« vom 15.3.2001
7. Constantin Seibt: Der Swissair Prozess, Echtzeit Verlag, Basel 2007
8. Beat Brenner: Zu den Turbulenzen um Eric Honegger, in: NZZ vom 21./22.4.2001
9. Constantin Seibt: Der Swissair Prozess, Echtzeit Verlag, Basel 2007
10. Christoph Blocher im »Tages-Anzeiger« vom 15.3.2001
11. Ebd.
12. Gespräch mit dem Autor vom 10.9.2017
13. René Zeller: Das liberale Feuer brennt nicht mehr, in: NZZ vom 6.9.2014
14. Ebd.
15. Frank A. Meier: Ach ja, der Freisinn… Erstmals publiziert im »Blick« vom 8.4.2006 und online aktualisiert am 20.01.2012
16. Die NZZ ist ein Meinungsblatt und kein Parteiblatt, Interview mit Conrad Meyer in: »persoenlich.com« vom 13.12.2004
17. Alan Cassidy / Philipp Loser: Der Fall FDP. Eine Partei verliert ihr Land, Rotpunktverlag, Zürich 2015
18. Michael Schoenenberger: Die FDP hat sich auch um das tägliche Leben der Menschen zu kümmern, Kommentar in NZZ vom 14.4.2018.
19. Elisabeth Kopp würde heute den Grünliberalen beitreten, in: Aargauer Zeitung (AZ), sda, 17.5.2011
20. Sparen allein bringt uns nicht weiter. Interview mit Etienne Jornod, in: »Finanz und Wirtschaft« vom 10.9.2014
21. NZZ, Geschäftsbericht 1981, AG für die Neue Zürcher Zeitung
22. Hugo Bütler im Gespräch mit dem Autor im Juli 2019
23. Kurt W. Zimmermann: Schlagzeilen, Skandale, Sensationen. Wie Medien und Journalisten heute agieren, Orell Füssli Verlag, Zürich 2011

Quellenverzeichnis

24 Interview mit Hugo Bütler, in: »persoenlich.com« vom Juli 2000
25 Interview mit Polo Stäheli im Branchenmagazin »Edito+Klartext« Nr. 2/2011
26 Auszug aus dem Brief der Redaktion an Hugo Bütler vom Herbst 2003
27 Roger Bernheim: Rückblick auf frühe Korrespondentenjahre, in: NZZ-Hauszeitung vom Mai 2007
28 Zitiert aus Daniele Musconico: Rettet sie, die Alte Tante!, in: »Die Zeit« vom 8.4.2010
29 NZZ-Medienmitteilung vom 16.5.2019
30 René Grossenbacher: MediaBrands 2016, Publicom, 22.8.2016
31 Marc Tribelhorn: Der NZZ-Chefredaktor, den die Nazis hassten, in: NZZ vom 12.1.2017
32 Ebd.
33 Elizabeth Wiskeman: A great Swiss newspaper. The story of the Neue Zürcher Zeitung, Oxford University Press, London and Toronto 1959
34 Niklaus Meienberg: Jagdgespräche unter Tieren, in: »Konzept« 1.7.1978
35 Fred Luchsinger in der NZZ vom 1.12.1968
36 Hugo Bütler in der Sonderausgabe zum 200. Geburtstag der NZZ am 12.1.1980
37 Margot Hugelshofer im Gespräch mit dem Autor im August 2015
38 Rudolf Stamm: Lob der dienstbaren Geister im Hintergrund, in: NZZ-Hauszeitung vom Oktober 2002
39 Fred Luchsinger: Abschied von der Redaktion, 28.12.1984, in: NZZ-Sonderdruck
40 Werner Vogt: Im Jurassic Parc des Journalismus. Die alte NZZ-Auslandsredaktion als Lebensschule, Privatdruck, Zürich 2015
41 Ebd.
42 Margot Hugelshofer: Kabarett der politischen Mitte, in: NZZ vom 23.2.1978
43 Fred Luchsinger: Abschied von der Redaktion, 28.12.1984, in: NZZ-Sonderdruck
44 Werner Vogt: Im Jurassic Parc des Journalismus. Die alte NZZ-Auslandsredaktion als Lebensschule, Privatdruck, Zürich 2015
45 Ebd.
46 Fred Luchsinger: Abschied von der Redaktion, 28.12.1984, in: NZZ-Sonderdruck
47 150 Jahre AG für die Neue Zürcher Zeitung, NZZ Geschichte, April 2018
48 Persönliche Notizen des Autors.
49 Aus Marcel Korner: Positionierungspotentiale überregionaler Tageszeitungsmarken: Prozess identitätsorientierter Markenbildung am Beispiel der »Neuen Zürcher Zeitung« und Schweizer Hochschulstudierender, Südwestdeutscher Verlag für Hochschulschriften, 2010

Quellenverzeichnis

50 Christophe Büchi in der NZZ vom 31.5.2014
51 Hansjörg Abt: Bally wird systematisch ausgehöhlt, in: NZZ vom 6.6.1977
52 Hansjörg Abt: Dem Unternehmer auf der Spur, in: NZZ vom 12.1.1980
53 Gerhard Schwarz: Wo bleibt der Aufstand der Aktionäre?, in: NZZ vom 2.3.2002
54 Gerhard Schwarz in der NZZ vom 9.2.2008
55 Leserbrief aus Ascona in der NZZ vom Mai 2003
56 Kommentar anlässlich der Lancierung der neuen internationalen Ausgabe der NZZ im März 1999
57 Thomas Maissen: 225 Jahre Neue Zürcher Zeitung, Zürich 2005
58 Roger Bernheim: Rückblick auf frühe Korrespondentenjahre, in: NZZ-Hauszeitung vom Mai 2007
59 Roger Bernheim: Reporting from Nehru's India« in Friendship in Diversity, Sixty Years of Indo-Swiss Relations, 2008
60 Andreas Oplatka: Die Neue Zürcher Zeitung. Eine schweizerische Institution, in Humboldt Verein Ungarn, Humboldt Nachrichten, Nr. 30, Dezember 2008
61 Alte Tante in den Wechseljahren. Die »Neue Zürcher Zeitung« sucht ihren Weg ins digitale und postideologische Zeitalter, in: »Basler Zeitung« vom 16.4.2012
62 Claudia Aebersold: Der lange Schatten des grossen Unbekannten, in: Interne Sonderausgabe zum Rücktritt von neun Mitarbeitern der Wirtschaftsredaktion vom 7.11.2009
63 Roger Köppel in der »Weltwoche« vom 16.6.2017
64 Kurt W. Zimmermann: Alle kochen mit Wasser, aber die Kollegen von der Falkenstrasse kochen mit Gletscherwasser, in: »Weltwoche« vom 13.1.2005
65 Roger Köppel in der »Weltwoche« vom 16.6.2017
66 Kurt W. Zimmermann: Alle kochen mit Wasser, aber die Kollegen von der Falkenstrasse kochen mit Gletscherwasser, in: »Weltwoche« vom 13.1.2005
67 Hanno Helbling: Zwischen Skylla, Charybdis und anderem, in: Sonderausgabe 200 Jahre NZZ vom 12.11980
68 Daniele Musconico: Rettet sie, die Alte Tante! in: »Die Zeit« vom 8.4.2010
69 Daniel Foppa: Max Frisch und die NZZ, Verlag NZZ, Zürich 2003
70 Ebd.
71 Ebd.
72 Ebd.
73 Niklaus Meienberg: Grosse Tiere, Reportagen, Limmat Verlag, Zürich 2018
74 Ebd.

Quellenverzeichnis

75 Matthias Saxer: Helvetias heilsame Erschütterungen, in: NZZ vom 12.1.2005. Das in Anführungszeichen verwendete »persona non-grata« ist im übertragenen Sinne gemeint: als in den USA »nicht mehr willkommen«.
76 Hugo Bütler: Rückblick auf ein denkwürdiges Jahr. Ansprache an der GV der NZZ vom April 1990.
77 Hansrudolf Kamer: Weltpolitik in beschleunigtem Wandel in 225 Jahre Neue Zürcher Zeitung, in: Sonderausgabe vom 12.1.2005
78 Schweizerische Stiftung für den Doron-Preis: Dr. Max Frenkel, ein Liberaler alter Schule mit modernen Konzepten. Zur Verleihung des Doron-Preises 2005 an Max Frenkel.
79 »Süddeutsche Zeitung« vom 13.5.2009
80 Max Frenkel: Lorbeeren sind da kaum zu holen, in: NZZ Folio 02/März 2002
81 Hugo Bütler: Voreilige Interventionen, in: NZZ vom 2.2.2000
82 Christoph Eisenring: Die unheimliche Transparenz, in: NZZ vom 27.6.2014
83 Christiane Hanna Henkel: Von Missionen, Macht und dem Missbrauch, in: NZZ vom 30.10.2014
84 Marc Felix Serrao: Standgericht der Schein-Toleranten, in: »Süddeutsche Zeitung« vom 16. November 2014
85 Gerhard Schwarz: Zukunft braucht Herkunft, eine Ode an unsere Pensionierten, NZZ-interne Sonderausgabe vom 7/8.November 2009
86 Interview mit Polo Stäheli im Branchenmagazin in: »Edito+Klartext« Nr. 2/2011
87 Nick Lüthi: Dynamischer geworden, ohne die Tradition zu verraten, in: »Medienwoche« vom 16.08.2013
88 Tito Tettamanti: Das ist ein Fehler, liebe »NZZ«, in: »Die Zeit« vom 21.12.2016
89 Tito Tettamanti: Das ist ein Fehler, liebe »NZZ«, in: »Die Zeit« vom 21.12.2016
90 Gerhard Schwarz: Zukunft braucht Herkunft, eine Ode an unsere Pensionierten, NZZ-interne Sonderausgabe vom 7/8.November 2009
91 Nick Lüthy: Kein Weg zurück in die alte heile Welt, in: »Medienwoche« vom 29.1.2014
92 Veit Dengler im Gespräch mit dem Autor im Juli 2017
93 Brigitte Hürlimann im Gespräch mit dem Autor im Dezember 2017
94 Christa Arnet im Gespräch mit dem Autor im April 2016
95 Piero Schäfer: Falkenschloss, Eigenverlag, Zürich
96 kununu.ch, Arbeitgeber-Bewertungs-Portal, 2016
97 Marco de Stoppani im Gespräch mit dem Autor im Juli 2015
98 Interview mit Polo Stäheli im Branchenmagazin »Edito+Klartext« Nr. 2/2011

Quellenverzeichnis

99 Karl Lüönd: Vom Leuchtturm zum Irrlicht, in: »Medienwoche« vom 21.12.2016
100 Robert Ruoff: Der zähe Kampf der SVP um die Medienmacht, Infosperber vom 11. April 2013. Die darin enthaltene Aussage von Toni Brunner stimmt nicht mehr. Seit den 1990er Jahren muss, wer NZZ-Aktionäre werden will, nicht mehr der FDP angehören.
101 Conrad Meyer, in: 150 Jahre AG für die NZZ, April 2018
102 Bjoern Zern, in: Schweieraktien.net vom 23.8.2013, einer Digital Plattform für ausserbörslich gehandelte Titel
103 Christopher Risso-Gil: There is always something to do. The Peter Cundill Investment Approach, McGill-Queen's University Press, Canada 2011
104 Erhard Lee im Gespräch mit dem Autor im September 2017
105 IG Freunde der NZZ, Newsletter vom 13. April 2010
106 IG Freunde der NZZ, Newsletter vom August 2019
107 Niklaus Meienberg: Jagdgespräche unter Tieren, in: Grosse Tiere. Reportagen, Limmat Verlag, Zürich 2018
108 Luk Keller, Brief an die Redaktoren und Redaktorinnen der NZZ vom 26.10.1983
109 Kurt W. Zimmermann: Heimatlos durch die Nacht, in: »Weltwoche« vom 07/2015
110 Veit Dengler in »Spiegel Online« vom 10.8.2015
111 Wolfgang Frei im Gespräch mit dem Autor im August 2019
112 Peter Sloterdijk in der TV-Sendung NZZ-Standpunkte vom 15.4.2013
113 Tages-Anzeiger Gruppe 200: Wir möchten unsere Arbeit machen, 13.11.2013
114 Veit Dengler im Gespräch mit dem Autor im August 2017
115 Ebd.
116 newsroom.de: Print in der Schweiz: Eine Statistiuk des Grauens, 17.9.2019
117 Zitiert aus: Kurt W. Zimmermann: Schlagzeilen, Skandale, Sensationen. Wie Medien und Journalisten heute agieren, Orell Füssli Verlag, Zürich 2011
118 Kim Christian Schrøder: What do news readers really want to read about?, Februar 2019
119 Online-Kommentar eines Leserns namens Marius zu einem Artikel in der Medienwoche vom Juni 2013
120 Notizen des Autors anlässlich einer internen Mitarbeiterinfomationsveranstaltung im März 2013
121 Margrit Sprecher: Übernehmen Österreicher die Neue Zürcher Zeitung? in: »Die Zeit« vom 4.5.2015
122 Veith Dengler im Gespräch mit dem Autor im August 2017
123 Felix Graf im Gespräch mit dem Autor im April 2019

Quellenverzeichnis

124 Hansi Voigt, in: »Edito+Klartext« Ausgabe 06/2015
125 Geschäftsbericht 2001 der AG für die Neue Zürcher Zeitung
126 Tonio Postel: Siegeszug des walkman, in: Spiegel online, 14. 1.2008
127 Philipp Löpfe im Tages-Anzeiger vom 14.12.2014
128 Die Angst geht um an der Falkenstrasse, in: »Wochenzeitung« (WOZ) vom 12.10.2017
129 Zitat aus Dario Bonomos Abschiedsrede vom 30.1.2017
130 Etienne Jornod: Wir glauben an die Publizistik, in: NZZ vom 16.9.2017
131 Jim Cridlin: Future of voice and visual search, Media-Brunch 2019, Zürich 17.6.2019
132 Marc Walder, Vortrag am Swiss Media Forum 2017 in Luzern
133 Roger Blum zitiert aus: Krise der Leuchttürme öffentlicher Kommunikation, Wiesbaden 2011
134 Kurt W. Zimmermann: Ende eines geistigen Zweikampfes, in: JEO-European Journalism Observatory, 24.11.2017
135 Hanspeter Spoerry: Leider nur ein matter Leuchtturm, in: »Wochenzeitung« (WOZ) vom 19.3.2015
136 Kurt W. Zimmermann: Heimatlos durch die Nacht, in: »Weltwoche« 07/2015
137 Hugo Bütler im Gespräch mit dem Autor im Juli 2019
138 Markus Spillmann: Lieber keinen als diesen einen?, in: NZZ vom 20.8.2011
139 Markus Spillmann: Rückgrat und Charakter, in: NZZ vom 31.12.2014
140 Der Kampf um die alte Schweiz, in: Tages-Anzeiger vom 12.12.2014
141 Eric Gujer: Rede zur Generalversammlung, in: NZZ vom 18.4.2018
142 Konrad Hummler: Freiheitliche Werte zur publizistischen Orientierung, Rede an der GV der NZZ vom 9.4.2011
143 Ebd.
144 Markus Spillmann im Gespräch mit dem Autor im September 2018
145 Eric Gujer: Die Vernuft ist auf dem Rückzug, Leitartikel in der NZZ vom 10.9.2019
146 Serkan Albrecht: Gekommen, um den Gottesdienst zu stören, in: »Basler Zeitung« vom 20.7.2019
147 Kurt W. Zimmermann: Ende eines geistigen Zweikampfes, in: JEO – European Journalism Observatory, 24. November 2017
148 Veit Dengler: Der ›Wilde Westen‹ muss gezähmt werden. Neue Medien als Problem für die Freiheit, in: NZZ vom 30.6.2016
149 Pietro Supino: Die Chancen sind so gross wie die Herausforderungen, in: NZZ vom 14.9.2017

Personenregister

Abt, Hansjörg 91–95
Adenauer, Konrad 63
Aebersold, Claudia 118
Althaus, Nicole 55
Angst, Kenneth 197
Arnet, Christa 156
Arnold, Christian 243

Baltensweiler, Armin 19
Béguelin, Roland 73
Behr, Mary-May 67
Belz, Nina 137
Benz, Oliver 184
Berlusconi, Silvio 138
Bernet, Luzi 196, 200
Bernheim, Roger 50, 104
Betschart, Sabine 243
Betschon, Stefan 86
Bezos, Jeff 225, 247
Bieri, Ernst 124
Biert, Nicolo 60
Binzegger, Lilly 66
Bischoff, Jürg 81
Bitterli, Heinz 33, 34, 90
Blancpain, Jean-Pierre 76–78, 90, 95, 98
Blankart, Franz 116
Blattmann, Heidi 41
Blocher, Christoph 18, 22, 23, 25, 31, 134, 179, 186, 197–198, 200, 202, 204, 254–255, 257–258, 266
Blum, Roger 252
Böhler, Marc 214
Bolli, Rudolf 28
Bonomo, Dario 249
Bosshard, Hans 90

Bosshard, Walter 158
Breitenstein, Martin 193, 210–211
Bremi, Ulrich 18, 30, 192, 196–197
Brenner, Beat 20, 98, 115, 117, 133, 139, 140–141,
Bretscher, Willy 28, 58–62, 64, 67, 74, 85, 226
Brown, Gordon 135
Brunner, Toni 173
Bucheli, Roman 264
Büchi, Christophe 85
Bühler, Urs 264
Bumbacher, Beat 158
Bürgi, Paul 33
Bush, George W. 131, 132
Bütler, Hugo 18, 24, 26–27, 29, 38, 40–43, 48, 49–50, 53, 64–65, 79, 83, 86, 100–101, 118, 130, 132, 137, 144, 146, 159, 164–165, 167, 192–194, 196–197, 208, 210, 219, 230, 254

Caratsch, Reto 60
Carpentier, Karin 239
Carter, Jimmy 112
Cleis, Andreas 118
Cook, Tim 141
Cotti, Flavio 100
Couchepin, Pascal 101
Cridlin, Jim 251,
Cundill, Peter 182

Darwin, Charles 269
Dell'Anna, Monica 239

281

Personenregister

Dengler, Veit 149, 153–155, 162–163, 205, 207, 220–222, 228, 231, 233–234, 236–239, 242, 247, 249, 264, 268
Deng Xiaoping 129
de Stoppani, Marc 42, 164, 167, 182, 208
de Szepessi, Marion 67
Diener, Verena 255
Diggelmann, Walter 28
Döpfner, Matthias 223
Dreifuss, Ruth 128

Ebner, Martin 187
Egli, Hans W. 103
Erhard Lee 187

Farner, Rudolf 191
Fischer, Peter, A. 231
Fleck, Silvia 249
Flückiger, Max 88
Foppa, Daniel 123–124
Frei, Wolfgang 208–210, 214
Frenkel, Max 23, 84, 100–101, 128, 133, 134, 136
Friedrich, Rudolf 29
Frisch, Max 122, 123, 124, 125, 126, 127
Fukuyama, Francis 129
Furgler, Kurt 73
Fuster, Thomas 264

Gallmann, Peter 88
Gehrig, Marigna 180
Gemperle, Reinhold 96, 106
Gisler, Heinz 71
Goetz, Hannes 20, 22
Gorbatschow, Michail S. 129
Graf, Felix 145, 189, 240, 247
Graf, Kurt 157, 158
Gratwohl, Colette 200
Gujer, Eric 192, 196, 197, 241–242, 258, 260

Gutzwiller, Felix 255–256
Guyer, Christa 67
Gygi, Beat 96

Häberling, Thomas 159, 209, 210
Hafter, Rudolph P. 70
Haider, Jörg 137
Harris, Paul 190
Hayek, Nicolas G. 44
Helbling, Hanno 66, 68, 119, 121
Henkel, Christiane 141
Heuer, Walter 88
Hirt, Edgar 15, 179
Hitler, Adolf 104
Hitz, Martin 210, 211
Hogenkamp, Peter 216, 217, 226–227, 233–235
Hollenstein, Pascal 265
Honegger, Andreas 28
Honegger, Eric 18, 19, 23, 139, 174, 253
Honegger, Fritz 18
Höppli, Gottlieb 197
Hottinger, Arnold 70, 102, 105–106, 118, 153
Huber, Fritz 49
Huber, Gabi 35
Hugelshofer, Margot 66, 74
Hümmerich, Alfred 40
Hummler, Konrad 139, 148, 175, 195, 259
Hüni, Emilie 103
Hüppi, Rolf 98
Hürlimann, Brigitte 155
Hurni, Ferdinand 90, 107
Hussein, Saddam 132

Imhasly, Bernhard 153
Imhof, Kurt 11
Ineichen, Silvio 65

Personenregister

Jornod, Etienne 36, 50, 148–149, 163, 176–177, 187–189, 195–196, 198–199, 201–205, 236–237, 250, 265–266, 268

Kahnt, Robert 39
Kägi, Erich 90
Kamer, Hansrudolf 65, 131–132, 153
Kappeler, Beat 143
Kapp, Jean-Pierre 81
Keller, Luk 77–78, 84, 174, 191, 193
Kellermüller, Hanspeter 53
Keller-Sutter, Karin 35, 202
Kennedy, Robert F. 141
Kiefer, Jörg 28
Kind, Christian 78, 113
King, Martin Luther 141
Kissinger, Henry A. 86, 107
Kistler, Karl 69
Klages, Claudio 65
Klauser, Hanspeter 53
Kluge, Alexander 115
Kocher, Victor 81, 132, 143
Kohler, Marcel 159, 168
Kopp, Elisabeth 25–27, 32, 36
Kopp, Hans W. 26, 27
Köppel, Roger 119–120, 187, 201
Korrodi, Eduard 123–124
Kreisky, Bruno 86
Kroner, Dieter 110
Kux, Ernst 68

Lambsdorff, Otto Graf 86
Landolf, Hans-Ulrich 71
Lauber, Beat 167
Ledermann, Urs 186
Lee, Erhard 183–184, 187
Lezzi, Bruno 90, 153
Linder, Willy 33–34, 64, 68, 81–83, 112

Luchsinger, Fred 28, 32–34, 60, 62–65, 70, 72, 74, 75–79, 82, 91, 96, 130, 143, 156, 191, 193, 226
Lüönd, Karl 165–166, 171

Mann, Golo 86
Matter, Thomas 183, 258
Maurer, Ueli 136, 254
Meienberg, Niklaus 62, 127–128, 191
Meier, Kathrin 110
Meier, Reinhard 109, 153, 204
Meisterhans, Felix U. 197
Merz, Hans-Rudolf 135–136
Mettler, Eric 70, 78, 80, 82, 109, 111–113, 118
Meyer, Conrad 20–21, 29, 48–52, 148, 167, 174–175, 184–185, 192–193, 208, 242, 246, 248
Meyer, Emanuel 91
Meyer, Frank A. 25
Meyer, Martin 45, 100, 126, 192, 196–197, 200, 202–203
Mühlemann, Christoph 14, 68, 79–81, 90, 193
Mühlemann, Lukas 98
Müller, Albert 51, 104
Müller, Felix E. 100, 159, 200, 219
Müller, Kurt 28–29, 73
Müller, Philipp 197
Müller von Blumencron, Matthias 196
Müller-Möhl, Carolina 187–188, 192
Müller-Möhl, Ernst 187
Münster, Petra 83
Muscionico, Daniele 122

Neuhaus, Christina 55

Obama, Barack 45

Personenregister

Oeri, Alber 60
Oplatka, Andreas 71, 108, 110, 111
Ospel, Marcel 98–99, 139–140, 181

Pabst, Volker 81
Pelli, Fulvio 254
Philby, Kim 106
Pilet-Golaz, Marcel 59
Prager, Hugo 190
Prager, Ueli 190

Ravussin, Charles 107
Reagan, Ronald 129
Reich, Richard 28
Reidhaar, Felix 71
Rickenbach, Jean-Philippe 144, 182, 226
Rist, Manfred 116
Rothschild, Pierre 268

Sarasin, Alfred A. 81
Saxer, Matthias 21, 29, 129
Schäfer, Alfred 93
Schäfer, Piero 157
Scheu, René 244
Schiesser, Walter 29
Schlappner, Martin 28
Schmid, Christoph 192
Schmid, Karl 74
Schmid, Pia 156
Schmidt, Helmut 106
Schneider-Ammann, Johann 197
Schneiter, Ulrich 73
Schnider, Hans 66, 72–73, 76
Schnyder, Jörg 53, 239
Schoch, Claudia 83, 139
Schoenenberger, Michael 35, 150
Schöttli, Urs 109, 117
Schrøder, Christian 224–225
Schumpeter, Joseph 242
Schürch, Ernst 60

Schürer, Andreas 230
Schwarzenbach, Cyrill 70, 81
Schwarz, Gerhard 20, 31, 96, 98, 100, 109, 128, 142, 151–152
Schwarz, Urs 70
Schweizer, Urs 53
Seibt, Constantin 16, 19, 21
Serrao, Marc Felix 142
Shakarchi, Mohammed 26
Sidler, Peter 80
Sloterdijk, Peter 212
Somm, Markus 22, 190, 196–198, 199, 200, 201, 202, 203, 204–205, 236, 257
Spillmann, Markus 16, 46–47, 54–55, 97, 140–142, 146–147, 152, 162, 193–196, 198–200, 202, 211, 214–215, 217, 219, 221, 235–236, 248, 255–257, 260
Spinner, Wilfried 30, 156–157
Spoerry, Vreni 31, 197
Sprüngli, Rudolph R. 34, 191
Stadler, Rainer 241
Stäheli, Albert P. 45–50, 52–54, 145–149, 156, 158, 160–161, 170, 175, 216, 228, 233, 246–247, 249, 269
Stamm, Rudolf 67, 131
Steinbrück, Peer 135, 136
Steinegger, Franz 31, 148, 197
Streiff, Eric 70, 82, 104
Supino, Pietro 268
Suter, Peter 156

Tettamanti, Tito 150
Thiam, Tidjane 221
Thür, Hans-Peter 140
Trevisan, Tobias 159
Tribelhorn, Marc 58
Trueb, Lucien 90
Tütsch, Hans E. 111, 127
Tzermias, Pavlos 70

Uhlig, Andreas 61, 153

Van der Geest, Edwin 184
Villiger, Kaspar 30
Vogt, Werner 72–73, 78, 80
Voigt, Hansi 242
von Matt, Dominique 192
Vontobel, Hans 179, 182

Walder, Marc 147–148, 251
Wanner, Peter 265–266
Weber, Daniel 207, 209
Weber, Jürg 53, 265
Weber, Werner 68, 124–126
Wechlin, Daniel 55
Wehrli, Christoph 31
Welton, Isabelle 192

Wieser, Beat U. 48
Willi, Jost 73–74
Winkler, Peter 81
Wiskeman, Elizabeth 59
Woker, Martin 81
Wuffli, Peter 98
Wüstmann, Axel 265

Zaugg, Jean-Jacques 165
Zeller, René 24, 154, 196, 197,
   200, 248, 255, 258
Zeller, Willy 96, 116
Zern, Bjoern 179
Zielina, Anita 162, 222
Zimmermann, Kurt W. 41, 120,
   121, 205, 263
Zimmermann, Peter 74–75

Frank Urbaniok

Darwin schlägt Kant

Über die Schwächen der menschlichen Vernunft und ihre fatalen Folgen

Die Evolution hat in die menschliche Vernunft zahlreiche Schwachstellen eingebaut. Der renommierte Psychiater Frank Urbaniok zeigt die fatalen Folgen dieser Schwächen in vielen gesellschaftlichen Bereichen auf. Dabei analysiert er u.a. den weltweiten Rückzug demokratischer Prinzipien und gleichzeitigen Vormarsch von Populismus, Fake News und autoritären Führern.

480 Seiten, gebunden, 978-3-280-05722-3

Erhältlich unter **www.ofv.ch** oder überall, wo es Bücher gibt.

Concetto Vecchio

Jagt sie weg!
Die Schwarzenbach-Initiative und die italienischen Migranten

1968 initiiert Nationalrat James Schwarzenbach die Ausschaffungsinitiative. Ihr Ziel: mehr als 300'000 vorwiegend italienische Gastarbeiter nach Hause zu schicken. Es ist der Startschuss zu einer beispiellosen Hetzkampagne. Concetto Vecchio erzählt von seinen Eltern, einfachen Sizilianern, und von weiteren Migranten, die ihr Glück in der Schweiz suchten, aber als Arbeitskräfte ausgebeutet und als Menschen ausgegrenzt wurden.

224 Seiten, gebunden, 978-3-280-05055-2

Erhältlich unter www.ofv.ch oder überall, wo es Bücher gibt.